백워드로 설계하고
피드백으로 완성하는

성장중심평가

백워드로 설계하고
피드백으로 완성하는

성장중심평가

초판 1쇄 발행 2022년 9월 23일
초판 3쇄 발행 2024년 1월 11일

지은이 이형빈·김성수
펴낸이 김승희
펴낸곳 도서출판 살림터

기획 정광일
편집 조현주·송승호
북디자인 꼬리별

인쇄·제본 (주)신화프린팅
종이 (주)명동지류

주소 서울시 양천구 목동동로 293 2215-1호
전화 02-3141-6553
팩스 02-3141-6555
출판등록 2008년 3월 18일 제313-1990-12호
이메일 gwang80@hanmail.net
블로그 http://blog.naver.com/dkffk1020
한국교육연구네트워크 www.kednetwork.or.kr

ISBN 979-11-5930-235-0 93370

백워드로
설계하고
피드백으로
완성하는

성장중심평가

이형빈·김성수 지음

살림터

들어가며

평가의 목적은 '성적'이 아니라 '성장'입니다

'평가'의 사전적 의미는 '사람이나 사물의 가치를 판단하는 일'입니다. '평가'에 해당하는 영어 단어 'evaluation'의 어원도 'value', 즉 '가치'입니다. '가치'라는 말에는 엄중한 무게가 실려 있습니다. 우리가 다른 사람의 가치를 어떻게 판단할 수 있을까요? 학생의 가치를 교육적 관점에서 판단하는 방법이 과연 존재할까요?

학교현장에서 '평가'는 곧 '시험'과 동의어로 사용되어 왔습니다. '시험'의 목적은 '성적'을 매겨서 대입 등의 '선발'에 활용하기 위한 것이라는 관념이 우리나라에서 공교육이 시작된 이래 절대적인 명제로 자리잡아 왔습니다. 이는 비단 학교교육 문제만은 아닙니다. 교원임용시험, 공무원임용시험, 입사시험 등 사회 곳곳에서 '시험에 의한 선발'이 가장 공정하다는 인식이 지배적입니다. 이렇게 학교 안팎에서 '평가=시험(평가의 방법)=성적(평가 결과의 산출)=선발(평가 결과의 활용)'이라는 공식이 확고하게 자리 잡다 보니, 학교에서의 평가를 새롭게 바꾸기는 쉽지 않습니다.

학교 혁신의 여러 과제 중에 가장 어려운 것이 평가 혁신입니다. 교육과정 재구성, 배움중심수업 등이 활발히 이루어지고 있지만, 평가 영역에서는 여전히 구태의연한 일제식 평가가 중심을 이루고 있습니다. 수업에서는 협력을 강조하지만 평가에서는 경쟁이 강조되는 모순이 여전히 지속되고 있습니다. 수행평가가 확대되고 있지만 여진히 분절적이고 일회적인 과제 수행에 머무는 경우가 많습니다.

더욱이 평가 혁신은 학교현장에서의 노력만으로는 이루어지기 어렵습니다. 대학입시를 비롯한 제도적 여건과 '공정성의 신화'에 사로잡힌 사회 구성원의 인식이 총체적으로 바뀔 때 평가 혁신이 이루어질 수 있습니다. 그렇다고 하여 제도적 여건이나 사회 구성원의 인식이 바뀔 때까지 기다리고만 있을 수는 없습니다. 현재의 조건에서도 평가 혁신의 최대치를 실천하려 노력해야 제도적 여건과 사회 구성원의 인식을 바꾸어내는 토대가 마련될 수 있습니다.

물론 초중등학교에서의 평가를 살펴보면 적지 않은 변화가 있었습니다. 과거에는 초등학교에도 일제고사, 성적, 석차가 있었으나, 일제식 평가가 폐지된 지금은 학교생활기록부에 성적을 기록하지 않은 채 학생의 성장발달 정도를 문장으로 기록하게 되어 있습니다. 중학교에는 2012년부터 '성취평가제'라는 이름의 절대평가가 도입되어 공식적으로 석차가 사라졌으며, 고등학교에서는 여전히 상대평가가 적용되고 있으나, 고교학점제 도입과 함께 석차등급이 완화될 예정입니다.

대학입시의 변화도 적지 않습니다. 여전히 수능의 영향력이 적지 않으나, 학교생활기록부 전형이 꾸준히 확대·개선되면서 이를 계기로 고등학교 교육과정-수업-평가도 개선되어 왔습니다. 향후 학생 수 감소 등에 따라 대학입시 경쟁이 완화된다면 더욱 근본적인 변화가 이루어질 것입니다.

이런 상황을 고려해 볼 때, 평가 혁신이야말로 공교육 혁신의 핵심 과제입니다. 미시적 차원에서 보면, 학교에서 시행되는 평가를 목적의식적으로 바로잡아야 수업과 교육과정이 혁신될 수 있습니다. 거시적 차원에서 보면, 입시제도를 목적의식적으로 바로잡아야 경쟁교육의 폐해를 극복하고 나아가 교육 불평등에 따른 사회 불평등을 해결하는 실마리를 찾을 수 있습니다. 이런 문제의식을 바탕으로 이 책을 통해 평가 혁신의 철학과 방법을 제시하고자 합니다.

이 책에서는 평가 혁신의 철학과 방법을 아우르는 용어로 '성장중심평가'를 제시하고자 합니다. 그동안 학교현장에서는 '과정중심평가'라는 용어가 폭넓게 사용되었지만, 평가의 궁극적인 목적을 좀 더 명확하게 담기에는 '성장중심평가'라는 용어가 더 적절하기 때문입니다. 하지만 여전히 '성장중심평가', '학생의 성장을 돕는 평가'라는 개념은 추상적이기만 합니다. 그래서 이 책을 통해 성장중심평가의 개념과 원리, 방법 등을 포괄적으로 제시하고자 합니다.

1부에서는 평가 혁신의 기본 방향을 제시했습니다. 평가에 대한 교육학의 기본 개념, 평가의 원칙과 방향 등을 꼼꼼히 살펴보았습니다. 평가 혁신은 매우 어려운 과제입니다. 어려운 과제일수록 기본에 충실해야 합니다. 이 부분은 특히 교육학을 처음 접하는 예비 교사들에게도 많은 도움이 될 것입니다.

2부에서는 '성장중심평가'의 개념과 원리를 다루었습니다. 그동안 제기되었던 평가 혁신과 관련된 다양한 논의를 바탕으로 듀이Dewey와 비고츠키Vygotsky의 이론을 참고로 하여 '성장중심평가'라는 개념과 원리를 정리해 보았습니다. '성장중심평가'는 학생의 학습 과정 및 결과를 관찰하고 전인적인 성장을 돕는 데 목적이 있습니다. 이 과정에서 꼭 필요한 것이 교사의 애정 어린 관찰과 지속적 피드백을 통한 체계적인 도움입니다. 그리고 학생에게 '재도전의 기회'를 제공함으로써 모든 학생이 교육 목표에 성공적으로 도달할 수 있도록 해야 합니다. 이러한 과정이 루브릭Rubric에 구체화되어야 합니다. 이 책에서는 이렇게 '성장중심평가'를 구체적으로 실현하는 방법으로 '피드백'과 '재도전', 그리고 이를 아우르는 '루브릭' 개발 방안을 제시했습니다.

3부에서는 백워드 설계에 따른 '진단평가-형성평가-총괄평가'의 개발 모델을 제시했습니다. '백워드 설계'는 '궁극적인 도달점'을 중심으로 일반적인 교수학습 및 평가의 순서를 거꾸로 설계하는 것을 의미합니다. 이 책에서는 이 원리를 차용해, '학기별·단원별 핵심 목표'를 중심으로 '총괄평가-형성평가-진단평가'의 역순으로 평가계획을 수립하는 과정을 제시했습니다. 이를 통해 '전인적 성장'을 길러 내는 성장중심평가의 취지를 목적의식적으로 구현하는 모델을 구체화하고자 합니다. 이 모델은 특히 기존 '지필평가'와 '수행평가'의 이분법을 극복하는 데에도 의미가 있을 것입니다.

4부에서는 평가 혁신을 위한 교사의 공동체적 실천 과제를 다루었습니다. 평가 혁신은 결코 교사 개인의 노력만으로는 이루어질 수 없습니다. 평가를 혁신하려면 새로운 평가 방법을 도입하는 것뿐만 아니라 평가에 대한 오랜 관념과 학교문화 자체를 바꾸어야 하기 때문입니다. 하지만 교육과정 재구성이나 수업 혁신 영역에 비해 평가 혁신에 대한 공동체적 실천은 상대적으로 미흡한 편입니다. 이 책에서는 학교의 평가문화를 성찰하고 교사 간, 교과 간 장벽을 넘어 평가를 공동체적으로 바꾸어 가는 구체적인 방법을 제시했습니다. 또한 학교 안에서의 과제에 더하여 입시제도 개선을 비롯해 교육 당국 및 우리 사회가 함께 실천해야 할 과제도 제시했습니다.

평가는 초등학교, 중학교, 고등학교의 제도적 여건이 다르기 때문에, 모든 학교 급을 포괄하는 원고를 쓰기가 어렵습니다. 그래서 이 책은 주로 중학교 단계에 초점을 맞추었습니다. 그렇지만 이 책은 성장중심평가의 원리를 본격적으로 적용하고자 하는 초등학교 교사에게도, 평가 혁신을 제대로 시도해 보고자 하는 고등학교 교사에게도 도움이 될 것입니다. 이 책은 평가에 대한 기본적인 개념, 평가 혁신의 방향, 학교현장에서의 실천 과제 등을 두루 포괄하고자 했습니다. 그렇기 때문에 현장교사뿐만 아니라 좋은 교사가 되기를 꿈꾸는 예비 교사(사범대 및 교직과정 학생)에게도 도움이 될 것입니다.

평가 혁신은 교육과정 재구성이나 수업 혁신에 비해 상대적으로 어려운 영역입니다. 입시경쟁 교육으로 인해 내면화된 마음의 습관, 학교의 문화까지 총체적으로 변화시켜야 하기 때문입니다. 그 변화의 출발은 평가에 대한 근본 철학을 바꾸는 것입니다. 평가의 목적은 '성적'이 아니라 '성장'입니다. 그 변화를 독자 여러분과 함께 만들어 가고자 합니다.

차례

1부

평가 혁신의 방향

1.
평가의 개념

   ☞ 평가(評價) [명] 사람이나 사람의 가치를 일정한 기준에
의해 판단함.

　'평가'의 사전적 의미는 '사람이나 사물의 가치를 판단하는 일'이다. '평가'에 해당하는 영어 단어 'evaluation'의 어원도 'value', 즉 '가치'이다. 다시 말해 '평가'란 '가치'를 알아보는 일이다. '가치'라는 말에는 엄중한 무게가 실려 있다. 어떤 대상의 가치를 쉽게 판단할 수는 없다. 들에 피어 있는 꽃 한 송이가 황금 한 돈보다 가치가 낮다고 볼 수 없다. 하물며 한 인간의 가치를 함부로 판단할 수는 없는 일이다. 더욱이 성장 과정에 있는 학생 한 사람 한 사람의 가치를 100점 만점에 몇 점으로 판정 내리는 것은 어려운 일이다.

　사람들은 보통 '평가'라는 단어를 접하면 '시험'이라는 말을 떠올릴 것이다. '시험'이라는 말은 일반적으로 부정적인 의미를 내포하고 있다. 학생들은 하루빨리 "시험 기간이 끝나기"를 바라고, 기독교인들은 예배 시간마다 "우리를 시험에 들게 하지 마옵시고"라고 기도를 한다. '평가'라

는 말은 '시험'이라는 의미도 포함하지만, 이보다 더 큰 의미를 담고 있다. 사람은 누구나 자신의 가치를 제대로 평가받기를 원한다. 따라서 '평가'라는 말은 '존중', '인정' 등의 의미도 함축하고 있다.

어떤 대상의 가치를 평가하는 것을 직업으로 하는 사람들이 있다. 보석 감별사는 보석의 가치를, 소믈리에는 와인의 가치를 평가하는 것을 업으로 삼는다. 교사는 학생의 능력, 자질, 가능성 등을 평가하는 것을 업으로 삼고 있다. 교사는 아직 미완성 상태인 학생의 가치를 교육적 안목에 따라 평가하는 막중한 일을 하는 사람들이다.

이처럼 학교교육에서 말하는 평가는 '사람의 가치를 교육적 안목에 따라 판단하는 일'이다. 교육학자들은 이러한 평가의 개념, 목적, 유형, 방법 등에 대해 다양한 이론을 제시하고 있다.

타일러의 정의

> **교육 평가** 교육과정과 수업을 통해 교육 목표가 어느 정도 실현되었는지를 밝히는 과정

교육 평가에 대한 가장 고전적인 정의는 교육과정 이론의 기틀을 마련한 타일러의 견해에서 찾을 수 있다.Tyler, 1949 그는 학교의 교육과정과 수업은 교육 목표를 향해 체계적으로 조직되어야 하며, 이러한 교육 목표에 도달했는지 여부를 확인하는 과정이 평가라고 하였다. 요즘 널리 통용되고 있는 '교육과정-수업-평가의 일체화' 개념의 뿌리가 여기에 있다. 그런데 타일러가 말하는 평가는 단지 교육 목표 도달 여부를 확인하는 데 그치지 않는다. 그는 평가의 결과를 바탕으로 학생은 자신에게

무엇이 부족한지를 확인하고 이를 더 성장시키기 위해 노력해야 하며, 교사는 자신의 교수학습을 개선하기 위해 노력해야 한다고 주장한다. 즉 평가 결과의 환류(피드백)를 강조한다.

스크리븐의 정의

> **교육 평가** 교육과 관련된 어떤 대상의 장점, 질, 가치 등을 판단하는 과정과 그 산물

'형성평가'의 개념과 원리를 체계적으로 수립한 스크리븐은 평가에 대한 사전적 의미를 충실히 살려 그 개념을 밝혔다.[Scriven, 1967] 학생의 학습 과정을 관찰하고 더 성장할 수 있도록 지원하는 '형성평가'가 이루어지기 위해서는, 특히 학습활동의 질적 측면을 세밀히 파악해야 한다. 그렇기 때문에 그는 대상의 장점, 질, 가치를 판단하는 과정을 중시한 것이다. 즉, 평가의 본질은 단순히 수치화된 점수를 산출하는 것이 아니라 대상의 질적 측면을 파악하는 것이다. 그래야 학생의 성장에 대한 지원이라는 평가의 궁극적인 목적이 달성될 수 있다.

크론바흐의 정의

> **교육 평가** 교육과 관련된 의사결정을 내리는 데 필요한 정보를 수집하는 활동 또는 그 과정

크론바흐는 평가의 개념을 '의사결정'의 과정으로 확장하였다.[Cronbach, 1969] 그에 따르면 평가는 그 자체로 목적이 있는 것이 아니라 '더 좋은

대안'을 찾기 위해 '의사결정에 필요한 자료'를 모으는 과정이다. 평가는 단순히 학생 개개인의 점수를 확인하는 것이 아니라, 예를 들어 기초학력이 부족한 학생이 얼마나 늘었으며 그 이유는 무엇인지를 파악하여 모든 학생을 지원하는 좋은 정책을 결정하는 과정이다. 교사 입장에서 볼 때 학생의 장단점을 확인하고 이러한 정보를 바탕으로 교육과정 및 수업 개선을 위한 의사결정을 내리는 과정이 평가이다. 따라서 교사는 평가를 시행한 후 동료 교사와 함께 그 결과를 분석하고 교육과정과 수업 계획을 새롭게 세우는 데 이를 반영해야 한다.

이들의 정의를 종합해 볼 때, 평가는 곧 시험과 동일시되는 것이 아니고 시험은 평가의 일부일 뿐이다. 평가는 대상의 가치를 확인하는 과정이며, 평가를 통해 얻은 정보를 바탕으로 더 좋은 교육과정과 수업을 위한 의사결정을 내려야 하고, 학생이 교육 목표에 도달하도록 지원함으로써 모든 학생의 전인적 성장을 도와야 한다. 평가의 목적은 '성적'이 아니라 '성장'이다.

2

'선발적 평가관'에서
'발달적 평가관'으로

호래가 불어가내[1]

조계순

내 나이 80이 너머는디

공부헌다고 허니 눈은 캉캄허고

드럼서 이저불고 아까 배운거설

바다쓰기 헐때 나는 마께 썬는디

선생님은 틀리다고 허니

호래가 물어가내 참말로

오늘 빵점 마건네

호호호 그래도 인자

시작했응깨 갠찬허당깨

나도 잘 헐 수 있을꺼여 잉하먼

----

1. 〈오마이뉴스〉 2017년 11월 3일 자. 이돈삼 기자의 글에서 인용.

(내 나이 80이 넘었는데

공부한다고 하니 눈은 캄캄하고

들으면서 잊어버리고 아까 배운 것을

받아쓰기 할 때 나는 맞게 썼는데

선생님은 틀리다고 하니

호랑이가 물어가네 정말로

오늘 빵점 맞겠네

호호호 그래도 인제

시작했으니 괜찮다네

나도 잘 할 수 있을 거야 노력하면)

책을 퍼다 버리다[2]

조향미

수능 끝난 다음 날

학교 운동장에 커다란 트럭이 왔다.

3학년 교실은 쓰레기장이다.

아이들은 책을 질질 끌고 나온다.

아이들은 책을 푹푹 상자째 퍼다 버린다.

일 년 아니 삼 년 내내 생을 걸고

풀고 또 풀던 교과서 문제집들

끼고 다니며 베고 자며 눈물 콧물 묻어 있는

----

2. 조향미 시인의 원시(原詩) 일부 구절을 분량상 생략했다(조향미, 『그 나무가 나에게
   팔을 벌렸다』, 실천문학사, 2006).

책들을 하루아침에 미련 없이 던져 버린다.
산더미 같은 책더미 트럭은 금방 넘친다.
내 한숨과 꿈이 서린 소중한 책들
시험 끝나면 책은 보물은커녕 오물이다.
배우고 때로 익히면 또한 즐겁지 않으냐고?
공자님은 모른다.
배우고 매일 문제 풀면 정말 신물이 난다는 걸.
갈수록 숲이 성글고 공기 가빠지는 이유도
수능 끝난 다음 날 고3 교실에 와 보면 알 것이다.

두 편의 시에는 전혀 다른 평가의 풍경이 묘사되어 있다. 「호래가 물어가내」에는 늦은 나이에 한글을 처음 공부하는 할머니의 진솔한 심정이 담겨 있다. 할머니는 한글을 접하면서 새로운 세계에 눈을 뜨게 되셨을 것이다. 할머니의 서툴고 투박한 시에서 오히려 진정한 배움의 기쁨을 잘 느낄 수 있다.

이 시에는 할머니가 받아쓰기 0점을 받고도 '호호호' 웃으시는 장면이 나온다. 할머니의 목적은 단순히 100점을 받는 것이 아니기 때문이다. "그래도 인자 시작했응깨 갠찬허당깨", "나도 잘 헐 수 있을꺼여 잉 하면"이라는 구절에서 진정한 평가의 목적을 엿볼 수 있다. 배움을 시작했으니 노력하면 잘할 수 있을 것이라는 믿음, 그 믿음을 확인하는 과정이 곧 평가이다.

할머니에게 한글을 가르치는 교사 역시 이러한 믿음을 공유하고 있을 것이다. 평가란 단순히 점수를 매기는 것이 아니라, 학습자의 배움의 과정을 살펴보고 더 성장할 수 있도록 돕는 것이라고 생각할 것이다. 그리고 평가 결과에 대해 끊임없이 피드백을 제공하면서, 할머니가 한글을 익숙하게 쓸 수 있도록 지속적으로 도와 드렸을 것이다. 이러한 교사의 가르침(교수)과 할머니의 배움(학습)이 만나 교육의 목적을 실현할 수 있을 것이며, 평가는 이러한 교수학습을 촉진하는 기능을 했을 것이다. 이러한 평가관을 '발달적 평가관'이라고 한다.

「책을 펴다 버리다」에는 수능을 치러 본 학생, 고등학교에 근무해 본 교사라면 누구나 접해 봤을 풍경이 묘사되어 있다. 수능이 끝난 다음 날 고등학교 운동장에 커다란 트럭이 들어오고, 그 트럭 위에 학생들이 목숨 걸고 풀었던 문제집, 교과서를 아무런 미련 없이 내다 버리는 장면은 우리 교육의 슬픈 자화상이다. 3년 동안 밑줄 치며 외웠던 교과서, 풀고 또 풀었던 문제집은 수능이 끝나고 나면 그저 쓰레기에 불과하다. 포항 지역 지진으로 갑자기 수능이 연기되었던 2017년에는 학생들이 이미 버렸던 문제집을 다시 사는 해프닝이 발생하기도 했다.

이러한 일이 발생하는 이유는 수능 시험이 철저히 학생을 선별하는 기능을 하는 평가이기 때문이다. 학생들 역시 수능 공부의 목적이 지식 함양이나 인격 형성이 아님을 정확히 간파하고 있다. 그렇기 때문에 수능이 끝나면 목숨을 걸고 공부를 했던 책들을 아무런 미련 없이 버리게 되는 것이다. 이러한 평가는 진정한 배움의 즐거움을 가로막는다. '끼고 다니며 베고 자며 눈물 콧물 묻어 있는 책'들은 하루아침에 '보물'이 아니라 '오물'이며, '배우고 때로 익히면 즐거운 것學而時習 不亦樂乎'이 아니라 '배우고 매일 문제 풀면 정말 신물'이 날 뿐이다. 이처럼 오로지 학생의 서열을 확인하는 것을 목적으로 하는 평가관을 '선발적 평가관'이라고 한다.

- 평가는 학생 개개인의 교육 목표 도달 정도를 확인하고, 학습의 부족한 부분을 보충하며, 교수·학습의 질을 개선하는 데 주안점을 둔다.
- 학교는 학생에게 평가 결과에 대한 적절한 정보를 제공하고 추수 지도를 실시하여 학생이 자신의 학습을 지속적으로 성찰하고 개선할 수 있도록 한다.
- 학교와 교사는 학생 평가 결과를 활용하여 수업의 질을 지속적으로 개선한다.

_2022 개정 교육과정 총론

위에 언급한 국가교육과정은 우리나라 공교육의 기본 방향을 규정하는 법적 문서이며, 여기에는 분명히 '발달적 평가관'이 우리나라 교육의 근본임을 명시하고 있다. 평가 혁신이란 교육학의 기본, 국가교육과정의 지침을 있는 그대로 실천하는 것, 그 이상도 그 이하도 아니다.

3.
'상대평가'에서 '절대평가'로

> 나는 먼저 성적으로 그를 납작하게 만들어 놓으리라고 별러
> 왔다. 나는 은근히 날짜까지 손꼽아 가며 일제고사를 기다렸
> 으나 결과는 참으로 뜻밖이었다. 놀랍게도 석대는 평균 98.5로
> 우리 반에서는 물론 전 학년에서 1등이었다. 나는 평균 92.6
> 우리 반에서는 겨우 2등을 차지했지만 전 학년으로는 10등 바
> 깥이었다.
>
> _이문열, 『우리들의 일그러진 영웅』에서

'선발적 평가관'과 가장 관련이 깊은 개념이 '상대평가'이다. 지금의 기성세대에게는 상대평가를 당연하게 여기는 인식이 강하게 자리 잡고 있다. 교사들 역시 상당수는 초등학교 시절부터 시험 성적에 따라 '석차'를 부여받은 경험을 해 왔다. 그리고 그 경험이 지금의 교육활동에 여전히 강한 영향을 미치고 있다.

이문열의 소설 『우리들의 일그러진 영웅』은 1950년대의 초등학교(당시 국민학교)를 배경으로 한다. 학급의 독재자 엄석대의 폭력에 시달리

던 주인공은 이에 맞서는 무기로 '시험 성적'을 택한다. 이때는 '일제고사'라는 용어가 공식적으로 쓰였다. 놀라운 것은 초등학교의 시험 성적을 소수점까지 매기고 이에 따라 전교 석차까지 산출했다는 점이다. 전교 석차에 의해 학생들의 위치가 결정되고, 이 위치가 물리적 폭력에 맞먹는 영향력을 행사했던 풍경을 이 소설에서 엿볼 수 있다.

교육학에서는 '상대평가'를 '규준참조평가'라고도 부른다. '규준norm'이란 '원점수의 상대적인 위치를 알려 주기 위해 쓰이는 척도'이다. 예를 들어 어떤 학생이 100점 만점에 80점을 받았다고 가정하자. 상대평가에서는 이 '80점'이 전체 학생 중 어느 정도의 위치를 차지하는지에 관심을 가진다. 전체 학생이 받은 점수의 평균이 60점인 경우와 70점인 경우에 따라 '80점'의 위치는 상대적으로 달라진다. 우리가 흔히 들어 접할 수 있는 백분위 점수, 표준점수, 표준등급 등은 이 원점수의 상대적인 위치를 확인하여 환산한 점수이다. 이처럼 '학습자를 그가 속한 규준집단에 비추어 상대적인 위치나 서열을 평가하는 방법'을 규준참조평가라고 한다.

규준참조평가, 상대평가의 목적은 학생의 상대적인 위치를 확인하여 줄을 세우는 것, 즉 서열화이다. 그렇기 때문에 학생들의 성적이 언제나 '정규분포곡선' 형태를 지니는 것을 이상적인 상황으로 가정한다. 수능 성적을 1등급부터 9등급으로 나누는 것이 대표적이다.

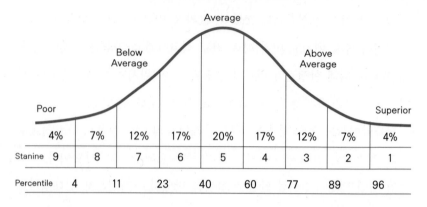

수능 9등급제에서의 정규분포곡선

4%	7%	12%	17%	20%	17%	12%	7%	4%
Stanine 9	8	7	6	5	4	3	2	1
Percentile 4	11	23	40	60	77	89	96	

통계학에서는 이 정규분포곡선을 '스태나인(stanine, standard nine의 약자)'이라고 한다. 이는 원점수의 표준편차에 따른 백분위를 1에서 9까지의 범주로 나누어 표시한 것이다. 우리가 흔히 접하는 1등급부터 9등급까지의 표준등급은 이 정규분포곡선에 따른 것이다.

그러나 이러한 정규분포곡선은 현실 속에 존재할 수 없는 가상에 불과하다. 아무리 정확한 도구로 여러 번 평가하더라도 그 결과에 따라 평균점에 가장 많은 학생이 집중되고 이를 중심으로 정확한 좌우대칭 곡선을 이루는 구조가 나올 수는 없다. 정규분포곡선은 학생 선별을 위해 임의로 산출한 통계 자료이다. 이는 학생들이 도달한 결과를 있는 그대로 인정하는 것이 아니라, 가장 탁월한 소수를 가려내는 데에만 관심을 보인다.

상대평가의 가장 큰 문제점은 불필요한 경쟁을 유발하는 것이다. 자기와 타인을 끊임없이 비교하여 우월감이나 좌절감을 느끼고, 친구를 동료가 아닌 경쟁자로 여기며 그들을 이겨 내고자 하는 비교육적 상황을 유도한다. 한국 교육의 고질적인 병폐인 시험 스트레스, 주입식·암기식 교육, 사교육 열풍 등의 뿌리에 상대평가가 있다고 해도 과언이 아니다.

그래도 상대평가가 학생의 실력을 정확히 알려 주는 기능을 한다고 생각하는 이들도 적지 않다. 하지만 상대평가는 학생의 '위치'를 알려 주는 것이지 '성취도'를 알려 주는 것은 아니다. 만약 타당도와 신뢰도를 갖춘 평가문항에서 어떤 학생이 90점을 받았다면, 이 학생은 교육 목표에 성공적으로 도달한 학생으로 인정받아 절대평가(성취평가제)에서는 성취도 A를 획득하게 된다. 그러나 상대평가에서는 다른 학생들의 점수에 따라 이 학생이 2등급이나 3등급으로 분류될 수도 있고 90점이라는 원점수는 아무런 의미를 지니지 못하게 된다. 절대평가는 한 학생이 교육 목표에 어느 정도 도달했는지를 알려 주지만, 상대평가는 상대적인 서열만을 알려 준다. 따라서 상대평가는 교육 목표에 따른 학생의 실력을 정확히 알려 주는 기능을 못 한다고 할 수 있다.

상대평가는 본래 점수에 따른 선발이 불가피한 경우에 활용하는 평가 방식이다. 대학입시가 대표적인 예이다. 물론 대학입시에서도 점수에 따른 상대평가 이외의 방식을 얼마든지 도입할 수 있다. 문제는 한국 교육에서 상대평가가 지나치게 남발되었다는 점이다. 『우리들의 일그러진 영웅』에서 확인했듯이 과거에는 초등학교에서도 상대평가가 실시되었으며, 중학교에서는 성취평가제가 도입된 2012년 이전까지 상대평가가 실시되었다. 고등학교와 수능에서는 현재 상대평가가 적용되는 과목과 절대평가가 적용되는 과목이 혼재되어 있다. 점수에 따른 선발이 불가피할 때는 상대평가를 적용하고 그렇지 않을 때는 절대평가를 적용하는 것이 당연한 이치인데, 이러한 원칙이 여전히 자리 잡지 못했다.

상대평가와 반대되는 개념인 '절대평가'를 교육학에서는 '준거참조평가'라고 부른다. 여기서 말하는 '준거criterion'란 '교육 목표에 도달했다고 볼 수 있는 최저 기준'을 의미한다. 따라서 절대평가는 학생의 상대적 위치를 확인하는 상대평가와 달리 '교육 목표 도달 여부'를 확인하는 것을 목적으로 한다.

현재 중고등학교에서는 이른바 '성취평가제'가 적용되고 있다. 성취평가제란 '국가교육과정에 근거한 성취기준에 도달한 정도에 따라 학생의 학업성취 정도'를 평가하는 제도이다. 학생이 성취기준에 도달한 정도를 '성취도'라 부르며, 현재의 성취평가제에서는 학생의 성취도를 'A, B, C, D, E' 5단 척도(체육·예술교과는 A, B, C 3단 척도)로 평정하게 되어 있다. 학기별 총점 원점수가 90점 이상이면 성취율 역시 90% 이상으로 간주하여 A를 부여하는 방식이다.

여기서 원점수 90점이 '교육 목표에 도달했다고 볼 수 있는 최저 기준'인 준거에 해당한다. 따라서 90점을 받은 학생도 100점을 받은 학생과 마찬가지로 준거에 도달한 것으로 간주되어 동일한 A를 부여받게 된다. 학생의 원점수에는 언제나 '오차점수'가 반영되기 마련이기 때문에 90점과 100점의 차이를 굳이 변별하지 않는 것이다.

절대평가는 단지 학생의 교육 목표 도달 '여부'만 확인하는 것이 아니라, 그 결과를 바탕으로 교수학습을 개선하는 것을 목적으로 한다. 만약 어떤 학생이 100점 만점에 80점을 받았다면 이 학생은 교육 목표 달성에 20% 부족한 것이다. 그러므로 교사는 학생에게 여전히 부족한 부분을 확인하여 이를 보완할 수 있도록 지원을 해야 하며, 학생 역시 평가 결과를 더욱 노력하는 계기로 삼아야 한다.

따라서 절대평가에서는 상대평가와 달리 학생들의 점수가 정규분포 곡선을 나타내기를 기대하지 않는다. 교육학에서는 이를 "준거지향평가는 학생들의 점수분포가 부적편포가 나타나기를 기대한다"라고 표현한다.

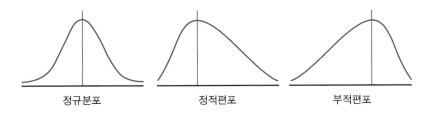

| 정규분포 | 정적편포 | 부적편포 |

부적편포는 위의 그림처럼 평균이 오른쪽으로 치우친 분포곡선을 의미한다. 이를 학생들의 성적분포에 적용하자면 평균이 대략 80%에 위치하게 되고 대부분의 학생은 그 이상의 점수를 받은 경우이다. "준거지향평가는 학생들의 점수분포가 부적편포가 나타나기를 기대한다"라는 말은 절대평가가 대부분의 학생이 교육 목표에 도달하거나 이에 근접하는 것을 목표로 한다는 것이다. 이는 "교사가 잘 가르쳤고, 학생들이 잘 배웠다"라는 것을 입증한 결과이다.

절대평가는 발달적 교육관에 기반을 두고 있다. 절대평가는 개개인에게 적합한 교수학습의 기회가 주어진다면 모든 학생이 교육 목표에 도달할 수 있다는 관점, 블룸Bloom이 말한 '완전학습'을 지향한다. 절대평가는 학습 목표 달성 여부를 중시하기 때문에, 학생이 무엇을 알고 무엇을 모르는가 하는 직접적인 정보를 제공할 수 있다. 그 정보를 교사는 향후 교육과정 및 수업 개선에 활용할 수 있고, 학생은 자신의 부족한 면을 보완하여 더 발전할 기회로 활용하는 것이 절대평가의 목적이다.

또한 불필요한 경쟁의식을 조장하는 상대평가와 달리 절대평가는 누구나 목표에 도달할 수 있다는 긍정적인 자아 인식에 바탕을 둔 학습 동기를 불러일으킬 수 있다.

따라서 평가는 기본적으로 절대평가에 기반을 두고 실시되어야 한다. 대입을 앞둔 고등학교에서의 평가도 마찬가지다. 세계의 주요 선진국들 가운데 고등학교에서의 평가를 상대평가로 치르는 나라는 극소수에 불과하다. 우리나라는 2012년 '성취평가제' 도입 이후 중학교의 평가가 절대평가로 전환되었지만, 고등학교는 절대평가 방식의 성취도(A~E) 산출과 상대평가 방식의 석차등급(1등급~9등급) 산출이 동시에 이루어져 사실상 상대평가가 지속되어 왔다. 2028학년도 대입제도 개편안에 따라 2025년부터 고등학교에서 기존의 석차 9등급제가 석차 5등급제로 완화되었다. 이에 따라 고등학교 내신 경쟁이 조금은 완화될 것으로 보인다. 이를 활용해 고등학교 평가에서도 절대평가의 요소를 최대한 확대해야 하며, 향후에는 고등학교 평가 제도 자체가 절대평가로 전환되어야 한다. 평가 혁신의 출발은 절대평가의 본질을 최대한 구현하는 것이다.

4.
'내면화된 상대평가'의 극복

☞ 석차席次 [명] 1. 자리의 차례. 2. 성적의 차례.

제도적으로 볼 때 우리나라 초중등교육은 상대평가에서 절대평가로의 전환이 점진적으로 이루어져 왔다. 하지만 상대평가를 당연하게 여기는 인식, 이와 관련된 학교의 관행과 문화가 아직 뿌리 깊게 남아 있다.

예를 들어 2012년 성취평가제 도입 이후 석차가 폐지된 중학교에서도 여전히 학생들은 자기 학급에서 누가 1등인지를 아는 경우가 많다. 공식적으로 학교생활기록부에 석차를 기재하지 않음에도 불구하고, 교사가 암암리에 석차를 알려 주기도 한다. 심지어 교사가 석차를 알려 주지 않았는데도 학생들이 서로 성적을 비교해 보며 1등이 누구인지 찾아내는 경우도 있다. 고등학교에서도 학교생활기록부에는 종합 석차가 아닌 과목별 석차등급만 기재될 따름이다. 그런데도 적지 않은 고등학교에서 학급 석차, 전교 석차를 산출하여 공개하는 것을 당연하게 여긴다. 이렇게 교사와 학생, 학부모의 내면에 뿌리 깊게 남아 있는 의식을 '내면화된 상대평가'라고 할 수 있다.

'석차席次'라는 말 자체에 상대평가와 관련된 뿌리 깊은 역사와 관습이 담겨 있다. 이 한자어의 일차적 의미는 '좌석의 순서'이다. 즉, 과거 일본과 한국의 학교에서 학생들을 성적 순서대로 교실 좌석에 앉히던 관행에서 나온 개념이다. 기성세대 중 일부는 학창 시절에 성적순으로 자리에 앉아 본 경험이 있을 것이다. 심지어 학생들이 급식을 받아먹는 순서를 성적순으로 정한 학교도 있었다고 한다. 이러한 관행은 지금도 우리의 일상 문화에 여전히 남아 있다. 회사 사무실이나 회식 자리에도 상석上席이 있고 말석末席이 있다. 오케스트라에도 수석首席 단원과 차석次席 단원이 있으며, 이 순서대로 연주 자리가 정해져 있다. 어떤 오디션 프로그램에서는 참가자들의 순위에 따라 피라미드 형태로 배치된 자리에 앉는 의식을 치르기도 한다.

과거 한 방송국에서 방영되었던 오디션 프로그램에서는 시청자의 투표에 따라 참가자의 등수가 매겨지고, 일정한 등수에 들어가지 못하는 지망생들을 탈락시켜 간다. 그리고 나머지 참가자들도 끊임없이 변화하

는 자신의 등수에 따라 피라미드 방식으로 배치된 자리에 앉게 된다. 이들을 일등부터 순서대로 피라미드 형태의 좌석에 앉히는 장면에서 '석차' 제도의 노골적인 모습을 확인할 수 있다.

문제는 이러한 문화가 우리의 일상 곳곳에 침투해 전 국민에게 '내면화된 상대평가'가 형성되어 있다는 것이다. 학부모들은 자신들이 학창시절에 경험했던 상대평가의 기억을 바탕으로 자녀들의 석차에 지나친 관심을 보인다. 학생들도 자기 점수와 다른 학생의 점수를 비교하며 암암리에 석차를 알아낸다. 교사들 역시 이러한 문화와 관행에서 자유롭지 못하다. 그 결과 교사들의 교육활동 곳곳에서 상대평가적 요소가 발견된다. 다음과 같은 현상이 학교현장에서 흔히 발견되는 '내면화된 상대평가'의 모습이다.

- 고등학교에서 학생들의 학급 석차나 전교 석차를 산출하고 이를 암암리에 혹은 공식적으로 공개하는 경우(학부모 혹은 심지어 초등교사 중에도 여전히 고등학교에서 학생들의 석차를 공식적으로 산출하는 것으로 아는 경우가 많다. 그러나 현재 고등학교의 학생생활기록부에는 종합 석차가 아닌 과목별 석차등급이 기재될 뿐이다.
- 절대평가가 적용되는 중학교에서 교사나 학생들이 알게 모르게 석차를 알아내거나 관심을 보이는 경우(학부모 혹은 심지어 초등교사 중에도 여전히 중학교에 절대평가가 도입되었다는 사실을 모르는 경우가 적지 않다).
- 지필평가가 끝난 이후 학급별 평균점수를 산출하고 순위를 매겨 공개하는 경우.

- 학생들이 도달한 성취도에 따라 있는 그대로 수행평가 점수를 산출하지 않고, 학급별 평균을 인위적으로 맞추는 경우.
- 학생들 간의 성적을 변별할 필요가 없는 절대평가 과목에서도 평가의 난이도가 지나치게 높은 경우.
- 학생들의 성적분포가 정규분포곡선을 나타내지 않으면 왠지 모르게 불안감을 느끼는 교사의 심리(앞에서도 언급했듯이 정규분포곡선은 현실 속에 존재하지 않는 추상적인 개념이다. 절대평가는 모든 학생이 교육 목표에 성공적으로 도달하여 학생들의 성적분포가 부적편포 형태로 나오는 것을 목표로 한다).

이렇게 뿌리 깊은 '내면화된 상대평가'를 극복하기 위해서는 교육활동을 주도적으로 담당하는 교사의 의식부터 달라져야 한다. 하지만 안타깝게도 이러한 의식과 관행을 가장 적극적으로 내면화하고 있는 집단이 교사일 수 있다.

교사들은 대부분 학창 시절에 모범생으로 인정받으며 높은 성적을 받았을 것이고, 문턱이 높은 사범대학이나 교육대학에 진학하여 성적 관리를 철저히 했을 것이며, 경쟁률 높은 임용시험의 관문을 통과하여 교직에 입문하게 되었을 것이다. 따라서 이들의 마음속에는 시험을 통한 석차 확인을 당연하게 여기는 의식이 뿌리내리고 있을 것이다. 평가 혁신을 위해서는 이러한 의식을 탈피하려는 노력이 필요하다.

교사의 평가에 대한 태도는 수업문화에까지 영향을 미친다. 교사에게 '내면화된 상대평가'가 남아 있으면 자연스럽게 학생들도 자신의 석차를 궁금해하고 타인과 비교하려는 심리를 갖게 된다. 이에 따라 과도한 시험 불안, 심리적 스트레스를 받게 될 뿐만 아니라 학교문화 전반에 경쟁적 문화가 형성된다. 그렇게 되면 수업 시간에도 학생들이 서로 협력하며 학습하는 분위기가 형성되기 어렵다.

'내면화된 상대평가'를 극복하는 첫 단계는 '현행 지침과 규정'을 있는 그대로 지키는 것이다. 석차등급이 적용되는 고등학교에서는 '석차등급'까지만 관심을 갖고 '석차'에는 관심을 보이지 않는 것, 불필요한 상대평가 자료를 산출하거나 이를 공개하지 않는 실천이 필요하다. 절대평가가 적용되는 중학교에서는 학생들이 교육 목표에 어느 정도 도달했는지에만 관심을 갖고, 학생들이 부족한 면을 보완할 수 있도록 지원하는 실천이 필요하다. 석차는 물론 성적도 산출하지 않는 초등학교에서는 학생의 성장과 발달 과정 및 결과를 질적으로 관찰하고 이를 학생 및 학부모와 소통하여 더 성장할 수 있도록 지원하는 것에 집중해야 한다.

상대평가와 절대평가는 단순히 석차를 산출하느냐 그렇지 않으냐의 문제를 넘어선다. 이는 인류의 역사가 경쟁을 통해 발전해 왔는지, 협력을 통해 발전해 왔는지에 대한 근본적인 관점의 차이를 전제로 한다. 경쟁을 중시하는 입장에서는 경쟁에 승리한 자가 모든 것을 독식하는 게 당연할 뿐만 아니라 이것이 인류 역사의 진보에 바람직하다고 본다. 그러나 인류가 경쟁이 아닌 협력을 통해 진보했음을 수많은 학자가 밝혀왔다. 『사피엔스』라는 저서로 유명한 유발 하라리는 인류가 문명을 발전시킬 수 있었던 이유는 '존재하지 않는 것을 상상할 수 있는 능력'을 바탕으로 '대규모 협력'을 이끌어 냈기 때문이라고 본다.[Harari, 2014] 브레흐만 역시 『휴먼카인드』에서 인간은 대규모 집단으로 살면서 서로 협력하고 모방하면서 공동학습을 했기 때문에 놀라운 문명을 이룩했다고 본

Bregman, 2020

이처럼 인간이 인간답게 살아가기 위해서는 경쟁의 원리가 아니라 협력의 원리로 사회를 운영해야 한다. 따라서 학교 안에서의 평가 혁신을 위한 노력과 함께 우리 사회 전반에 만연한 상대평가적 문화를 극복하려는 시민적 실천이 필요하다. 앞에서 언급했던 예능 프로그램을 포함하여 대중문화 곳곳에는 순위를 매기고 줄을 세우는 문화가 팽배하고, 이러한 문화가 우리 학생들의 건강한 성장을 저해하고 있다. 지성인으로서의 교사는 이에 대해 민감한 문제의식을 지니고 바로잡기 위해 노력해야 한다. 이러한 노력은 궁극적으로 대학서열화를 매개로 우리 사회의 부와 권력이 대물림되는 학벌사회를 극복하기 위한 시민적 실천으로 확장되어야 한다.

5.
'양적 평가'에서 '질적 평가'로

"중요한 것은 눈에 보이지 않아. 사막이 아름다운 이유는 그
어딘가에 오아시스를 감추고 있기 때문이야."

_생텍쥐페리, 『어린 왕자』에서

절대평가가 시행되어 석차가 폐지되더라도 성적은 여전히 남는다. 하지만 점수가 학생에 대한 의미 있는 정보를 알려 주는 것은 아니다. 예를 들어 도덕 과목 평가에서 86점을 받은 학생이 85점을 받은 학생보다 도덕성이 1% 높은 것은 아니다. 도덕 성적 100점을 받은 학생이 오히려 윤리의식이 가장 낮을 수도 있다. 이것이 '양적 평가'의 한계이다.

'양적 평가'란 평가 결과를 수량화하고, 수량화한 자료를 통계적 방법으로 분석하는 평가 방법을 의미한다. 시험을 치르고 그 결과를 원점수, 평균, 표준편차 등으로 나타내는 것이 대표적인 양적 평가의 방법이다.

양적 평가를 다른 말로 측정measure이라고도 한다. '측정'이란 쉽게 말해 '재는 것'이다. 마치 한 사람의 몸무게(평가 대상)를 저울(평가 도구)로 ○○kg(점수)이라고 정확히 산출하는 것과 같다. 이러한 양적 평가는

평가 대상이 키, 몸무게처럼 고정적이고 안정적 실체일 경우에만 가능하다. 그렇다면 학생에 대한 평가에서 양적 평가가 가능한 영역은 무엇인지 확인해 보아야 한다.

블룸이라는 학자가 기틀을 마련한 교육목표분류학에서는 평가의 영역을 인지적 영역, 정의적 영역, 심동적 영역으로 구분한다.^{Bloom, 1956} 인지적 영역은 사고력이나 논리력과 같은 인간의 지적인 능력을 나타내는 영역이다. 정의적 영역은 감성이나 가치관과 같은 인간의 정서적인 특성과 관련된 영역이고, 심동적 영역은 신체적 움직임과 관련된 영역이다.

이 중에서 양적 평가를 통해 정확히 숫자로 평가할 수 있는 영역은 인지적 영역 중 일부, 지식이나 정보의 암기와 같은 단편적 정신기능이다. 반면에 논리적 사고 능력이나 비판적 지성, 예술적 감수성이나 표현력 등의 영역은 정확히 수치화하여 평가하기 어렵다.

양적 평가의 반대 개념인 '질적 평가'는 명확히 수량화하여 평가할 수 없는 영역, 즉 학생들의 다양한 특성, 잠재력, 가능성 등을 다양한 방법을 통해 관찰하고 이에 대한 전문적인 판단으로 평가하는 것을 의미한다. 블룸이 제시한 교육목표분류학 중 정의적 영역은 질적 평가의 대상이 된다. 그래서 질적 평가를 '정의적 평가', '정성 평가'라고도 부른다.

양적 평가는 한계가 명확하다. 숫자는 숫자에 불과하기 때문이다. 숫자는 학생들에 대해 많은 것을 알려 주지 못한다. 생텍쥐페리의 『어린 왕자』에는 "중요한 것은 눈에 보이지 않아. 사막이 아름다운 이유는 그 어딘가에 오아시스를 감추고 있기 때문이야"라는 구절이 나온다. 이 구절이야말로 질적 평가의 철학을 잘 나타낸다. 교육에서 중요한 것은 학생의 내면에 감춰져 있는 잠재력과 가능성을 확인하는 것이다. 그렇기 때문에 겉으로 드러난 능력을 숫자로 확인하는 양적 평가 못지않게 학생들의 잠재력과 가능성이 꽃필 수 있도록 돕는 질적 평가를 중시해야 한다.

질적 평가를 통해 확인한 내용은 숫자로 나타내는 것이 아니라 문장으로 기술하게 된다. 학교생활기록부의 '세부능력 및 특기사항'이 이러한 질적 평가 결과를 기록하도록 하는 제도적 장치이다.

교육부의 〈학교생활기록 작성 및 관리지침〉에 의하면 학교생활기록부의 '세부능력 및 특기사항'에는 '과목별 성취기준에 따른 성취수준의 특성 및 학습활동 참여도 등'을 문장으로 입력하게 되어 있다. 고등학교 '세부능력 및 특기사항'의 내용은 대학입시의 학교생활기록부 전형에 주요한 자료로 활용된다. 하지만 '세부능력 및 특기사항' 내용은 입시에 활용되기 위한 자료만이 아니라 학생들의 다양한 잠재력과 가능성을 기록한 질적 평가의 결과물로 보아야 한다. 따라서 학업성취가 다소 부족한 학생에 대해서도 '숫자'를 넘어선 '다양한 가능성'을 확인하고 이를 기록해 주는 것이 질적 평가의 취지이다.

이러한 질적 평가는 중간고사, 기말고사 등 일제식 지필평가를 통해서는 이루어질 수 없다. 일제식 지필평가는 단편적인 지식의 암기 및 이해를 중심으로 하는 양적 평가의 역할을 할 따름이다. 그러나 수행평가를 통해서는 질적 평가의 취지를 살릴 수 있다. 수행평가는 교사가 학생들의 학습활동 수행 과정 및 결과를 직접 관찰하고 이를 전문적인 안목으로 판단하는 평가 방법이기 때문이다. 따라서 수행평가를 질적 평가의 취지에 맞게 시행하는 것이 매우 중요하다.

6.
'결과중심평가'에서 '과정중심평가'로

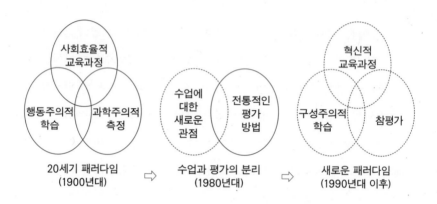

이 그림은 셰퍼드라는 학자가 교육과정-수업-평가 패러다임의 변화 양상을 표현한 것이다.[Shepard, 2000] 여기서 특히 주목해야 할 것은 가운데 그림의 '수업과 평가의 분리'라는 표현이다.

왼쪽 그림은 과거 학교에서 흔히 볼 수 있었던 '단편적 지식 위주의 교육과정 → 주입식·암기식 수업 → 일제식 지필평가'의 모습이다. 사회에서 요구하는 인력을 길러 내기 위해 단편적 지식이나 기능을 효과적으로 전달하고 이를 표준화된 시험을 통해 정확히 측정하는 패러다임이다.

교육과정-수업-평가 중에서 가장 먼저 변화하는 영역은 수업이다. 수업 방식은 교사 개인의 노력으로도 어느 정도 변화시킬 수 있기 때문이다. 이제 상당수의 학교에서 학생들이 적극적으로 참여하고 서로 협력하는 방식의 수업이 이루어지고 있다. 그러나 수업이 바뀌어도 평가는 바뀌지 않는 경우가 많다. 수업 시간에는 모둠별 토의·토론 활동 등 다양한 학습활동이 진행되다가도 평가는 여전히 일제식 지필평가가 중심을 이루는 현상, 수업 시간에는 협력이 이루어지지만 평가에서는 치열한 경쟁이 나타나는 현상을 '수업과 평가의 분리' 현상이라고 할 수 있다.

이러한 '수업과 평가의 분리'를 다른 말로 '결과중심평가'라고 할 수 있다. 결과중심평가는 교수학습의 과정이 아닌 교수학습의 결과만을 확인하는 평가이다. '진도 나가고 시험 보는' 방식의 평가, 중간고사·기말고사 등의 일제식 지필평가가 결과중심평가의 대표적인 예이다. 이러한 결과중심평가는 학생들의 최종적인 성적만을 확인할 수 있을 뿐 교사나 학생에게 의미 있는 정보를 제공할 수 없다. 학기 초에는 수업 시간에 다양한 모둠 활동, 토의·토론식 수업이 진행되다가 중간고사 시기가 다가오면 시험 범위에 맞춰 진도 나가기식 수업이 이루어지는 것이 수업과 평가 분리 현상의 대표적인 예이다. 특히 기말고사가 끝나면 정상적인 수업이 이루어질 수 없을 정도로 교육과정 운영에 파행이 일어나고, 평가 결과에 대한 피드백이 이루어지지 않는 것이 결과중심평가의 한계이다.

'과정중심평가'는 '수업과 평가의 연계' 속에서 학생들의 학습 결과뿐만 아니라 과정을 확인하는 평가이다. 교육부는 과정중심평가를 '교수학습의 과정에서 학생의 변화와 성장에 대한 자료를 다각도로 수집하여 적절한 피드백을 제공하는 평가'로 규정한다.교육부·한국교육과정평가원, 2017 위의 그림 가운데 오른쪽 그림이 과정중심평가를 중심으로 '교육과정-수업-평가의 연계'가 이루어지는 모습이다. 즉 교사의 자율적 전문성에 따라 교육과정 재구성이 이루어지고, 재구성된 교육과정 속에서 학생 참여형·협력형 수업이 진행되며, 수업의 과정 속에서 학생들의 학습 과정 및 결과를 확인하는 평가가 이루어지는 모습이다. 특히 오른쪽 그림은 실선이 아니라 파선으로 이루어져 있는데, 이는 교육과정-수업-평가 사이의 경계가 거의 사라지고 하나로 융합되는 모습을 표현하기 위한 것이다.

중간고사·기말고사와 같은 일제식 지필평가는 결과중심평가에 해당하고, 수행평가는 본질적으로 과정중심평가에 해당한다. 그러나 모든 유형의 수행평가가 과정중심평가에 해당하는 것은 아니다. 교수학습의 과정과 분리된 형태로 이루어지는 수행평가도 존재하기 때문이다. 예를 들어 교사가 부여한 과제를 학생이 수업 후 별도의 시간을 할애해 수행하는 이른바 '과제형 수행평가'는 과정중심평가의 취지와 어긋난다. 현재 교육부의 〈학교생활기록 작성 및 관리지침〉에서는 이러한 과제형 수행평가를 명시적으로 금지하고 있다.

또한 수업 시간에 수행평가를 진행했다고 해서 반드시 과정중심평가의 취지가 이루어지는 것은 아니다. 과정중심평가는 학생들의 학습 과정을 직접 관찰하고 이에 대한 적절한 피드백을 제공함으로써 학생들의 성장을 돕는 데 목적이 있다. 따라서 수업 시간에 수행평가를 진행하더라도, 교사의 관찰과 지원, 피드백이 이루어지지 않는다면 이를 과정중심평가라고 할 수 없다.

'과정중심평가'라는 용어는 현재 초중등학교 평가 혁신의 대명사처럼 널리 쓰이고 있다. 그러나 현재 학교현장에서 진행되고 있는 평가를 보면, 수업 시간에 진행되는 평가라 할지라도 사실상 결과중심평가 방식으로 진행되는 경우가 적지 않다. 또한 '과정중심평가'라 하여 '과정만'을 평가하는 것은 아니다. '과정중심평가'란 '과정을 통해 좋은 결과를 유도하는 평가', 즉 '학생의 전인적인 성장을 돕는 평가'로 이어져야 한다. 이런 점에서 '과정중심평가'는 곧 '성장중심평가'를 지향해야 한다. 이 점은 2부에서 상세하게 다루겠다.

7.
'일제식 평가'에서 '교사별 평가'로

지필평가 문제는 타당도, 신뢰도를 제고할 수 있도록 출제하고, 평가의 영역, 내용 등을 포함한 문항정보표 등 출제 계획을 작성하여 활용하며, 동일 교과 담당 교사 간 공동 출제를 한다.

_교육부, 〈학교생활기록 작성 및 관리지침〉

수행평가는 교사별 평가로 실시할 수 있다.

_경기도교육청, 〈학업성적관리 시행지침〉

일제식으로 실시하는 지필평가 형태의 수행평가는 금지한다.

_광주광역시교육청, 〈학업성적관리 시행지침〉

흔히 일제고사라고도 하는 '일제식 평가'는 '모든 학생이 동일한 시간에 동일한 평가문항을 일제히 치르는 평가'를 의미한다. 전국의 모든 수험생이 동일한 시간에 동일한 문항을 치르는 대학수학능력시험은 전국 단위의 일제식 평가이며, 학교에서 전교생이 동시에 치르는 중간고사·기말고사와 같은 지필평가는 학교 단위의 일제식 평가이다.

일제식 평가는 우리에게 매우 익숙하고도 오래된 관행인데, 이는 필연적으로 획일화된 수업을 유도한다. 일제식 평가는 모든 학급에서 동일한 시기에 동일한 내용을 동일한 방식의 수업으로 진행했음을 전제로 한다. 하지만 대부분의 중등학교에서는 동일 학년에 여러 명의 교사가 학급을 분담하여 수업을 진행하게 된다. 교사별로 수업 철학이나 방식에서 차이가 있을 수도 있고 동일한 교사라 할지라도 학급의 상황에 따라 교수학습의 내용이 달라질 수도 있지만, 일제식 평가는 이러한 차이를 인정하지 않는다.

그러다 보니 중간고사나 기말고사 기간이 다가오면 교사들에게 현실적인 고민이 생긴다. 일제식 평가에서는 모든 학급에서 공통적으로 다룬 내용이 출제될 수밖에 없다. 그런데 모든 학급에서 공통적으로 가르친 내용을 추출하여 이를 정확히 일제식 평가에 반영하기란 쉽지 않다. 그렇기 때문에 교사들은 손쉬운 방법을 택할 수밖에 없다. 그것이 바로 교과서에 나온 핵심 내용을 모든 학급에 일방적으로 전달하는 일제식·주입식 수업이다.

하지만 교과서에 나온 핵심 내용을 일방적으로 전달하는 수업을 좋은 수업이라 할 수는 없다. 최근 학교현장에서는 학생의 필요와 요구, 교사의 전문성에 따라 교과서의 일부 내용을 덜어내거나 새로운 내용을 추가하거나 타 교과의 내용과 통합을 하는 '교육과정 재구성'이 활발하게 이루어지고 있다. 또한 수업 방식에서도 교사가 일방적으로 지식을 전달하는 일제식 수업이 아니라 학생들이 다양한 방식으로 참여하는 배움중심수업이 대세를 이룬다. 이러한 교육과정-수업 혁신 흐름과 일제식 지필평가는 어울리지 않는다. 일제식 지필평가가 존재하는 한, 교사의 자율적 전문성에 따른 교육과정 재구성, 학생들이 주도적으로 참여하는 다양한 형태의 수업은 어려워진다.

이에 대한 대안으로 나온 개념이 '교사별 평가'이다. 이는 말 그대로 '교사의 자율에 따라 평가의 시기와 범위, 방법 등을 달리 적용하는 평가'를 의미한다.

교사별 평가의 취지는 우선 다양하면서도 창의적이고 융통성 있는 평가를 시행하는 것이다. 교사가 학생들이 반드시 알아야 한다고 판단하여 수업 시간에 깊이 있게 다룬 내용은 평가에서도 비중 있게 반영하되, 단편적이고 지엽적인 정보는 굳이 평가에 반영하지 않을 수 있다. 또한 교사가 강의식으로 전달한 개념의 이해 여부는 선다형 문항으로 평가할 수 있지만, 토의·토론이나 글쓰기 등을 통해 심층적으로 탐구한 내용은 논술형 문항으로 평가하는 것이 바람직하다. 하지만 일제식 평가를 통해서는 이렇게 다양한 평가를 융통성 있게 시행하는 것이 불가능하다.

교사별 평가의 또 다른 취지는 교사의 평가 전문성을 보장하는 것이다. 교사별 평가는 "가르친 자가 평가한다"라는 교육학적 원리에 충실한 평가 방법이다. 일제식 평가는 획일적인 평가, 획일적인 수업을 유도한다는 점에서 교사의 자율적 전문성을 보장하기 어렵다. 반면에 교사별 평가는 교사의 전문성에 따라 교육과정을 재구성하고, 이에 적합한 수업 및 평가를 자율적으로 진행하도록 한다는 점에서 교사의 '교권'을 실질적으로 보장하는 방식이다.

현재 우리나라의 평가는 일제식 평가를 기본으로 하고 있다. 앞에서 제시한 교육부의 〈학교생활기록 관리 및 작성지침〉에 의하면 지필평가는 '동일 교과 담당 교사 간 공동 출제'를 하도록 명시되어 있다. 이 '공동 출제'라는 문구가 일제식 평가를 시행하는 법적 근거에 해당한다. 반면 교육부의 지침 중 수행평가에는 '공동 출제'라는 조항이 존재하지 않는다. 수행평가는 그 본질상 '공동 출제'라는 개념이 성립될 수 없기 때문이다. 일부 시도교육청에서는 이를 적극적으로 해석하여 수행평가의 교사별 평가 실시를 명시적으로 허용하고 있다. "수행평가는 교사별 평가로 실시할 수 있다"(경기도교육청), "일제식으로 실시하는 지필평가 형태의 수행평가는 금지한다"(광주광역시교육청) 등의 지침이 이에 해당한다.

교사별 평가는 교사의 높은 전문성과 윤리성을 요구한다. 만약 교사 사이에 평가 전문성이 차이가 난다면, 평가의 타당도나 신뢰도를 확보하기 어렵다. 교사별 평가가 의미 있게 시행되기 위해서는, 다양하고 창의적인 방식의 교육과정 재구성 및 수업이 이루어져야 하고, 그 내용을 평가에 오롯이 반영하는 전문성이 필요하다. 또한 교사별로 시행한 평가에 오류는 없는지를 점검하고 평가 결과에 책임을 지는 윤리성이 요구된다.

그래서 일부 교사는 아직 교사별 평가를 도입하는 것이 시기상조라고 여기기도 한다. 하지만 교사의 전문성과 윤리성이 부족하다는 이유로 교사에게 자율성을 아예 부여하지 않는다면, 교사의 전문성과 윤리성이 발휘될 기회 역시 아예 형성되지 못하게 된다. 따라서 교사별 평가가 향후 나아가야 할 방향임은 분명하다.

현재의 지침으로도 수행평가를 교사별 평가로 시행하는 것은 가능하다. 수행평가는 본질적으로 과정중심평가를 의미하기 때문에, 모든 학급에서 동일한 시기에 동일한 내용과 방법으로 실시하는 것은 바람직하지도 가능하지도 않다. 따라서 지금 단계에서는 중등학교에서 수행평가를 최대한 활성화하고, 이를 교사별 평가 방식으로 진행하는 것이 매우 중요한 평가 혁신의 과제라 할 수 있다. 물론 수행평가의 반영 비율이나 영역은 동일 학년 동일 교과에서 통일적으로 적용해야 한다. 하지만 구체적인 수행평가 시행 시기나 내용, 방법 등은 교사의 자율성이나 학급의 상황에 따라 다양하게 적용할 수 있다.

수행평가에서의 교사별 평가가 정착되면, 향후 지필평가도 교사별 평가가 시행되어야 한다. 절대평가가 이미 정착된 중학교는 지필평가에서도 교사별 평가를 시행하는 것이 큰 무리가 없다. 향후 고교학점제가 도입되어 한 명의 교사가 담당하는 소인수 과목이 늘어나게 되면, 고등학교에서도 자연스럽게 교사별 평가가 확대되게 된다. 교사별 평가를 통해 교사의 자율성과 전문성 사이에 선순환이 이루어지고, 더욱 다양하고 창의적인 평가가 이루어져야 할 것이다.

8.
'능력참조평가'와 '성장참조평가'

학기가 시작되고 4개월이 지난 어느 날, 7학년이던 큰딸은 울상이 된 채 학교에서 돌아와 수학 시험이 어려워서 생각보다 못 봤다고 했습니다. 그런데 며칠이 지난 후 귀가한 딸이 기쁜 목소리로 말했습니다.

"엄마, 선생님이 우리 반 전부 시험을 다시 볼 기회를 준대요."

저는 문득 이상하다는 생각이 들었지만 잘됐다고 말해 줬지요. 일주일 뒤, 웃음을 가득 띤 얼굴로 집으로 들어오자마자 소리쳤습니다.

"엄마, 이번 수학 시험에서 만점 받았어요. 지난번엔 9점이었는데 더 올랐어요."

딸은 첫 번째 시험에서 다른 아이들보다 점수를 잘 받았다고 좋아하지 않았습니다. 그런데 이번 시험에서 친구들 모두 성적이 올랐다고 기뻐하는 모습이 평소와는 좀 달라 보였지요.

"우리 선생님은 대단해요. 다시 시험을 칠 기회를 줬잖아요.

기회를 주니까 다들 마음을 다잡고 더 잘할 수 있었고요. 지금은 모두 배운 내용을 제대로 이해했고, 시험점수도 올랐어요. 아, 정말 잘됐어요."

저는 딸이 첫 번째 시험에서 9점을 받았을 때도 기뻤습니다. 그러나 딸이 자기는 원래 잘 봤는데 시험을 왜 또 치느냐고, 다른 아이들이 노력을 안 했으니까 시험을 못 본 것인데 다시 시험을 치는 것은 불공평하다고 말하는 사람이 아니란 걸 알게 되어 훨씬 더 기분 좋았습니다. 반 전체가 시험을 다시 쳐서 아이들의 성적을 매기다니, 점수로 모든 것을 결정하는 사회에서는 이해 못 할 일이겠지요.

_첸츠화, 『북유럽에서 날아온 행복한 교육 이야기』에서

대만 출신 작가 첸츠화와 그의 딸 입장에서 본 핀란드의 시험 장면은 사뭇 놀랍기만 하다. 모든 학생에게 시험을 다시 볼 기회를 주는 평가이다. 작가의 이야기처럼 '점수로 모든 것을 결정하는 사회에서는 이해 못할 일'이다. 하지만 "다들 마음을 다잡고 더 잘할 수 있었고요. 지금은 모두 배운 내용을 제대로 이해했고, 시험점수도 올랐어요"라는 딸의 말에 이러한 평가의 의도가 잘 드러나 있다. 더욱이 "자기는 원래 잘 봤는데 시험을 왜 또 치느냐고, 다른 아이들이 노력을 안 했으니까 시험을 못 본 것인데 다시 시험을 치는 것은 불공평하다고 말하는 사람이 아니란 걸 알게 되어 훨씬 더 기분 좋았습니다"라는 작가의 말에 교육이 지향해야 할 인간상이 나타나 있다.

교육학에서는 '규준참조평가(상대평가)', '준거참조평가(절대평가)'와

함께 '능력참조평가', '성장참조평가'라는 평가의 유형을 제시한다. 이 두 개념은 다소 낯설지만 향후 우리가 새롭게 지향해야 할 평가의 원리를 담고 있다.

'능력참조평가'란 '학생이 지닌 능력에 비추어 얼마나 최선을 다했는 가'에 초점을 두는 평가이다. 비록 객관적인 성적이 높게 나타나지 않더라도 최선을 다했다면 높은 평가를 함으로써 학생의 학습 동기를 유발하는 것이 능력참조평가의 목적이다. 물론 누가 얼마나 최선을 다했는지는 명확한 수치로 나타낼 수 없기에 이를 성적에 반영하기는 어렵다. 그러므로 능력참조평가는 정의적 영역에 대한 질적 평가에 가깝다. 최선을 다해 노력한 학생에게 칭찬이나 격려 등 긍정적 피드백을 주는 것도 매우 의미 있는 일이다. 특히 학생 한 명 한 명의 가능성을 확인하는 개별화 평가에는 능력참조평가의 원리가 중요하게 적용될 수 있다.

'성장참조평가'란 '사전의 능력 수준과 현재에 측정된 능력 수준 사이의 차이'에 관심을 두고, '교수학습의 과정을 통해 얼마나 성장했는가'를 확인하는 평가이다. 그렇기 때문에 '인간의 변화와 성장'을 목적으로 하는 교육의 본질에 매우 타당한 평가 방식이라 할 수 있다. 성장참조평가의 결과는 성적에 반영하기도 한다. 위의 인용문에 제시된 것처럼 1차 평가와 2차 평가를 한 후 2차 평가 결과를 최종적인 성적에 반영할 수도 있고, 1차 평가와 2차 평가 사이의 차이를 '성장점수' 혹은 '향상점수'라는 이름으로 산출하기도 한다.

성장참조평가는 최근 제기되고 있는 '성장중심평가'와 유사한 개념이다. 하지만 성장참조평가가 주로 '향상도'에 초점을 두고 있다는 점에서, 학생의 성장을 목적의식적으로 이끌어 가는 성장중심평가와는 다소 차이가 있다. 이 점은 2부에서 상세하게 다루겠다.

인용문에 제시된 핀란드의 평가 방식에는 준거참조평가(절대평가), 능력참조평가, 성장참조평가의 모습이 잘 나타나 있다. 핀란드의 중등 평가는 절대평가를 기본으로 하며, 우리나라가 100점을 만점으로 하는 것과 달리 10점을 만점으로 하고 있다. 그만큼 학생들 사이의 격차를 정확히 측정하는 데 관심을 두기보다는 교육 목표에 얼마나 도달했는지 여부를 확인하는 데 관심을 두고 있다. 또한 학생들에게 모두 시험을 다시볼 기회를 부여하고 있는데, 이는 학생이 자신의 능력을 최대한 발휘하기 위해 얼마나 노력을 하는가에 관심을 두는 능력참조평가라고 할 수 있다. 그 결과를 토대로 학생들이 이전에 비해 어느 정도 향상했는지를 확인하는 성장참조평가를 하고 있다.

이러한 능력참조평가, 성장참조평가는 우리에게 매우 낯설다. 이를 점수에 반영하는 것도 쉽지 않다. 그러므로 능력참조평가와 성장참조평가는 평가의 방법론 차원이 아닌 우리가 지향해야 할 평가 철학, 우리가 함께 만들어 가야 할 평가문화 차원으로 접근해야 한다. 이러한 평가 철학과 평가문화가 정착될 때 우리 학생들도 핀란드 학생들처럼 참된 배움의 기쁨을 누릴 수 있을 것이다.

9.
타당도와 신뢰도,
무엇이 '공정한 평가'인가?

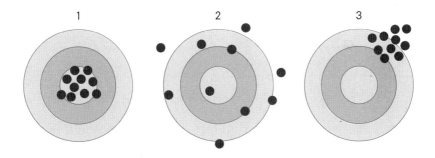

세 명의 궁사가 있다. 첫 번째 궁사의 표적지에는 화살들이 과녁의 한 가운데 일관되게 모여 있고, 두 번째 궁사의 표적지에는 화살이 여기저기 흩어져 있으며, 세 번째 궁사의 표적지에는 한쪽 구석에 화살이 일관되게 모여 있다. 누가 가장 훌륭한 궁사인가? 첫 번째 궁사이다. 세 번째 궁사는 어떠한가? 정신을 엉뚱한 곳으로 집중한 궁사이다.

과거의 평가는 세 번째 궁사와 같았다. 교사나 학생 모두 평가에 엄청난 역량을 쏟아부었지만, 그 방향은 목표에서 어긋났다. 오류가 없는 문항으로 학생들의 실력을 객관적으로 평가한 듯싶지만, 평가의 진정한 목표를 정조준하지는 못했다. 이를 타당도와 신뢰도라는 개념을 통해 살펴보자.

교육학에서는 좋은 평가문항이 갖추어야 할 요건으로 타당도와 신뢰도를 강조한다. 먼저 신뢰도에 대해 알아보자. '신뢰도'란 '측정 결과가 얼마나 안정적으로 일관성 있게 나타내는가의 정도'를 의미한다. 쉽게 말해 동일한 대상에 대해 두 번 이상 측정을 했을 때 동일한 측정 결과가 나왔다면 그 측정 도구의 신뢰도가 높다고 할 수 있다. 동일한 저울로 동일한 사람의 몸무게를 연속적으로 두 번 측정했을 때 동일한 측정값이 나와야 이 저울을 신뢰할 수 있는 것과 마찬가지다.

학교에서의 평가도 마찬가지다. 예를 들어 서로 다른 두 가지 평가지로 학생들을 평가한 결과 학생들의 성적분포가 두 경우 모두 유사하게 나와야 이 평가지의 신뢰도가 높다고 할 수 있다. 이러한 평가의 신뢰도가 확보된다면 학생들의 실력을 객관적이면서도 공정하게 확인할 수 있게 된다. 특히 우리나라와 같이 평가의 공정성을 강조하는 경우 평가의 신뢰도는 매우 중요한 개념이 된다. 평가의 신뢰도를 확인하는 방법으로는 재검사 신뢰도, 동형검사 신뢰도, 반분검사 신뢰도, 문항 내적 일관성 신뢰도[3] 등이 있다. 이러한 용어는 교육측정 전공자 혹은 국가 단위 평가를 주관하는 기관에서 유념해야 할 개념이기 때문에 자세한 설명

----

3. 재검사 신뢰도는 '한 개의 평가 도구를 동일한 피험자에게 일정한 시간 간격으로 두 번 실시하여, 처음의 결과와 나중의 결과 사이에 어느 정도 안정성이 있느냐를 산출하는 신뢰도'이다. 동형검사 신뢰도는 '내용과 난이도, 변별도가 유사한 두 개의 검사 도구를 동일한 피험자에게 실시하여 산출하는 신뢰도'이다. 반분검사 신뢰도는 '하나의 평가 도구를 한 피험자 집단에 실시한 다음 그것을 적절한 방법으로 둘로 나누고, 나누어진 부분을 독립된 검사로 생각해서 점수 간의 상관계수를 산출하는 신뢰도'이다. 문항 내적 일관성 신뢰도는 '개별 문항 하나하나를 독립된 검사 단위로 보고, 각 문항이 일관되게 동일한 능력을 측정하고 있는 정도를 수치화하여 나타내는 신뢰도'를 의미한다.

은 생략하겠다.

평가의 신뢰도 못지않게 중요한 개념이 평가의 타당도이다. 평가의 '타당도'란 '평가 도구가 측정하려고 하는 구체적인 목표나 내용을 제대로 측정하고 있는가의 정도'를 의미한다. 쉽게 말해 평가의 타당도란 '측정하고자 했던 것을 제대로 측정했느냐'의 문제이다.

타당도의 유형에는 크게 내용타당도, 예언타당도, 공인타당도, 구인타당도[4] 등이 있다. 이 중에 학교에서 진행되는 평가와 관련이 깊은 개념은 내용타당도와 예언타당도이다.

'내용타당도'는 '평가문항이 교육 목표와 교육 내용을 어느 정도 충실히 측정하고 있는지의 정도'를 의미한다. 예를 들어 국어교육의 주된 목표는 의사소통 능력, 문학감상 능력 등을 기르는 것이다. 따라서 국어교과의 평가 역시 이러한 능력이 제대로 길러졌는지를 확인할 수 있어야 한다. 만약 학교에서의 지필평가가 단편적 지식을 암기하고 있는지를 확인하는 오지선다형 문항으로만 이루어져 있다면, 국어교육의 목표를 제대로 확인할 수 없다. 이 지필평가 문항은 사실상 '암기력'을 측정한 것이지 '의사소통 능력, 문학감상 능력'을 평가한 것은 아니다. 의사소통 능력을 평가하려면 구술, 토의·토론 등을 활용한 수행평가를 진행해야 하며, 문학감상 능력을 평가하려면 문학작품을 깊이 있게 이해했는지를 확인하는 논술형 평가를 진행해야 한다. 그럴 때 평가의 내용타당도를 확보할 수 있다.

----

4. 공인타당도는 '새로운 검사의 타당도를 이미 타당도를 인정받은 검사와의 유사상에 의해 확인되는 타당도'이고, 구인타당도는 '조작적으로 정의되지 않은 인간의 심리적 특성을 심리적 구인으로 분석하여 조작적 정의를 내린 후, 검사 점수가 조작적 정의에서 규명한 심리적 구인들을 제대로 측정했는가에 의해 확인되는 타당도'이다.

'예언타당도'는 '평가 결과가 피험자의 미래 행동이나 특성을 예측하는 정도'를 의미한다. 대학수학능력시험(수능)의 목적은 말 그대로 '대학에서의 학업 능력'을 예측하는 것이다. 따라서 수능 성적이 높은 학생이 대학에서의 학업 능력 역시 높게 나타나야 수능 시험의 예언타당도가 높다고 할 수 있다.

그러나 서울지역 10개 주요 대학 학생들을 대상으로 실시된 종단연구 결과 분석에 의하면, 수능 전형으로 대학에 입학한 학생에 비해 학교생활기록부 전형으로 입학한 학생이 대학에서의 학업성취도가 더 높은 것으로 나타났다.[김현, 2017] 이 연구 결과를 통해 볼 때 수능의 예언타당도는 학생부 전형의 예언타당도보다 낮다고 할 수 있다. 그 이유는 충분히 짐작해 볼 수 있다. 오지선다형 문항 위주로 구성된 수능시험에서 높은 성적을 받았다고 해서, 깊이 있는 학문적 탐구와 다양한 문제해결 능력을 요구하는 대학의 학업에서 좋은 결과를 보일 것이라는 보장은 없기 때문이다. 오히려 학교생활기록부 전형을 대비하며 고등학교 교육과정을 충실히 이행하면서 수행평가 등 다양한 평가에서 좋은 성과를 거둔 학생이 대학의 학업에서도 좋은 결과를 보일 것이라고 예측하는 게 더 타당하다.

그동안 우리나라에서는 평가의 '공정성'을 확보한다는 명분으로 지나치게 '신뢰도'에만 집착을 하고 '타당도'를 저버리는 오류를 범해 왔다. 정답이 명확히 정해진 이른바 '객관식 시험', 오지선다형 문항 위주의 평가를 통해 학생들의 성적을 오차 없이 산출하는 것을 중시해 왔다. 그러나 정작 이러한 평가 방식이 '타당도가 높은 평가'인지에는 관심을 보이지 않았다.

좋은 평가란 타당도와 신뢰도를 모두 갖춘 평가이다. 앞에서 제시한 궁사의 비유를 다시 들자면, 표적의 정중앙(교육 목표)을 향해 모든 화살(평가 도구)이 일관성 있게 조준된 평가이다. 하지만 그동안 우리의 평가 관행은 교육 목표와는 상관없이 성적만 '공정하게' 산출하면 된다는 인식하에 이루어져 왔다. 학생들이 배워야 할 핵심 내용과 무관한 지엽적인 문항일지라도, 문항에 오류만 없고 성적만 정확히 산출하면 된다는 식이었다. 그 결과 표적의 정중앙에서 한참 비켜난 엉뚱한 곳에 화살을 집중시켜 왔다. 이러한 평가는 교육 목표 도달 여부도 확인할 수 없고, 학생들의 미래를 예측할 수 없기에 선발 방식으로도 부적절한 평가이다. 이러한 평가를 '공정한 평가'라고 할 수 있을지 의문이다. 그러므로 "신뢰도는 타당도의 전제 조건이지만, 신뢰도가 높다고 해서 타당도가 높다고 할 수는 없다"라는 명제가 성립된다.

공정한 평가란 '오답 시비의 여지가 없는 명확한 정답'이 존재하는 평가, '정확한 채점 기준'이 존재하는 평가를 의미하는 것이 아니다. 평가의 '공정성'이란 '평가 내용이나 방법이 특정한 사람들에게 유리하거나 불리하게 작용됨이 없이 모든 학생들이 자신의 성취도를 나타낼 수 있는 동등한 기회가 제공됨'을 의미한다.[McMillan, 2014] 예를 들어 어떤 학생이 자신이 배운 내용과는 관계없는 다른 요인으로 인해 다른 학생들보다 불이익을 얻는다면, 이 평가는 공정하지 못한 것이다. 아무리 '정확한 채점 기준'을 가지고 '명확한 정답'이 있는 문항으로 평가를 했다 하더라도, 그것이 교육 목표와 무관한 지엽적인 문항 혹은 사교육의 도움을 받아야 해결할 수 있을 정도의 난이도를 가진 문항이라면 이러한 평가야말로 공정하지 않은 평가, 더 정확히 말하면 타당도가 현저히 떨어진 평가이다. 따라서 우리는 타당도와 신뢰도를 갖춘 대안적 평가를 모색하기 위해 노력해야 한다.

10.
'대안적 평가'로서의 수행평가

교과학습의 평가는 지필평가와 수행평가로 구분하여 실시한다.

수행평가란 교과 담당 교사가 교과 수업 시간에 학습자들의 학습과제 수행 과정 및 결과를 직접 관찰하고, 그 관찰 결과를 전문적으로 판단하는 평가 방법이다.

_교육부, 〈학교생활기록 작성 및 관리지침〉

앞에서 평가 혁신의 방향으로 절대평가, 질적 평가, 과정중심평가, 교사별 평가 등을 언급했다. 이러한 평가 혁신의 취지는 선다형 문항 중심의 일제식 지필평가로는 실현되기가 매우 어렵다. 그래서 교육자들은 이러한 지필평가의 한계를 극복하기 위해 다양한 평가 방법을 모색해 왔다. 오랜 전통을 지닌 동아시아의 과거 제도나 프랑스 바칼로레아에서 뿌리를 찾아볼 수 있는 논술형 평가, 중세 서양에서 장인을 길러 내기 위해 실시된 도제식 평가, 예체능 교육에서 널리 활용되어 온 실기 평가 등이 그러하다. 이에 더하여 토의·토론 활동, 실험·실습 활동, 프로젝트 활동 등 학생이 참여하는 다양한 수업과 연계된 평가 방법이 이루어져 왔다. 이러한 평가를 아울러 '수행평가performance assessment'라는 개념 이 정립되었다.

'수행평가'는 말 그대로 '수행'을 중시하는 평가, 즉 학생들이 배운 지 식과 기능을 얼마나 잘 수행하느냐를 판단하는 평가이다. 교육학에서는 일반적으로 수행평가를 '학생 스스로가 자신의 지식이나 기능, 태도 등 을 나타낼 수 있도록 답을 구성하거나, 발표하거나, 산출물을 만들거나, 행동으로 나타내도록 요구하는 평가 방식'으로 정의 내리기도 한다. 그 리고 구체적인 수행평가의 유형을 흔히 '논술, 구술, 토의·토론, 프로젝 트, 실험·실습, 포트폴리오' 등으로 나누기도 한다.

수행평가는 단순히 여러 유형의 평가 방법 가운데 하나라기보다 는 기존의 선다형 문항 위주의 지필평가에 대한 대안적 평가로 보아 야 한다. 이는 '학습 결과에 대한 평가assessment of learning'에 대한 대 안으로서 '학습을 위한 평가assessment for learning', '학습으로서의 평 가assessment as learning'를 강조하는 평가 패러다임의 전환과 관련이 깊 다.McMillan, 2014; 이형빈, 2015

'학습 결과에 대한 평가'란 교수학습이 종료된 이후 학생들이 학습했 던 내용을 얼마나 정확히 알고 있는지를 확인하는 평가이다. 중간고사, 기말고사와 같은 전통적인 지필평가, 오지선다형 평가 등이 이에 해당 한다. 이 평가 패러다임은 학습 결과를 성적과 같은 정량적 지표로 정확 히 통보하는 것을 목적으로 한다.

'학습을 위한 평가'는 학습에 도움이 되는 평가, 학습을 촉진하는 역할을 하는 평가이다. 기존의 평가는 학습 결과에 대한 성적을 확인할 뿐 그 이상의 역할을 하지는 못했다. 새로운 평가는 학생들에게 피드백을 제공하여 학습 동기를 불러일으키고 더 깊이 있는 학습으로 나아가도록 돕는 역할을 한다. 따라서 성적을 알려 주는 것보다 학생의 장단점을 알려 주어 이를 교정하는 데 중점을 둔다.

'학습으로서의 평가'는 학습의 과정 자체가 되는 평가를 의미한다. 교수학습의 과정에서 일상적으로 진행되는 평가, 예를 들어 진단평가나

평가 패러다임의 변화

	전통적 평가	대안적 평가
특성	결과 중심의 평가 양적 평가 수업과 평가의 분리 단일한 정답에 근거한 평가 삶의 맥락과 분리된 인위적 평가 피드백의 부재 교사 중심의 평가 수량화된 지표로 통지	과정 중심의 평가 질적 평가 수업과 평가의 연계 정답의 개방성을 보장하는 평가 삶의 맥락과 연결된 실제적 평가 피드백을 통한 성장 지원 자기평가, 동료평가 활용 의사소통적 서술 방식으로 통지
활용 목적	서열화를 통한 선발	학생의 성장 지원
평가 방법	진위형, 연결형 선다형, 단답형	논술형 구술, 면접, 토의·토론 실험·실습, 실기 포트폴리오 프로젝트, 연구보고서 등
평가 내용	단편적 지식 위주	지식과 기능, 태도 및 가치에 대한 종합적 평가
평가 제도	상대평가 지필평가 일제식 평가	절대평가 수행평가 교사별 평가
학습과 평가의 관계	학습 결과에 대한 평가 (assessment of learning)	학습을 위한 평가 (assessment for learning) 학습으로서의 평가 (assessment as learning)

형성평가를 통해 학생들은 즉각적으로 자신의 상태를 확인하고 무엇을 더 학습해야 하는지를 알게 된다. 이러한 평가는 교사가 학생을 이해하는 것뿐만 아니라 학생이 자기 자신을 이해하는 데 목적을 둔다. 이를 통해 학생들은 자기점검능력을 향상시켜 자기주도적 학습자로 성장할 수 있게 된다.

앞에서는 평가 혁신의 방향을 상대평가에서 절대평가로, 양적 평가에서 질적 평가로, 결과중심평가에서 과정중심평가로, 일제식 평가에서 교사별 평가로의 전환이라고 제시했다. '대안적 평가'로서의 수행평가는 이처럼 절대평가, 질적 평가, 과정중심평가, 교사별 평가의 취지를 충분히 구현할 때 의미가 있다.

첫째, 수행평가는 상대평가에 대한 대안적 평가, 즉 절대평가의 취지를 살려야 한다. 절대평가는 학생들의 교육 목표 도달 정도를 확인하는 데 목적이 있다. 따라서 학생들 사이의 점수 차이를 크게 벌리는 것보다 목표 도달 여부를 중심으로 결과를 산출하는 게 절대평가의 취지에 어울린다. 100점을 만점으로 하여 학생들의 점수를 촘촘히 산출하는 지필평가로는 절대평가의 취지를 살리기 어렵다. 그러나 수행평가는 교사의 실행 양상에 따라 절대평가의 취지를 충분히 살리는 것이 가능하다.

수행평가에서 절대평가의 취지를 충분히 살린다는 것은 '평가등급을 완화하는 것'을 의미한다. 예를 들어 수행평가 영역별 결과를 5단계(A~E)로 하는 것보다 3단계(A~C)로 완화하는 것이 절대평가의 취지에 부합된다. 평가등급을 세분화할수록 채점 기준은 엄격해지고 수행평가의 본질을 훼손할 우려가 있다. 따라서 '채점 기준의 엄격성'보다 '정답의 개방성'을 보장하여 학생들의 다양한 산출물을 보장하고 학생 서열화를 최소화해야 한다. 이러한 절대평가가 곧 학생들의 다양한 잠재력과 가능성을 확인하는 질적 평가의 전제 조건이 된다.

둘째, 수행평가는 양적 평가에 대한 대안적 평가, 질적 평가의 취지를 살려야 한다. 선다형 문항 위주의 지필평가로는 학생들의 성적만 알 수 있을 뿐 그 학생의 가능성과 잠재력까지 확인하는 것이 불가능하다. 그러나 수행평가를 통해서는 학생들의 다양한 특성을 확인하는 것이 가능하다. 수업 시간에 다양한 학습활동을 수행하고, 학습활동의 과정과 결과를 통해 학생의 다양한 가능성과 잠재력을 확인하고, 그 결과를 학교생활기록부 '세부능력 및 특기사항'에 기록하는 것이 질적 평가의 과정이다.

예를 들어 평소에는 두각을 드러내지 않던 학생도 다양한 수행평가를 하다 보면 "아, 이 학생에게 이런 놀라운 자질이 있구나!" 싶을 정도로 새로운 모습을 보이기도 한다. 지필평가 성적은 별로 좋지 않은 학생도 수행평가에서는 남다른 논리력과 사고력으로 두각을 나타낼 수도 있다. 그리고 이러한 과정에서 '숫자로는 표현할 수 없는 다양한 잠재력과 가능성'을 확인할 수 있다.

교육학자 아이즈너는 평가의 개념을 '비평'으로 확장시켰다.[Eisner, 1979] 그에 따르면 교사에게 필요한 평가 전문성은 대상의 복잡하고 미묘한 질적 특성을 감지할 수 있는 '교육적 감식안'이다. '비평으로서의 평가'란 마치 비평가들이 예술작품의 가치를 새롭게 확인하듯, 학생들의 학습 과정과 결과를 통해 다양한 가능성과 잠재력을 확인하는 과정을 말한다. 수행평가는 이러한 질적 평가의 취지를 최대한 살릴 때 의미가 있다.

셋째, 수행평가는 결과중심평가에 대한 대안적 평가, 과정중심평가의 취지를 살려야 한다. 과정중심평가로서의 수행평가는 교수학습의 과정에서 자연스럽게 이루어지면서, 학생들의 학습과제 수행 과정을 교사가 면밀히 관찰하고, 이에 대한 적절한 피드백을 제공하여 모든 학생이 목표에 성공적으로 도달하도록 돕는 것을 목적으로 한다.

교육부의 〈학교생활기록 작성 및 관리지침〉에서는 수행평가를 "교과담당 교사가 학습자들의 학습과제 수행 과정 및 결과를 직접 관찰하고, 그 관찰 결과를 전문적으로 판단하는 평가 방법"으로 규정한다. '학습과제 수행 과정 및 결과'를 '직접 관찰'하기 위해서는 마땅히 수행평가가 수업의 과정에서 이루어져야 한다.

그러나 과거의 수행평가는 교사가 '직접' 관찰하는 방식의 평가가 아니라 학생들이 수업 이외의 시간에 별도로 진행하는 이른바 '과제형 수행평가' 방식으로 이루어졌다. 이는 학생들이 별도의 시간을 할애해서 과제를 수행해야 하기 때문에 학생들의 부담을 가중시킨다. 또한 학생들이 학교 밖 수단, 특히 사교육의 도움을 받아 진행할 수 있기 때문에 평가의 공정성 측면에서도 바람직하지 않다. 더욱이 '과제형 수행평가'는 교사가 학습과제 수행 과정을 직접 관찰할 수 없다는 점에서 사실상 '결과중심평가'라고 할 수 있다. 그래서 교육부의 지침에도 "정규교육과정 외에 학생이 수행한 결과물에 대해 점수를 부여하는 과제형 수행평가는 실시하지 않는다"라고 명시되어 있다.

수행평가를 과정중심평가의 방식으로 해야 하는 이유는 사회학적인 관점에서도 살펴볼 수 있다. 수행평가는 기본적으로 가정적 배경에 따른 사회·문화적 자본이 풍부한 학생들에게 유리하다. 예를 들어 어려서

부터 독서나 문화 활동을 쉽게 접할 수 있는 학생들, 또래 집단에서 리더의 역할을 해 온 학생들이 수행평가에 쉽게 적응할 수 있다. 반대로 독서 경험을 자연스럽게 해 볼 기회가 없었던 학생들은 책 읽기 자체를 두려워할 수 있고, 사회적 관계 맺기가 익숙하지 않은 학생들은 모둠 활동이나 프로젝트 활동에서 소외될 수 있다. 이러한 방식을 간과한 채 수행평가를 교수학습의 과정과 분리된 형태로 진행한다면 이는 부모의 보살핌이나 사교육의 혜택을 받지 못하는 학생들을 구조적으로 소외시키는 결과를 낳을 수 있다.

따라서 과정중심평가로서의 수행평가는 이러한 사회문화적 격차를 완화한다는 점에서도 의미가 있다. 수업 시간에 교사가 학생들을 꾸준히 지원해 주는 방식으로, 학생들이 서로 협력하는 방식으로 수행평가가 진행되어야 사회경제적으로 불리한 처지에 있는 학생들도 자신을 계발할 기회를 누릴 수 있다. 이런 점에서 과정중심평가로서의 수행평가는 '교육적으로 바람직하고, 사회적으로 정의로운 평가'이다.

과정중심평가가 활성화되려면 '교육과정 적정화'가 전제되어야 한다. 즉 과도하게 어려운 내용, 많은 분량을 덜어내고 수업 시간에 수행평가를 진행할 수 있는 시간적·정신적 여유를 확보해야 과정중심평가가 이루어질 수 있다. 교육과정 적정화는 비본질적인 것을 비워 낸 자리에 본질적인 것을 채우는 것이자, 학생 참여형 수업과 과정중심평가가 이루어질 수 있는 조건을 형성하는 것이다.

넷째, 수행평가는 일제식 평가에 대한 대안적 평가, 교사별 평가의 취지를 살려야 한다. 앞에서도 언급했듯이 현행 교육부 지침상 지필평가에서는 교사별 평가 시행이 불가능하지만, 수행평가는 교사별 평가로 할 수 있다. "수행평가를 교사별 평가로 한다"는 의미는 수행평가의 반영 비율이나 성취기준은 동학년 동교과에서 통일적으로 적용하되, 세부적인 시기, 내용, 방법 등은 학급별·교사별로 다양하게 시행할 수 있다는 의미이다. 그러므로 교사의 판단에 따라 수행평가의 시기를 조정할 수도 있고, 각 학급의 상황에 따라 구체적인 내용과 방법을 달리할 수 있다. 이러할 때 교사의 교육과정 재구성 및 평가 자율성이 온전히 보장될 수 있고, 수행평가와 연계하여 학급마다 다양한 학습활동을 진행할 수 있다.

수행평가는 교육부 지침에도 명시되어 있듯이 "학습자들의 학습과제 수행 과정 및 결과를 직접 관찰하고, 그 관찰 결과를 전문적으로 판단하는 평가 방법"이다. 교사별 평가는 '전문적으로 판단하는 평가'의 취지에 걸맞은 방식이다. '교사 간 공동 출제'에 의한 일제식 지필평가는 평가문항의 객관성과 변별력을 확보하는 데 목적이 있기 때문에, 결과적으로 '무난한 문항을 출제하는' 하향평준화를 유도하게 된다. 반면에 수행평가는 교사별 평가의 취지를 충분히 살리는 방식으로 시행해야 하고, 그럴 때 교사의 평가 자율성과 전문성이 확대될 수 있다.

11.
'좋은 수행평가'가 갖추어야 할 요건

앞서 수행평가는 기존의 전통적인 일제식 지필평가의 한계를 극복하기 위한 대안적 논의의 맥락에서 새롭게 대두된 개념이라고 언급했다. 또 수행평가가 이러한 대안적 평가로서의 취지를 살리기 위해서는 절대평가, 질적 평가, 과정중심평가, 교사별 평가, 실제적 평가의 요소를 충분히 살려야 함을 강조했다.

지필평가는 선택형 평가(답을 고르는 평가-진위형, 연결형, 선다형 등)와 서답형 평가(답을 적는 평가-단답형, 서술형, 논술형 등)로 나뉜다. 수행평가는 이러한 선택형, 서답형 평가 이외의 다양한 유형의 평가를 아우른다. 교육학에서는 보통 수행평가의 유형을 다음과 같이 정리한다.

수행평가의 유형과 평가 방법

유형	개념 정의	평가 방법
구술	특정 주제에 대해 자신의 의견을 말로 발표하게 하는 방법	이해력, 판단력 등 인지적 영역과 함께 표현력, 의사소통 능력, 자신감 등을 종합적으로 평가해야 함
논술	주어진 논제에 대해 한 편의 완성된 글로 자신의 견해를 표현하게 하는 방법	창의성, 문제해결 능력, 비판 능력, 논리력 등 고등사고 능력을 평가하는 데 중점을 두어야 함
토의·토론	특정 주제에 대해 학생들이 의견을 조정하거나 상대방의 주장을 논박하도록 하는 방법	토의·토론의 준비 과정, 주장과 근거의 논리성, 상대방의 의견을 존중하는 태도 등을 종합적으로 평가해야 함
실험·실습	어떤 과제에 대해 직접 실험·실습을 한 후 그 과정과 결과에 대해 보고서를 작성하도록 하는 방법	지식을 적용하는 능력, 협력적으로 문제를 해결하는 능력, 기자재의 조작 능력, 대상에 대한 탐구 태도 등을 종합적으로 평가해야 함
실기	수업 시간에 배운 기능을 실제 상황에 발휘(연주, 창작, 경기, 회화 등)하도록 하는 방법	기능의 숙달, 심미적 감성, 예체능 소양, 협업적 능력 등이 종합적으로 발휘될 수 있는 기회를 충분히 제공하는 방식으로 평가해야 함
연구 보고서	탐구 주제에 대해 자료를 수집하고 분석·종합하여 한 편의 논리적인 보고서를 작성하도록 하는 방법	연구 목적, 연구 대상, 연구 방법, 자료 수집, 자료 분석과 종합, 결론 도출 등의 과정 및 결과를 종합적으로 평가해야 함
프로젝트	학생들이 주제를 스스로 선택하여 문제를 해결하는 계획을 세우고 이를 실행한 결과를 작성하도록 하는 방법	학생들이 스스로 주제를 선택하고 문제를 해결하는 과정에서 드러난 자기 주도성과 협업 능력 등을 평가하는 데 중점을 두어야 함
포트폴리오	자신의 작품을 체계적으로 누적하여 수집한 작품집 혹은 서류철을 대상으로 하는 평가 방법	학생의 강점과 성장 과정을 한눈에 볼 수 있는 장점이 있는 만큼, 일회적인 평가가 아니라 지속이고 종합적인 평가가 되도록 하는 데 중점을 두어야 함

학교현장에서는 이외에도 교과의 특성에 따라 매우 다양한 형태의 수행평가를 진행하고 있다. 일부에서는 수행평가의 본질과 취지를 제대로 살리지 못한 채 형식적인 평가, 학생들에게 부담만 주는 평가가 진행되기도 한다. 이러한 한계를 극복하려면 다음과 같은 요소를 살려 좋은 수행평가를 하도록 노력해야 한다.

수행평가가 갖추어야 할 요건

	낮은 수준		높은 수준
목표와의 관련성	목표와 무관한 평가		목표와 연계된 평가
수업과의 관련성	수업과 분리된 평가		수업과 연계된 평가
학생의 부담	고부담 평가		저부담 평가
형식의 개방성	폐쇄적 평가	⟺	개방적 평가
교사-학생의 관계	통제적 평가		관계 지향적 평가
삶과의 관련성	비실제적 평가		실제적 평가
교과 간 연계	분절적 평가		통합적 평가
의미의 공유	무의미한 평가		가치 있는 경험을 제공하는 평가

첫째, 좋은 수행평가는 '교육 목표를 제대로 반영한 평가'이다. 다시 말해 학생들이 배워야 하는 핵심적인 지식과 기능이 무엇인지 생각해보고, 그 지식과 기능을 발휘할 수 있는 수행평가를 해야 한다. 예컨대 논리적 표현 능력을 기르는 것이 교육 목표라면 논술문 작성을, 스스로 문제를 찾아 탐구하는 과정을 태도를 기르는 것이 교육 목표라면 프로젝트 활동을 수행평가로 실시해야 한다. 그런데 이러한 교육 목표를 망각한 채 형식적으로 수행평가를 진행하는 경우도 적지 않다. 겉보기에

화려한 활동이 돋보이더라도 교육 목표를 제대로 반영하지 못한 수행평가라면 좋은 수행평가 될 수 없다.

둘째, 좋은 수행평가는 '수업과 자연스럽게 연계되는 평가'이다. 과거 가장 흔하게 범했던 오류가 이른바 '과제형 수행평가'이다. 앞에서도 언급했듯이 과제형 수행평가는 학생들에게 부담만 가중시킬 뿐 공정성까지 훼손하는 평가 방식이다. 최근에는 수행평가를 수업 시간에 진행해야 한다는 것이 상식으로 자리 잡고 있다. 하지만 수업 시간에 수행평가를 진행하더라도 수업의 흐름과 유기적으로 연계되지 못하는 경우가 적지 않다. 그저 수업 시간을 할애하여 또 하나의 시험을 치른다면 이를 좋은 수행평가라고 보기 어렵다. 수업과 연계된 수행평가란 교수학습이 진행되는 과정에서 학생들이 배워야 할 것을 제대로 배웠는지를 확인하고, 그 결과에 대한 피드백을 통해 더 깊은 배움으로 나아가도록 하는 방식을 의미한다.

셋째, 좋은 수행평가는 학생의 입장에서 부담이 적은 '저부담 평가'이다. 대표적인 '고부담 평가'가 수능 시험이다. 아주 엄격한 감시와 통제 속에서 치러지는 수능 시험은 엄청난 육체적·정신적 피로감, 운명이 좌우되는 듯한 부담감을 준다. 이와 반대로 학교에서 진행되는 수행평가는 평가의 시기, 방법, 결과에 따른 영향력 등에서 되도록 학생들에게 부담을 주지 않아야 한다. 학생의 입장에서는 '시험 보는 느낌'이 거의 들지 않는 평가, '선생님이 언제든지 도와주신다'는 안정감을 주는 평가, '실패해도 만회할 기회가 있다'는 자신감을 주는 평가가 바람직하다. 그런 점에서 수행평가의 모든 영역을 점수화할 필요는 없다. 일부 영역은 점수를 부여하지 않고 진단평가 혹은 형성평가의 용도로만 수행평가를 하는 것도 바람직하다. 그래야 학생들이 수행평가에 부담을 갖지 않고 수행평가를 통해 더 발전할 기회를 얻게 된다.

넷째, 좋은 수행평가는 하나의 정답이 강요되는 폐쇄적 평가가 아니라 다양한 실험과 도전이 허용되는 '개방적 평가'이다. 이것이 선다형 평가와 구별되는 수행평가의 본질적 특징이다. 하지만 지나치게 엄격한 채점 기준으로 점수를 감점하는 데 초점을 두는 수행평가도 존재한다. 이렇게 엄격한 평가를 해야 한다면 굳이 수행평가를 치를 필요가 없다. 수행평가의 본질은 '채점의 엄격성'이 아닌 '정답의 개방성'이다. 따라서 수행평가에서는 학생들의 창의적인 결과물을 폭넓게 용인하는 것이 필요하다.

다섯째, 좋은 수행평가는 통제적 평가가 아닌 '관계 지향적 평가'이다. 앞에서 말한 저부담 평가, 개방적 평가가 이루어지려면 교사와 학생 사이에 신뢰적 관계가 형성되어야 한다. 교사의 따뜻한 시선, 긍정적인 칭찬과 애정 어린 조언 등이 관계 지향적 평가의 원천이 된다. 학생들이 교사를 점수를 깎는 존재가 아니라 언제나 도움을 주는 존재라고 인식할 때 평가를 통한 성장이 이루어질 수 있다. 과거 일부 학교에서 행해졌던 이른바 '태도 점수'는 전혀 바람직하지 않다. 이는 학생들의 일거수일투족을 감시하는 것과 같은 통제적 효과만을 가져온다. 이와 반대로 관계 지향적 평가는 교사에 대한 신뢰를 바탕으로 더 깊은 배움으로 몰입할 수 있는 토대가 된다.

여섯째, 좋은 수행평가는 학생의 삶의 현실과 밀착된 '실제적 평가'이다. '실제적 평가'는 '진정한 평가', '참평가authentic assessment'라고 부르기도 한다. 이는 '삶의 맥락과 분리되지 않은 실제적인 상황에서 이루어지는 평가'를 의미한다. 학생들의 실제적인 삶의 맥락 혹은 이와 유사한 상황을 설정해 놓고, 학생들이 배운 지식과 기능을 발휘하는 능력을 평가하는 것이 실제적 평가로서의 수행평가이다. 수행평가는 학생들이 지금 자신의 삶 속에서, 혹은 미래의 삶 속에서 부딪히게 될 다양한 문제 상황, 삶의 맥락에서 자신이 갖고 있는 지식과 기능, 태도 및 가치를 발휘하는 능력을 평가할 때 진정한 의미가 있다. 한 예로 국어 교과에서 '설득하는 말하기'라는 기능을 익혔다면 연설, 토의·토론 등 실제적인 상황에서 설득의 기술을 발휘할 수 있는 수행평가를 진행해야 한다. 또한 과학 교과에서 기후 온난화의 원인에 대한 지식을 습득하고 도덕 교과를 통해 생태 친화적 삶의 태도를 배웠다면, 기후위기 극복 프로젝트를 통해 생태문제를 해결하는 역량을 발휘하는 수행평가를 진행해야 한다. 이러한 경험이 자기 자신에게 의미가 있고, 공동체에 기여할 때 이를 '진정한 평가'라고 할 수 있다.

교사가 수행평가 과제를 개발할 때 가장 유념해야 할 것은, 학생들의 실제 삶 혹은 이와 유사한 상황을 설정하고, 이러한 상황에서 학생들이 스스로 지식과 기능, 태도 및 가치를 구현할 수 있도록 하는 것이다. 이 책의 3부 2장에서 소개할 GRASPS 모델은 이러한 수행평가 과제 개발에 도움이 될 것이다. 수행평가 이처럼 실제적 평가 방식으로 진행될 때 교실에서 배우는 지식이 자신의 삶에 의미 있는 지식, 세상을 바꾸는 힘이 있는 지식이 될 수 있으며, 학생들은 수행평가를 통해 가치 있는 경험을 할 수 있게 된다.

일곱째, 좋은 수행평가는 여러 교과가 연계되는 '통합적 평가'이다. 교과 교육과정은 학문적 특성에 따라 분절적으로 나뉘어 있지만, 학생들이 마주하게 되는 실제 삶의 문제는 여러 분야의 지식을 통합적으로 적용해야 해결할 수 있다. 예를 들어 '기후위기를 극복하는 방안'에 대한 프로젝트 과제를 수행하려면, 기후위기에 대한 과학적 지식, 기후위기 극복 방안을 탐구하는 사회적 지식과 윤리적 태도, 탐구 결과를 효과적으로 전달하는 의사소통 능력과 표현 능력 등이 필요하다. 이를 위해서는 과학과, 사회과, 도덕과, 국어과 등 여러 교과를 포괄하는 교수학습과 통합적 수행평가가 이루어져야 한다. 이처럼 학생의 실제 삶과 연계된 실제적 평가, 참평가를 하려면 자연스럽게 여러 교과를 연계한 통합적 평가를 하게 된다.

여덟째, 좋은 수행평가는 학생 입장에서 '가치 있는 경험을 제공하는 평가'이다. 학교현장에서 이루어지는 수행평가 중 학생의 입장에서 '왜 해야 하는지' 모르는 것이 적지 않았다. 이때 수행평가는 '부담스러운 숙제', '무의미한 노동'일 따름이다. 반대로 학생의 지적 호기심을 자극하고, 도전하고자 하는 의욕을 불러일으키며, 다른 학생과의 협력 속에서 좋은 성과를 도출하고, 이를 통해 자기 성장에 도움이 되는 수행평가도 적지 않다. 예술적 감성을 일깨우는 음악·미술 수행평가, 노동과 창작의 보람을 알려 주는 기술·가정 수행평가, 신체적 움직임을 통해 전인적 성장을 이끄는 체육 수행평가, 자연 질서의 신비로움을 탐구하는 과학·수학 수행평가, 더불어 살아가는 민주시민 의식을 길러 주는 과학·도덕 수행평가, 언어적 의사소통을 통해 자아를 확장하는 국어·외국어 수행평가 등이 그러하다.

여기서 열거한 요건만이 '좋은 수행평가'의 필요충분조건은 아닐 것이다. 그동안 많은 교사의 무수한 헌신과 노력 덕분에 학교현장의 수행평가의 질이 좋아지고 있으며, 앞으로도 더 좋은 사례들이 나올 것이다. '좋은 수행평가'란 결국 '학생의 성장을 돕는 평가'를 의미한다.

12.
평가 혁신을 위한 학교 급별 과제

평가는 '교육 이념 → 교육 목표 → 교육 내용 → 교수학습 → 교육 평가'로 이어지는 교육과정의 일부이자, 교육 목표가 얼마나 달성되어 학생들이 얼마나 성장했는지를 확인하고, 이를 다시 교육과정 및 수업 개선의 자료로 활용하는 과정의 일환이다. 이와 같은 '교육과정-수업-평가'의 이상적 흐름과 일반적 모습은 다음과 같이 나타낼 수 있다.[이형빈, 2015: 63]

교육과정-수업-평가의 이상적 흐름

교육 이념	교육 목표	교육 내용	교수학습	평가
홍익인간	더불어 사는 민주시민	생태, 인권, 평화 등 미래지향적 가치	학생 참여형 협력형 수업	학생의 성장을 돕는 평가

〈교육기본법〉에서 규정하고 있는 우리나라 교육의 궁극적인 이념은 '홍익인간'이다. '세상을 널리 이롭게 하는 인간'을 길러 내기 위해 교사들은 구체적인 교육 목표(예: 민주시민 육성)를 설정할 수 있으며, 이러한

교육 목표를 구현하기 위한 교육 내용(예: 생태, 인권, 평화 등)을 선정해야 하며, 이에 적합한 교수학습(예: 학생 참여형·협력형 수업)을 진행해야 한다. 그리고 이러한 교육과정 및 교수학습의 과정에서 교육 목표가 얼마나 구현되었는지를 확인함으로써 학생의 성장을 돕는 것이 바로 평가의 역할이다.

그동안 학교현장에서는 평가의 본래적 의미가 제대로 실현되지 못했다. 그 이유는 무엇보다도 대학입시로부터 비롯된 경쟁체제로 인해 평가가 학생 서열화의 도구로 자리 잡았기 때문이다. 평가가 학생 서열화의 도구로 전락함에 따라 교육과정과 평가 사이에 전도 현상이 나타나고 있다. 즉, 교육 목표가 설정되고 이 목표를 이루기 위해 교육 내용이 선정되고 이에 따라 교수학습이 진행된 후 자연스럽게 평가가 뒤따르는 것이 아니라, 거꾸로 평가가 교육 목표, 교육 내용, 교수학습 방법론까지 역으로 규정하는 현상이 발생하는 것이다. 그 결과 현실적으로 나타나는 교육과정-수업-평가의 모습은 아래와 같다.[이형빈, 2015: 63]

학교현장에서의 교육과정-수업-평가의 일반적 모습

평가의 역할		현실적 교육 목표		실제 교육 내용		일반적인 교수학습		구현되는 교육 이념
상대평가 학생 서열화	⇨	시험 성적 올리기	⇨	교과서, 문제집	⇨	획일화된 일제식 수업	⇨	이기적 경쟁적 인간 육성

위의 예시는 다소 극단적이지만 과거 우리 교육의 모습을 명확히 보여 준다. 평가의 역할이 학생 서열화이니 현실적인 교육 목표는 시험 성적을 올리는 것이 되고 만다. 그러다 보니 실제 학교에서는 교과서와 문

제집에 제시된 피상적인 지식을 획일화된 일제식 수업을 통해 전달하고, 이러한 지식을 얼마나 암기했는지를 평가를 통해 확인한다. 이러한 과정을 통해 '세상을 널리 이롭게 하는 민주시민'이라는 교육 이념은 사라지고 오히려 '이기적·경쟁적 인간'만을 길러 내게 된다.

이는 '교육 이념과 교육 목표'가 수업과 평가 방식을 규정하는 것이 아니라 거꾸로 '서열화를 위한 평가'가 수업과 평가를 왜곡하는 '주객전도主客顛倒' 현상이다. 그러므로 평가를 바로잡지 않고서는 교육과정과 수업을 정상화할 수 없다. "수업이 바뀌어야 학교가 바뀐다"^{사토 마나부}라는 명제가 있지만, "평가가 바뀌어야 수업이 바뀐다"라고도 할 수 있다.

최근에는 평가에 대한 인식과 실천이 과거와 상당 부분 달라지고 있다. 이는 제도적 차원의 변화와 실천적 차원의 변화 모두에서 확인할 수 있다. 제도적 차원의 변화는 성취평가제 확대, 자유학기제 도입, 학교생활기록부 전형의 활성화 등을 예로 들 수 있다. 실천적 차원의 변화는 수행평가, 논술형 평가 활성화 등을 통해 평가를 새롭게 바꾸려는 노력을 들 수 있다.

그럼에도 불구하고 평가 혁신을 위한 모색은 여전히 과도기적 혼란을 겪고 있다고 볼 수 있다. 이는 또다시 제도적 차원의 혼란과 실천적 차원의 혼란으로 나누어 생각해 볼 수 있다. 제도적 차원의 혼란이란 학교 내 평가와 학교 밖 평가(대입)의 불일치에 따라, 입시라는 외부적 조건이 학교 교육과정에 미치는 부정적인 영향을 의미한다. 실천적 차원의 혼란이란 이러한 외부적 조건으로부터 비롯된 과거의 관행이 일종의 '경로의존성'을 형성함으로써 새로운 혁신의 요구와 상충하는 것을 의미한다. 2012년부터 절대평가가 도입된 중학교에서조차 여전히 상대평가적 문화와 관행이 남아 있는 것이 이러한 과도기적 혼란에 해당한다.

평가와 관련된 과도기적 혼란은 학교 급별로 그 상황이 조금씩 다르다. 입시의 영향력을 거의 받지 않는 초등학교에서는 현재 일제식 지필평가를 치르지 않으며 석차는 물론이고 성적도 산출하지 않는다. 그러나 일부 초등학교에는 여전히 일제식 지필평가의 잔재(단원평가 등)와 학생을 성적으로 비교하는 문화가 남아 있기도 하다. 또한 과정중심평가가 활성화되고 있지만 이것이 학생 개개인의 성장을 돕는 평가로까지 확대되지 못하고 있다. 초등학교는 중등학교와 달리 담임교사가 소수 학생을 대상으로 대부분의 과목을 담당하기 때문에 학생의 개별적 특성을 파악하는 것이 가능하다. 이제, 학생 수 감소라는 위기를 학생 개개인의 성장을 지원하는 책임교육의 기회로 전환해야 한다. 이런 조건을 살려 향후 초등학교에서는 학생 개개인의 성장 과정을 확인하고 이에 필요한 지원을 제공하는 개별화된 평가를 통해 성장중심평가의 취지를 구현해야 할 것이다.

중학교에는 2012년 성취평가제 도입 이후 절대평가가 정착되어 있고, 일제식 평가가 사라진 자유학기에서는 성적 산출 없이 온전한 과정중심평가가 이루어지고 있으며, 다른 학기에서도 일제식 지필평가가 축소되고 수행평가가 확대되고 있다. 그렇지만 과거의 평가 관행과 새로운 평가의 흐름이 혼재되어 있다. 절대평가가 도입되었음에도 여전히 교사와 학생들은 학생들의 성적을 비교하는 '내면화된 상대평가'가 남아 있는 상황이다. 또한 지필평가는 일제식 평가로 진행되고 수행평가는 과정중심평가 방식으로 진행되는 모순이 지속되고 있으며, 수행평가에서조차 과정중심평가의 취지를 충분히 살리지 못하고 학생들의 수행 결과만을 대상으로 점수를 부여하는 관행이 남아 있다. 중학교는 무엇보다 '내면화된 상대평가' 문화를 탈피해야 한다. 그리고 수행평가의 양적 확대를 넘어 질적 심화를 이루어 내고 그 속에서 과정중심평가, 성장중심평가의 취지를 충분히 구현해야 한다.

고등학교는 절대평가와 상대평가가 혼재된 상황이다. 대입과 직접적으로 연결된 과목들에 상대평가가 적용되고 있어 이들 과목에서는 평가 혁신을 논의하기가 어려운 조건이다. 그럼에도 학교생활기록부 전형에서 '과목별 세부능력 및 특기사항'이 매우 중요한 역할을 하고 있어, 이를 활용한 평가 혁신의 노력이 꾸준히 이루어지고 있다. 수업 시간에 다양한 학습활동과 연계된 수행평가를 하고, 그 과정에서 확인된 학생들의 다양한 특징을 기록해 주는 방식으로 '과정중심평가' 및 '질적 평가'의 요소를 살리고 있다.

2025년에 고교학점제가 도입됨에 따라 고등학교 교육에 중요한 변화가 생길 것이다. 고교학점제는 단순히 학생들의 과목 선택권의 폭을 넓히는 것만을 의미하지 않는다. 대입, 특히 수능에 종속되었던 고등학교 교육과정의 한계를 넘어 학생들의 진로와 특기와 연계된 다양한 교육과정이 개설될 것이다. 이러한 교육과정에는 대입과 연계된 과목뿐만 아니라 직업교육, 보편적 교양교육, 삶의 역량을 기르는 교육 등과 관련된 다양한 과목이 포함될 것이다. 이처럼 다양한 과목이 개설되면 자연스럽게 교사 한 명이 한 과목을 담당하는 경우가 많아져 자연스럽게 교사별 평가가 이루어진다. 획일적인 일제식 평가를 넘어 고교학점제의 취지에 맞는 다양하고 창의적인 평가를 진행할 수 있게 된다. 석차등급 역시 5등급으로 완화되어 변별력 산출을 위한 부담 역시 완화된다. 고등학교에서는 이러한 제도적 변화를 적극적으로 활용하여 평가 혁신에 나서야 한다.

　이상에서 언급한 평가 혁신의 과제는 아래와 같이 정리할 수 있다. 이러한 과제는 교사 개개인의 노력만으로는 이루어 내기 어렵다. 평가 혁신의 철학과 방향을 함께 공유하고 새로운 평가를 실현하려는 공동체적 노력이 필요하다. 이에 대한 세부적인 내용은 2부, 3부, 4부에서 구체적으로 다루겠다.

평가 혁신의 방향

기존의 평가 관행	대안적 평가
제도적 상대평가(고등학교) 내면화된 상대평가(초·중학교)	절대평가 취지의 내면화
일제식 지필평가 중심 속에서 수행평가의 주변화	일제식 지필평가의 지양과 수행평가의 전면화
사실상 결과 중심의 수행평가	수행평가에서 과정중심평가, 성장중심평가의 취지 구현
단편적, 분절화된 흐름의 수행평가	'진단평가-형성평가-총괄평가'의 흐름 속에서 이루어지는 수행평가
성적 산출과 기록만 이루어지는 평가	교사의 피드백을 통한 재도전의 기회가 주어지는 평가
교사 개인적 실천 차원의 평가 혁신	학교공동체적 차원의 평가문화에 대한 진단과 개선

⇩

학생의 성장을 돕는
'성장중심평가'

토론 주제

1. 절대평가(준거참조평가)는 '모든 학생의 교육 목표에 도달하는 완전학습'을 지향합니다. 그 결과 대부분의 학생이 만점 가까이 나올 수도 있습니다. 만약 이런 결과가 나오면 '성적 부풀리기'는 아닌지 의구심이 생기기도 합니다. 그래서 일부 학교에서는 학생들의 성적분포를 인위적으로 조정하기도 합니다. 이런 현상을 어떻게 보십니까?

2. 여러분이 경험했던, 혹은 우리 학교에 존재하는 '내면화된 상대평가'의 구체적인 예를 생각해 봅시다. 그리고 이를 극복하려면 어떤 노력이 필요할지 이야기를 나눠 봅시다.

3. 현행 지침에 의하면 수행평가는 교사별 평가로 할 수 있습니다. 향후에는 지필평가에서도 교사별 평가가 도입되어야 한다는 주장도 있습니다. 교사별 평가의 교사 개인의 자율성을 보장하는 장점이 있지만 평가의 형평성을 저해할 우려도 있습니다. 이 점에 대해서 이야기를 나눠 봅시다.

4. 여러분이 경험했던 '좋은 수행평가'의 사례, 그렇지 못한 사례의 구체적인 예를 생각해 봅시다. 이를 바탕으로 향후 좋은 수행평가를 시행하기 위해 어떤 노력이 필요할지 이야기를 나눠 봅시다.

2부

성장중심평가의 개념과 원리

1.
'과정중심평가'의 의미와 한계

> 과정중심평가란 교육과정의 성취기준에 기반한 평가계획에
> 따라 교수학습 과정에서 학생의 변화와 성장에 대한 자료를
> 다각도로 수집하여 적절한 피드백을 제공하는 평가입니다.
>
> _교육부·한국교육과정평가원, 〈과정을 중시하는 수행평가 어떻게 할까요?〉

최근 학교현장에서 평가 혁신의 방법으로 가장 강조되는 개념이 '과정중심평가'이다. 과정중심평가는 성적이나 석차 등의 결과만을 강조했던 관행을 극복하는 데 의미 있는 역할을 했다.

그런데 과정중심평가는 엄밀한 교육학석 개념이 아니다. 교육학에서는 평가의 시기와 기능에 따라 진단평가, 형성평가, 총괄평가로 평가를 유형화하는데, 과정중심평가는 이 중 형성평가와 유사한 개념으로 사용되고 있다. 또한 과정중심평가는 법적 지침도 아니다. 2015 개정 교육과정에서는 "학습의 결과뿐만 아니라 학습의 과정을 평가하여 모든 학생이 교육 목표에 성공적으로 도달할 수 있도록 한다"라고 규정했지만, '과정중심평가'라는 용어가 직접 등장하지는 않는다. 그래서 학교현장에

서는 '과정중심평가'를 매우 다양한 의미로 받아들이고 있다.

우선, '과정중심평가'는 '결과중심평가'의 반대 개념으로, "결과 못지 않게 과정도 중요하다"라는 소박한 인식을 반영한 개념으로 볼 수 있다. 결과가 아무리 좋아도 과정이 정당하지 않다면 이를 바람직하다고 볼 수 없듯이, 어떤 학생의 성적이 아무리 좋아도 학습의 과정에서 의미 있는 경험이 없었다면 좋은 교육이 이루어졌다고 볼 수 없다. 이처럼 '과정중심평가'는 성적이나 석차와 같은 결과적 지표뿐만 아니라 학업의 과정도 중시해야 한다는 관점의 전환을 요구하는 개념이다.

학교현장에서 흔히 통용되는 '과정중심평가'는 '평가의 시기'와 관련된 것으로, '교수학습의 과정에서 이루어지는 평가'를 의미한다. 과거의 평가는 대체로 '교수학습과 분리된 평가' 방식으로 이루어졌다. 정해진 진도를 나간 후 그 기간에 학생들이 학습한 결과를 확인하는 정기고사(중간고사, 기말고사)가 대표적인 예이다. 이와 달리 과정중심평가는 교수학습의 과정, 즉 수업 시간에 진행되는 평가를 의미한다. 그래서 과정중심평가가 보통 형성평가 혹은 수행평가와 동일한 것으로 이해되기도 한다. 하지만 엄밀히 말해 과정중심평가와 형성평가, 수행평가가 동일한 개념은 아니다.

이러한 개념상의 혼란에도 불구하고, '과정중심평가'라는 담론은 학교현장에 상당히 의미 있는 변화를 유도해 왔다. 무엇보다 수행평가의 비중이 대폭 확대되었다. 교육부는 그동안 평가 관련 훈령 〈학교생활기록 관리 및 작성지침〉을 몇 차례 개정하면서 초등학교는 물론이고 중학교와 고등학교에서도 지필평가를 치르지 않고 수행평가만으로 평가를 실시하는 것이 가능하도록 했다. 또한 각 시도교육청에서는 〈학업성적관리 시행지침〉을 통해 수행평가를 최소 30~50% 이상 반영하도록 했다. 여기에 '과정중심평가'라는 담론이 확산되면서 현재 중등학교에서는 수행평가 반영 비율의 확대가 평가 혁신의 지표로 인식되기도 한다.

이에 따라 현재 중학교에서는 대체로 수행평가의 반영 비율을 50~70% 정도로 하고 있으며, 예체능계열 교과에서는 지필평가를 시행하지 않고 수행평가를 100% 반영하는 경우가 대부분이다. 수능의 영향력을 강하게 받는 고등학교에서도 수행평가를 최소 30% 이상 반영하는 것이 일반적인 추세이다. 또한 '과제형 수행평가 금지'가 명시됨에 따라 수행평가는 수입 시간에 진행해야 한다는 인식이 정착되었다.

'과정중심평가'의 취지에 대한 교사들의 인식과 실천도 한층 성숙되어 왔다. 예전에는 과정중심평가를 단순히 '수업 시간에 진행되는 수행평가'로 인식했지만 최근에는 과정중심평가를 '학생의 학습 과정을 중시하는 평가', '교사가 학생의 학습 과정을 관찰하는 평가'로 인식하기도 한다. 이와 함께 '학습 과정에 대한 피드백'이 강조되고 있다. 학생의 수행평가 결과물(학습활동지, 노트 등)에 정성껏 댓글을 적어 주고(결과 피드백), 학생들의 수행평가 과정에서 더 잘할 수 있도록 조언을 주기도 한다(과정 피드백).

이러한 과정에서 '과정중심평가'란 '학생의 성장 과정에 대한 평가'라는 인식도 생겨났다. 학생들의 학습 및 수행평가 과정을 관찰하다 보면 예전에는 부족했던 능력이 향상되는 과정도 발견하게 되고, 인지적 영역의 성장뿐만 아니라 정의적 영역의 성장도 발견하게 된다. 그리고 이러한 성장의 과정 및 결과를 학교생활기록부 '세부능력 및 특기사항'에 기록하게 된다. 특히 고등학교에서도 대학입시에서의 학교생활기록부 전형

확대와 맞물려 이러한 실천이 확산되었다.

과정중심평가의 다양한 의미와 실천의 확대

	의미	실천
일반적 의미	결과 못지않게 과정이 소중함	평가 패러다임 전환을 위한 다양한 실천
교수학습의 측면	교수학습의 과정에서 평가가 이루어져야 함	수업 시간에 수행평가 진행하기
학생의 측면	학생의 학습의 과정을 중시하는 평가가 이루어져야 함	학생의 수행평가 과정 및 결과에 대한 피드백
	학생의 성장의 과정을 중시하는 평가가 이루어져야 함	학생의 성장 과정 및 결과에 대한 기록

그러나 '과정중심평가'에 대한 오해와 왜곡도 존재한다. 가장 대표적인 왜곡 현상은 '과정중심평가=사실상 결과중심평가를 여러 번 하는 관행'이다. 이는 현재 중고등학교에서 흔히 볼 수 있는 현상이다. 예를 들어 한 학기에 수행평가를 40% 반영할 경우, 글쓰기 과제 1회, 발표 과제 1회, 독서 과제 1회, 실습 과제 1회를 시행하고, 각각의 과제를 10%씩 반영하여 점수를 부여하는 방식으로 총 4회의 결과중심평가를 시행하는 것이다. 수행평가를 계획하거나 진행하는 과정에서 각각의 수행과제를 왜 해야 하는지에 대한 의미 공유도 없고, 교사의 지원이나 학생 간의 상호작용이 전혀 이루어지지 않은 채 수행과제 결과만을 확인하고 기계적인 채점 기준에 따라 점수만 부여하는 방식이다. 게다가 수업의 흐름 속에서 수행평가를 하는 것이 아니라 특정 시기를 미리 정해 놓고 수행평가를 하는 경우가 대부분이어서 사실상 결과중심평가를 시행한다고 볼 수 있다.

이러한 관행으로 인해 학교현장에서 수행평가를 둘러싼 여러 가지 문제점이 발생하고 있다. 우선, 과목별로 학기마다 3~5회가량의 수행평가 과제를 실시함에 따라 학생들 입장에서는 "수행평가가 너무 많고, 시기가 겹친다"라는 불만이 제기되고, 교사들 입장에서도 "수행평가를 채점하는 부담이 너무 크다"라는 어려움이 제기된다. 더욱이 수행평가의 본래적 취지가 학생들의 깊이 있는 배움과 다양한 역량을 측정하여 성장을 돕는 것임에도 불구하고, 깊이 있는 탐구나 성장을 위한 지원이 이루어지지 않은 채 사실상 수행평가 결과물만을 대상으로 정량적으로 점수를 부여하는 관행이 지속되고 있다.

다음으로는 '수업이 곧 평가'라는 입장에 따라 사실상 평가라는 범주가 사라지는 현상이다. 이는 주로 초등학교에서 발견된다. 과정중심평가는 교수학습 과정에서 자연스럽게 이루어져야 하기 때문에 교수학습과 평가의 경계가 거의 사라지는 것이 바람직하다. 하지만 '교수학습'과 '평가'는 엄밀히 말해 서로 다른 범주이다. '교수학습'이 '가르치고 배우는 행위'라면 '평가'는 '교육 목표 도달 여부를 확인하는 행위'이다. 과정중심평가에서도 교사는 학생들이 교육 목표에 도달했는지, 얼마나 성장했는지를 목적의식적으로 확인하는 '평가 장면'을 마련해야 한다.

그러나 과정중심평가를 강조하는 일부 학교와 교사들은 이러한 평가 단계를 누락한 채, 교수학습 자체를 평가와 동일시하는 오류를 범하기도 한다. 예를 들어 모둠 활동, 토의·토론 활동, 학습활동지 작성 자체를 수행평가로 동일시하는 경우이다.

평가를 교수학습의 과정에서 자연스럽게 진행하는 것만으로는 충분하지 않다. 과정중심평가를 통해 학생들이 배움의 깊이를 더해 갈 수 있도록 유도함으로써 학생들의 인지적·정의적 능력을 성장시키는 것이 더욱 중요하다. 수행평가의 횟수나 방법 자체가 중요한 것이 아니라 이러한 평가가 궁극적으로 무엇을 지향하느냐가 더욱 중요하다.

교육부와 한국교육과정평가원에서는 '과정중심평가'를 "교육과정의 성취기준에 기반한 평가계획에 따라 교수학습 과정에서 학생의 변화와 성장에 대한 자료를 다각도로 수집하여 적절한 피드백을 제공하는 평가"로 규정한다.^{교육부·한국교육과정평가원, 2017} 이 개념 정의에 의하면 '과정중심평가'의 핵심 키워드는 '교수학습의 과정', '학생의 변화와 성장', '피드백의 제공'이다. 이렇게 본다면 '과정'보다 더욱 중요한 개념은 '성장'이다.

과정중심평가는 궁극적으로 학생의 성장을 목적으로 할 때 의미가 있다. 이러한 점을 고려해서, 이 책에서는 '과정중심평가'의 취지를 살리면서도 이의 한계를 극복하는 대안적 용어로 '성장중심평가'를 제안하고자 한다.

2.
인간의 성장, 듀이에게 배우다

우리의 결론은, 삶은 발달이고, 발달 또는 성장이 삶이라는 것이다. 이것을 교육에 비추어 말하면, 첫째, 교육의 과정은 그 자체 이외의 다른 목적을 가지지 않으며 교육 자체가 목적이라는 것, 둘째, 교육의 과정은 끊임없는 재조직, 재구성, 변형의 과정이라는 것이다.

아동도 자신의 고유한 능력을 지니고 있다. 아동이나 성인은 모두 성장해 나가고 있다. 아동과 성인의 차이는 미성숙과 성숙의 차이가 아니라, 각각의 조건에 맞게 성장의 방식을 달리한다는 점에 있다.

_존 듀이, 『민주주의와 교육』에서

교육의 목적이 인간의 성장이라는 것은 지극히 당연한 명제이다. 그런데 인간의 성장이란 '경제 성장'에서 말하는 성장과 확연히 다를 뿐 아니라 다른 동식물의 성장과도 다르다. '경제 성장'에서 말하는 성장이란

GDP의 증가와 같이 단순한 '양적 증가'를 의미한다. 인간의 성장이란 단순히 키가 자라나는 것과는 달리 몸과 마음의 전인적 성장, 역량의 신장, 영혼의 성숙 등 한층 복합적인 의미를 지닌다.

인간의 성장은 다른 동물의 성장과도 확연히 구분되는 특징을 지닌다. 대부분의 동물은 성장 기간이 매우 짧다. 태어난 지 얼마 되지 않아 젖을 떼고 스스로 먹이를 찾아 나설 수 있다. 하지만 어린아이는 다른 동물의 새끼에 비해 매우 연약하다. 먹고 배설하고 잠을 자는 등 기본적인 능력을 갖추는 데에도 몇 년이 걸린다. 더욱이 복잡한 인간 사회에 적응하며 스스로 생계를 꾸려 나가기 위해서는 20년에 가까운 학교교육을 거쳐야 한다. 학교교육만으로도 충분하지 않다. 성인이 되어서도 다양한 평생교육이 필요하다. 이러한 교육의 과정을 거쳐 이립而立, 불혹不惑, 지천명知天命의 단계를 거치고 난 후, 인간은 다른 동물과는 비교할 수 없을 정도의 성장에 이르게 된다.

이처럼 복잡하고 지난한 성장을 위해 교육은 존재한다. 듀이는 교육의 목적을 '경험을 통한 지속적인 성장'으로 보았다.[Dewey, 1938] 그는 성숙의 전제 조건을 미성숙으로 보았다. 미성숙하다는 것은 역설적으로 성장의 잠재력과 가능성이 무궁무진하다는 것이기도 하다. 그러므로 미성숙이란 '능력 없음'이 아닌 '성장의 조건', '성장의 가능성'을 의미한다.

듀이는 인간 성장의 특성을 크게 '의존성'과 '가소성' 두 가지로 보았다.[Dewey, 1923; 서용선, 2012; 신창호, 2016] 인간 성장의 첫째 특성은 '의존성'이다. 이는 다른 존재에게 의존할 수밖에 없는 나약한 존재라는 의미가 아니다. 사회적 존재로서의 인간은 다른 존재와 상호작용을 하면서 서로에게 도움을 주고받는 '상호의존성'을 기본 특징으로 한다는 뜻이다. 인간의 성장에는 반드시 타자가 필요하다. 어린 시절 부모와의 친밀한 관계뿐만 아니라 학창 시절 또래와의 교우 관계, 성인 시기의 사회적 활동 속에서 다른 사람과 공감하며 소통하는 가운데 성장하는 것이 인간의 기본적인 특성이다.

인간 성장의 두 번째 특성은 '가소성可塑性'이다. 이는 흙으로 어떤 형상을 빚는 과정에 비유할 수 있다. 흙은 그 자체로는 어떤 형태도 지니지 않지만, 예술가의 혼에 의해 얼마든지 새로운 존재로 탄생할 수 있다. 또한 이미 어떤 형태를 지닌 흙이라 할지라도 또 다른 형태로 변형될 수도 있다. 아직은 어설프게 보이기만 하는 어린아이라 할지라도 그 존재의 밑바탕에는 무궁무진한 성장의 가능성을 지니고 있다. 이러한 가능태可能態를 현실태現實態로 전환하는 것이 곧 교육의 힘이다. 따라서 '가소성'은 단순히 '변화할 수 있음'을 넘어 '학습할 수 있는 능력'을 의미한다. 듀이는 이를 자신의 이전 경험에 비추어 현재를 수정할 수 있는 능력, 경험을 통해 끊임없이 성장해 가는 힘으로 보았다.

'의존성'과 '가소성'을 바탕으로 인간은 끊임없이 성장해 간다. 듀이는 이러한 성장의 끝이 어떤 상태인지를 미리 설정하는 관념을 거부했다. 교육이란 국가나 교육자가 미리 정해 놓은 이상적인 상태를 학습자에게 심어 주는 것이 아니라, 아동의 내부에 잠재되어 요소가 발휘되어 가는 과정이라는 것이다. 그래서 그는 '교육은 그 자체 이외의 다른 목적을 가지지 않으며 교육 자체'가 목적이며, 이러한 '교육의 과정은 끊임없는 재조직, 재구성, 변형의 과정'이라고 하였다. 임의로 설정한 외부의 목적을 강요하는 것은 필연적으로 교육의 본질을 왜곡하게 된다는 것이 듀이의 관점이다.

그렇기 때문에 듀이는 정교한 교수학습 방법론이나 정형화된 평가의 원리를 제시하지 않았다. 인간 성장의 가능성을 신뢰한 그는 교육의 과정을 '학습자의 경험을 끊임없이 재구성하며 이를 진보적으로 확장해 가고, 학교 안의 경험을 실생활과 연결시켜 민주적 사회를 만드는 능력을 기르는 과정'으로 보았다. 이러한 듀이의 관점은 그동안 우리 교육의 주류 패러다임이었던 교과 중심 교육과정, 입시 위주 교육의 폐해를 성찰하는 데 도움이 된다. 이러한 관점에 의하면 정해진 정답을 강요하는 평가, 성적이나 석차로 성취 여부를 판단하는 평가는 오히려 인간의 성장을 가로막는다.

그런데 공교육을 담당하는 교사들은 '인간의 전인적 성장'에 대한 구체적인 모습을 상정하지 않을 수 없다. 교사들은 '인간의 전인적 성장'을 목표로 교육과정을 설계해야 하며, 평가를 통해 학생의 성장 과정 및 결과를 확인해야 하기 때문이다. 물론 '인간의 전인적 성장'을 몇몇 협소한 명제로 규정할 수는 없지만, 교육학의 오랜 전통이 강조해 온 커다란 원칙은 존재한다. 예를 들어 '지덕체智德體를 두루 갖춘 인간', '인지적·정의적·심동적 영역의 균형 있는 성장', '지성, 감성, 시민성의 조화로운 발달' 등을 '전인적 성장'의 구체적인 모습으로 설정할 수 있다.

이상의 논의를 바탕으로, 인간의 성장을 '미성숙한 존재의 잠재력을 다양한 학습 경험을 통해 최대한 발휘하여 지성, 감성, 시민성이 조화롭게 발달하는 것'이라고 잠정적으로 정리할 수 있다. 그리고 '성장중심평가'란 '학생의 전인적 성장을 중심에 놓는 평가'라고 할 수 있다. 그 구체적인 방법론은 교사들의 다양한 경험과 실천을 통해 하나하나 풍부하게 만들어 가야 할 것이다.

3.
'성장중심평가',
비고츠키에게 아이디어를 얻다

    미국의 어느 초등학교. 인디언 아이들이 전학을 왔다. 시험 시간이 되어 교사가 아이들에게 시험을 치르라 하자, 백인 아이들은 책상을 벌리고 가림 판을 올리고 고개를 숙이며 열심히 문제를 풀었다. 하지만 인디언 아이들은 둥그렇게 모여 앉아 서로 시험문제에 대해 이야기를 나누기 시작했다. 교사가 그 아이들을 야단치자, 이 아이들은 "선생님, 저희들은 어른들께 어려운 문제에 부딪히면 항상 도우면서 해결하라고 배웠어요"라는 말로 교사를 당황하게 하였다.

    핀란드 중학교의 시험 시간. 학생들은 각자 열심히 문제를 풀고 있다. 그런데 한 학생이 아무리 생각해도 문제를 풀지 못하는 표정이다. 그 학생은 "선생님, 이 문제 너무 어려워요. 어떻게 풀어야 해요?"라고 질문을 하였다. 그러자 교사는 "뭐가 어렵니? 음, 네가 여기서 생각이 막혔구나. 그럼 이렇게 생각해 볼래?"라며, 정답이 무엇인지는 알려 주지 않지만 문제에 접근하는 방법을 알려 주었다. 그러자 그 학생은 "아! 알겠다"라며 문제를 풀기 시작했다.

위의 두 일화는 우리에게는 매우 낯선 풍경이다. 만약 한국의 중고등학교에서 이런 장면이 연출된다면 학업성적관리위원회가 열려 징계를 논의하게 될지도 모른다. 하지만 이 일화는 평가에 대한 우리의 관점을 근본적으로 전환하는 데 도움이 된다. 우리 학교에서 이러한 방식의 평가를 하는 것이 과연 불가능할까? 핀란드에서 이러한 방식의 평가를 하는 이유는 무엇인가? 이 속에 담긴 교육철학은 무엇인가?

인디언 아이들의 시험 장면에는 '또래 학생들의 협력'이 있다. 핀란드의 평가 장면에는 '교사의 도움'이 있다. 그러자 "아! 알겠다"라는 깨달음, 혼자서는 해결할 수 없었던 것을 이제는 해결하게 되는 발달이 이루어진다. 이 두 장면에서 우리는 비고츠키의 유명한 개념인 '근접발달영역'을 떠올릴 수 있다.Vygotsky, 1978

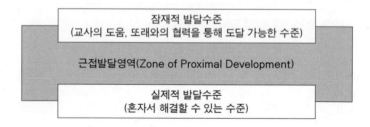

비고츠키는 학생이 언제 비약적으로 성장 발달하는지를 집중적으로 연구한 학자이다. 그가 보기에 학생에게는 겉으로 드러난 실제적 발달수준뿐만 아니라 내면에 감추어진 잠재적 발달수준이 존재한다. 이 잠재적 발달수준은 마치 씨앗과도 같아, 돌밭에 떨어지면 싹을 틔울 수 없으나 옥토에 떨어지면 싹을 틔울 수 있다. 옥토와도 같은 이곳을 '근접발달영역'이라고 부른다. 비고츠키는 '근접발달영역'을 '실제적 발달수준과 잠재적 발달수준 사이의 거리'라고 했다. 혼자서는 해결할 수 없지만, 또래 친구들과 힘을 모으거나 교사의 도움을 받으면 해결할 수 있는 가능성의 영역이 근접발달영역이고, 이러한 근접발달영역을 창출하는 것이 바로 교수학습의 역할이다. 그렇기 때문에 비고츠키는 "교수학습이 발달을 선도한다"라는 명제를 제시했다.

비고츠키의 근접발달영역 이론은 교육심리, 교수학습, 특수교육 등 여러 분야에 두루 활용되고 있는 개념이다. 학교현장에서는 특히 이 이론에 근거하여 다양한 협력수업을 진행하고 있다. 서로 다른 특성을 지닌 학생을 모둠으로 구성하여(이질 집단의 편성), 서로 도움을 주고받으며 문제를 해결하는 방식의 협력학습이 활발하게 이루어지고 있다. 이러한 모둠별 협력학습은 여러 가지 측면에서 도움이 된다. 학업 능력이 다소 부족한 학생들은 교사의 설명보다 친구들의 설명을 더 쉽게 이해하는 경우가 많다. 반대로 학업 능력이 뛰어난 학생은 친구들에게 자기가 아는 것을 설명함으로써 자기가 알고 있는 것을 더욱 명확하게 인식하는 메타인지가 활성화된다. 또한 학생들은 서로 협력하는 태도를 일상적으로 내면화함으로써 다른 사람을 배려하는 공동체 의식을 자연스럽게 내면화하게 된다.

그러나 수업 시간에는 함께 문제를 해결하던 학생들이 평가에서는 각자 문제를 해결하는 것이 일반적인 모습이다. 수업 시간에는 협력하다가 평가에서는 서로 경쟁하게 된다. 이제는 수업에만 근접발달영역 이론을 적용하는 것이 아니라 평가에도 이 개념을 적용해야 한다. 그래서 수업에서의 협력이 자연스럽게 평가에서의 협력으로 이어지도록 해야 하며, 모든 학생이 평가를 통해 성장할 기회를 얻도록 해야 한다.

일반적인 평가는 학생의 '실제적 발달수준'만을 측정한다. 다시 말해, 혼자 힘으로 어느 정도까지 문제를 해결할 수 있는지를 확인하는 평가이다. 하지만 이제는 '잠재적 발달수준'도 확인하는 평가로 나아가야 한다. 즉 어떤 학생이 어디까지 성장할 가능성이 있는지를 확인하고 그 가능성을 현실화할 수 있도록 돕는 평가가 이루어져야 한다. 그러기 위해서는 평가에도 '또래 학생과의 협력, 교사의 지원'이라는 요소가 있어야 한다. 이것이 '성장중심평가'의 출발이다.

초등학교에서의 평가를 생각해 보자. 현재 초등학교에는 사실상 '시험'이라는 개념이 없고, 성적이나 석차를 산출하지 않는다. 간단한 형성평가, 다양한 수행평가를 통해 학생의 성장과 발달 과정 및 결과를 교사가 확인하고, 그 결과를 다양한 방식으로 통지하거나 학교생활기록부의 '세부능력 및 특기사항'에 입력하는 것이 초등 평가의 방법이다.

예를 들어 수학 한 단원이 마무리되면 형성평가의 일환으로 간단한 쪽지 시험을 치를 수 있다. 어떤 학생이 10문항 중 2문항을 틀렸다면, 과거에는 이 학생에게 80점이라는 점수를 부여하고 아무런 교육적 조치도 이루어지지 않았다. 그런데 성장중심평가의 취지에 따르면, 이 학생에게 틀린 문항을 다시 해결하도록 하는 기회를 줄 수도 있다. 이 학생이 이 문제를 다시 풀 기회를 얻었음에도 혼자 힘으로 해결하지 못한다면, 친구와 함께 문제를 풀어 보게 할 수도 있고, 교사의 도움을 받아 문제를 풀게 할 수도 있다. 즉 비고츠키의 근접발달영역 이론에 입각해

'다시 문제를 풀 기회를 준다면', '친구와 함께 문제를 풀도록 한다면', '선생님이 도와준다면' 어디까지 해낼 수 있을까를 확인하는 것이다. 그 결과 이 학생이 이 문제를 모두 이해하고, 이후에는 혼자서도 이 문제를 완전히 해결할 수 있도록 돕는 것이 성장중심평가의 취지이다.

나이 어린 초등학생은 지필평가 형태의 시험을 볼 때 매우 긴장을 해서 아는 문제도 틀리곤 한다. 그 학생도 답을 말로 해 보라고 하면 곧잘 해내기도 한다. 이때는 평가 방식을 바꾸어야 한다. 즉 '지필평가가 아닌 구술평가를 한다면' 어느 수준까지 해낼 수 있는지를 확인하는 것이다. 또 어떤 학생은 생각이 깊어서 문제를 해결하는 데 시간이 오래 걸릴 수 있다. 일반적인 평가는 시험 시간을 엄격히 제한하지만, 관점을 바꾸어 '충분한 시간을 준다면' 어느 수준까지 해낼 수 있는지를 확인할 필요도 있다.

이러한 방식의 평가를 교육학에서는 '정적 평가static assessment'의 반대 개념, '역동적 평가dynamic assessment'라고 한다. 제한된 시간 속에서 하나의 평가 방식을 통해 겉으로 드러난 능력만 확인하는 것은 '정적 평가'이다. 반면 '역동적 평가'란 '시간의 제약을 두지 않는다면', '여러 번 기회를 준다면', '다양한 평가 도구를 활용한다면', '교사나 친구의 도움을 받는다면' 그 학생이 어느 정도까지 해낼 수 있는지 잠재적 수준도 확인하는 것이다.

'정적 평가'와 '역동적 평가'의 차이는 다음과 같다.[Feuerstein, 1979]

첫째, 인간관의 차이이다. 인간을 고정된 존재로 바라보는 정적 평가에서는 인간의 변화 가능성을 고려하지 않는다. 하지만 역동적 평가는 인간은 언제든지 변화할 가능성이 있는 존재로 바라본다.

둘째, 평가 목적의 차이다. 정적 평가는 이미 형성된 인간의 능력을 측정하여 이를 선발에 활용하는 것을 목적으로 한다. 하지만 역동적 평가는 인간의 능력을 성장시키는 데 목적을 둔다.

셋째, 평가 대상의 차이다. 정적 평가는 비고츠키가 말한 '실제적 발달 수준'을 측정하는 데 목적을 둔다. 이에 반해 역동적 평가는 비고츠키가 말한 '잠재적 발달수준'을 더욱 중시한다. 그래서 역동적 평가에서는 현재의 성장 단계에서 다음 성장 단계로 이어지는 과정을 중시하고 이를 지속적으로 관찰하는 데 관심을 둔다.

넷째, 평가 방법의 차이다. 정적 평가는 교사의 개입을 차단하고 피험자의 수준을 정확히 측정하는 방식을 사용한다. 하지만 역동적 평가에서는 교사의 적극적인 개입, 학생들의 역동적인 상호작용을 중시한다. 그렇기 때문에 역동적 평가에서는 교사의 도움으로 문제를 해결하는 과정, 학생끼리 협력하여 문제를 해결하는 과정, 재도전할 기회를 얻어 문제를 해결하는 과정 등을 폭넓게 허용한다.

이러한 '역동적 평가'는 특히 특수교육에서 널리 활용하는 개념이다. 특수교육 대상 학생은 저마다 장애의 유형과 정도가 다르다. 따라서 모든 학생이 특정한 시기에 동일한 목표에 도달하도록 하는 것은 애당초 불가능하다. 그러므로 특수교육에서는 학생 한 명 한 명의 특성에 맞는 교육과정인 '개별화 교육과정'을 운영한다. 개별화 교육과정은 학생마다 도달해야 하는 목표, 시기, 방법이 서로 다르다는 것을 인정하고, 이에 적합한 지원을 제공하는 교육과정이다. 그러니 평가도 이러한 개별화 교육과정의 정신에 따라 학생의 다양한 특징을 인정하고 이에 적합한 지원을 제공하여 목표에 도달하도록 돕는 방식으로 이루어져야 한다. 이러한 평가는 특수교육에만 적용되어야 할 '특수한 평가'가 아니라, 이제는 모든 교육에 확장되어야 할 '특별한 평가'가 되어야 한다. 이렇게 역동적 평가의 원리가 보편적으로 적용된 평가를 '성장중심평가'라 부를 수 있다.

4.
'성장중심평가'의 개념과 요소

슬기로운 교사가 가르칠 때

학생들은 그가 있는 줄을 잘 모른다.

배움의 싹이 틀 때 그것을 거들어주는 교사는

학생들로 하여금 그들이 진작부터 알던 바를

스스로 찾아낼 수 있도록 돕는다.

교사가 일을 다 마쳤을 때 학생들은 말한다.

"대단하다! 우리가 해냈어."

_노자(老子), 파멜라 메츠 풀어 씀, 『배움의 도』에서

'성장중심평가'는 앞에서 언급했던 비고츠키의 근접발달영역 이론에 따라 '학생의 잠재력과 가능성을 확인하고 이를 현실화하기 위해 다양한 기회와 도움을 제공하여 모든 학생이 성장할 수 있도록 돕는 평가'라고 정의 내릴 수 있다. 성장중심평가는 '학생의 성장을 중시'한다는 철학, 그리고 이를 구현하기 위한 '다양한 기회와 도움의 제공'이라는 방법론을 포함하는 개념이다.

성장중심평가와 유사한 개념으로 '과정중심평가', '성장참조평가' 등이 있다. '과정중심평가'는 '교수학습의 과정에서 이루어지는 평가', '학생의 학습 과정을 중시하는 평가'이다. 그런데 '과정' 못지않게 중요한 것이 '결과'이다. '과정중심평가'는 '학생의 전인적 성장'이라는 결과를 낳을 때 의미가 있다. 그러므로 '성장중심평가'가 평가의 궁극적인 지향점을 포괄하는 데 더욱 적절한 용어라고 할 수 있다.

이 책의 1부 8장에서 언급한 '성장참조평가'는 '1차 평가와 2차 평가 사이의 차이'를 측정하여 '얼마나 성장했는가'를 확인하는 평가이다. 그래서 '향상점수'를 측정하는 데 관심이 많다. '성장중심평가'는 이와 달리 학생의 성장을 목적의식적으로 이끌어 가기 위한 절차와 이 과정에서 어떤 도움이 제공되어야 하는지에 관심을 가진다. 이러한 점을 고려하여 이 책에서는 '성장중심평가'를 '과정중심평가', '성장참조평가' 등의 문제의식을 포괄하여 평가의 궁극적인 철학과 원리가 반영된 개념으로 보고자 한다.

이미 여러 학교현장에서는 알게 모르게 성장중심평가의 요소를 구현하고 있다. 다음과 같은 사례에서 성장중심평가의 가능성을 일부 확인할 수 있다.[이형빈, 2015: 311-313]

이전 시간부터 진행되어 온 학생들의 학습활동이 모두 끝났다. 지도에 나타난 축척의 원리를 익히는 학습활동이었다. 교사는 "이 정도면 여러분이 충분히 이해했나요?"라고 학생들에게 확인한 후 "그럼 이제 수행평가를 진행해도 될까요?"라고 묻는다. 학생들은 그렇다는 반응을 보였다.

교사는 우선 간단한 양식의 평가지를 나눠 주었다. 그동안 진행했던 학습활동지를 변형한 2문항이 제시된 간단한 형태의 서술형 평가지였다. 학생들은 약 15분 동안 각자 받은 문항에 대한 답안을 작성했다. 그리고 답안 작성을 마친 학생들은 바로 교사에게 제출했다. 교사는 학생들의 답안을 받는 대로 즉시 채점에 들어갔다.

교사는 학생들의 답안에 대한 채점을 곧 끝냈고 학생들에게 전반적인 피드백을 주었다. "여러분은 대부분 올바른 답안을 작성했고, 몇 명 학생들은 잘못된 답안을 작성했어요. 특히 축척의 단위를 잘못 쓴 학생들이 몇 명 있네요"라고 말한 후 "틀린 학생의 이름을 부를 테니, 다시 도전할 학생은 나와 보세요"라고 이야기했다. 호명을 받은 다섯 명의 학생이 교사 앞으로 나와 다시 답안을 작성했다. 교사는 이 학생의 답안을 모두 확인한 후 "이제 모든 학생이 기준에 도달했어요"라고 말해 주었다.

연구자: 선생님이 진행하신 수행평가가 매우 인상적이었는데, 그런 방식을 어떻게 해서 준비하게 되셨나요?

교사: 예전 학교와 달리 이 학교에 오고 보니 여기서는 모든 학생을 포기하지 않겠다는 분위기가 있어서 거기에 영향을 받았어요. 예전에는 제한된 시간을 정해 놨는데, 그러면 안 될 것 같고 실패한 아이들에게도 계속 기회를 주게 되었어요.

연구자: 먼저 문제를 푼 학생들이 항의하는 일은 없나요?

교사 : 없어요. 학생들이 점수에 민감하지 않고, 다 같이 협력하는 분위기이니까요.

이러한 수행평가 방식은 수업과 연계된 과정중심평가, 나아가 성장중심평가의 가능성을 보여 준다. 우선 이 수행평가는 수업 과정에서 수업의 흐름에 자연스럽게 연계가 되는 방식으로 진행되었다. 특히 "다음 시간에 수행평가를 볼 테니, 준비하세요"라는 예고 후 수행평가를 진행한 것이 아니라, "이 정도면 충분히 이해했나요? 그럼 이제 수행평가를 진행해도 될까요?"라는 확인 후에 수행평가를 진행함으로써, 학생들이 학습 이해 여부를 자연스럽게 확인하는 방식으로 수행평가가 진행되었다.

다음으로 수업 시간에 손쉽게 끝낼 수 있는 방식의 수행평가가 진행되었다. 학생들이 수업 시간에 직접 다루었던 학습활동지를 변형한 서술형 평가를 통해 간단한 형성평가를 진행했다.

다음으로 이 수행평가는 '즉각적인 채점에 이은 즉각적인 피드백'이 이루어지는 방식으로 이루어졌다. 학생의 입장에서 수업 시간 중에 부담 없이 수행평가를 진행할 수 있었을 뿐만 아니라, 교사의 입장에서도 채점을 손쉽게 끝낼 수 있었다. 더욱 중요한 것은 채점 후에 즉각적인 피드백이 주어졌다는 점이다. '축척의 단위를 틀린 학생이 있다'라는 간단한 피드백도 학생들의 학습 과정을 확인하는 데 적지 않은 의미가 있다.

이 수행평가의 가장 중요한 특징은 '재도전의 기회 부여', '모든 학생이 목표에 도달하도록 돕는 평가'이다. 일반적인 평가의 관행은 일정 시간을 제한하고 그 시간 안에 모든 학생이 답안을 제출하는 방식으로 진행된다. 그러나 이 수행평가는 모든 학생이 과제를 해결할 수 있는 충분한 시간적 여유를 주었을 뿐만 아니라 실수가 있더라도 이를 다시 만회할 수 있는 재도전의 기회를 제공하는 방식으로 진행되었다. 이를 통해 학생들은 자신이 정확히 알지 못하는 것이 무엇인지 확인할 수 있으며, 다시 도전하는 과정을 통해 그 문제에 대해 제대로 이해하는 경험을 할 수 있었다. "이제 모든 학생이 기준에 도달했어요"라는 교사의 말은 성장중심평가의 취지를 압축적으로 표현한 것이다.

이러한 평가 사례는 우리의 평가 관행에서 아직은 다소 낯설다. 더욱이 대입의 영향력이 막강한 고등학교에서는 더더욱 어려울 수 있다. 그러나 위의 사례는 비평준화 지역의 중학교에서 진행된 것이다. 고입의 영향력이 강한 상황 속에서도 '모든 학생이 점수에 민감하지 않고, 함께 협력하는 분위기'가 형성된다면, 수업에서의 협력이 평가에서의 협력으로 이어질 수 있다는 점을 보여 준다. 따라서 이는 성장중심평가의 취지를 구현하는 것이 중등학교에서도 결코 불가능하지 않음을 시사한다.

여기에서 드러난 성장중심평가의 핵심 방법론은 '피드백'과 '재도전의 기회' 제공이다. 평가의 주된 기능 가운데 하나가 학생들이 무엇을 잘했고 무엇이 부족한지를 알려 주는 피드백 제공이다. 그러나 피드백이 피드백으로 끝나는 것도 한계가 있다. 피드백을 바탕으로 학생들이 다시 도전할 기회를 얻어 성취의 경험을 하도록 하는 것이 더 큰 의미가 있다.

그러나 위의 사례 역시 성장중심평가의 취지를 온전히 구현하는 데에는 한계가 있다. 학생의 현재 수준에 대한 진단, 학생들의 협력적 문제해결 과정, 학생에 대한 개별적 피드백, 평가 결과에 대한 공유와 소통 등이 온전히 구현되지는 못했기 때문이다.

성장중심평가의 출발은 학생의 현재 수준에 대한 진단이다. 학생들이 이미 무엇을 갖추었고 무엇이 부족한지 등을 진단하여, 어디까지 성장할 수 있을지 가능성과 잠재력을 지니고 있는지를 확인해야 한다. 학생들에 대한 진단이 이루어졌다면 학생들의 가능성과 잠재력을 극대화할 수 있는 교수학습이 이루어지고, 이 과정에서 적절한 시기에 수행평가가 진행되어야 한다. 성장중심평가의 취지에 따른 수행평가는 근접발달 영역을 최대한 창출할 수 있는 평가, 즉 학생들이 서로 협력적으로 문제를 해결하는 기회를 주는 방식, 교사의 도움을 받아 부족한 부분을 보완해 가는 방식, 교사의 피드백을 거쳐 재도전하는 방식 등으로 이루어져야 한다.

마지막으로 평가 결과에 대한 소통과 성찰이 이루어져야 한다. 수행 결과에 대한 발표·전시 등을 통해 소통과 공유가 이루어져야 하며, 이에 대해 교사의 평가뿐만 아니라 학생의 자기성찰(자기평가), 동료 학생의 의견(동료평가)이 제시되어야 한다. 교사의 의견은 수행평가 결과에 대한 사후 피드백 형태로 제시될 수도 있고, 학교생활기록부 '세부능력 및 특기사항'에 공식적인 기록으로 남을 수도 있다. 또한 학부모에게 평가 결과를 다양한 방법으로 통지하여 학부모의 의견이 개진될 통로를 마련하고 학교와 가정에서의 연계 지도가 이루어지도록 하는 방안을 마련해야 한다.

이상에서 논의한 성장중심평가의 개념과 요소를 다음과 같이 정리할 수 있다.

- 성장중심평가의 개념: 학생의 잠재력과 가능성을 확인하고 이를 현실화하기 위해 다양한 기회와 도움을 제공하여 모든 학생이 성장할 수 있도록 돕는 평가

- 성장중심평가의 요소
- 진단: 학생의 현재 수준, 잠재력과 가능성 확인
- 수행: 교수학습의 과정에서 이루어지는 과제 수행
- 지원: 협력하여 문제를 해결하는 기회, 교사의 피드백을 받아 다시 도전할 기회 제공
- 소통: 교사의 평가, 학생의 자기성찰, 동료의 의견, 학부모의 의견 등에 대한 기록 및 소통

5.
'피드백'과 '재도전'이 있는 성장중심평가

기존의 평가 관행과 성상중심평가 사이의 가장 두드러진 차이점은 '피드백'과 '재도전'의 유무라고 할 수 있다. 학생들은 피드백을 통해 자신의 부족한 면을 알게 되고, 재도전을 통해 목표에 도달할 기회를 얻게 된다. 교사들은 피드백과 재도전이 있는 평가의 의미를 다음과 같이 말한다.허연구 외, 2019: 96-98

A교사: 저는 체육 시간에 배우는 여러 신체 기능이 아이들의 인생에서 어떤 의미가 있는지 먼저 이야기를 해 줘요. 1차 평가를 한 후에, 기준에 도달하지 못한 학생들에게는 신체 기능에 대한 핵심 단서를 언어적으로 피드백을 해 주고, 다시 2차 평가를 해요. 최종 점수는 둘 중 더 높은 점수를 부여해요. 이런 방식으로 평가를 하니 포기하는 학생이 없어요.

B교사: 학생들이 토론을 하고 그 결과를 논술문으로 써서 1차 제출을 하게 해요. 그러면 제가 다시 고쳐야 할 부분을 체

크해서 피드백을 해 주고, 아이들은 이를 다시 고쳐서 제출해요. 그리고 친구들과 논술문을 공유하며 자신의 글에 대해 성찰할 수 있는 시간을 줘요. 이러면서 제 마음속에도 변화가 생겼어요. 예전에는 나도 모르게 아이들을 줄 세우고 점수를 깎아야 할 부분을 찾았지만, 지금은 아이들이 기준에 도달했느냐 여부를 평가하게 되었어요.

C교사: 저는 아이들에게 모두가 만점을 받을 수 있다고 격려를 해 줘요. 1차 점수와 2차 점수 중 더 높은 점수를 최종 점수로 부여해요. 그러다 보면 어떤 수행평가 영역에서는 모두가 만점이 나올 수도 있을 것 같지만, 그걸 두려워할 필요는 없을 것 같아요. 물론 실제로 모두가 만점이 나오는 일은 거의 없긴 해요.

피드백과 재도전이 있는 평가를 경험해 본 교사들은 이러한 평가의 장점과 의미를 실감하고 있다. 기존의 평가는 단 한 번의 시험으로 학생들의 성적을 부여하기만 할 뿐 그 평가를 통해 학생들이 정작 자신에 대해 알아야 할 것을 알려 주지는 못한다. 하지만 교사가 학생들에게 부족한 부분을 알려 주고, 이를 보완할 기회를 준다면 학생들은 포기하지 않고 모두가 목표에 도달하기 위해 노력하게 된다. 이처럼 학생들이 좌절의 경험이 아닌 도전의 경험을 하도록 하는 것이 성장중심평가의 취지이다.

성장중심평가는 학생뿐만 아니라 교사에게도 새로운 경험을 하게 한다. B교사가 언급했듯이, 절대평가가 적용되는 과목의 교사들조차 학생들을 줄 세우는 관행에 익숙해 있다. 그런데 성장중심평가는 모든 학생이 목표에 도달할 수 있다는 신념을 전제로 하는 평가이며, 피드백과 재도전은 이러한 목표에 도달하도록 돕는 구체적인 방법이다. 따라서 성장중심평가를 경험한 교사들은 '점수를 깎을 이유'를 찾기보다는 '기준에 도달했느냐 여부'를 중시하는 쪽으로 인식이 변화하고 있으며, 나아가 C교사처럼 학생들에게 '모두가 만점을 받을 수 있다는 격려'를 하게 된다.

여기서 '모든 학생에게 만점을 부여해도 괜찮은가?' 하는 문제가 대두된다. 절대평가는 모든 학생이 목표에 도달하는 것이 바람직하다는 신념을 전제로 한다. 그러나 학교현장에는 오랜 상대평가 관행으로 인해 모든 학생에게 만점을 부여하는 것에 대한 두려움이 있고, 일부 교육청에서는 지침이나 감사 등을 통해 이를 금지하기도 한다. 하지만 교사가 교육과정 성취기준에 따라 교수학습을 충실히 운영했고 학생들 역시 이에 적극적으로 참여했다면, 모든 학생이 평가를 통해 만점을 받는 것은 당연하고도 바람직한 일이다. 물론 모든 영역의 평가에서 모든 학생이 만점을 받는 것은 거의 일어날 수 없다. 그래도 일부 영역의 평가에서는 모든 학생이 만점을 받을 수 있는 가능성을 열어 두어야 하며, 교육청 역시 교사에 대한 신뢰를 바탕으로 이를 긍정적으로 허용해야 한다. 상대평가가 적용되는 고등학교 과목에서도 일부 영역의 수행평가에서는 모든 학생이 만점을 받을 수도 있다는 취지에 따라 성장중심평가를 적용할 수 있다.

이렇게 피드백과 재도전을 통해 학생들이 목표에 성공적으로 도달하도록 돕는 평가가 이루어지려면 수행평가의 시행 방식이 달라져야 한다.

D교사: 학생들이 성장하기 위해서는 피드백을 자주, 깊이 있게 구조화해야 하는데, 그러기에는 시간이 오래 걸리죠. 그래서 수행평가를 여러 번 보는 게 좋은가, 아니면 수행평가를 하나 하더라도 깊이 있게 하는 게 좋은가 등을 고민하게 되었어요. 결론적으로, 하나의 수행평가를 깊이 있게 하자, 그 과정에서 피드백을 단계적으로 구조화하자, 그래서 학생들이 원하는 목표까지 성장할 수 있도록 하는 방향으로 하자는 생각에 이르게 되었어요.

학생에 대한 진단, 피드백과 재도전, 평가 결과에 대한 소통과 공유 등 성장중심평가의 여러 요소를 온전히 구현한다는 것은 결코 쉬운 일이 아니다. 실제 소요되는 시간도 오래 걸릴 뿐만 아니라 교사의 에너지도 적지 않게 투여된다. 따라서 수행평가를 자주 여러 번 하는 것이 반드시 바람직한 것은 아니다. 피드백이 없는 수행평가를 여러 번 하는 것은 과정중심평가가 아니라 사실상 결과중심평가를 여러 번 하는 셈이기 때문이다.

그렇기 때문에 '과정중심평가=수행평가를 자주 여러 번 하는 것'이라는 관념은 사실상 결과중심평가를 유도할 뿐만 아니라 성장중심평가의 취지를 제대로 구현하지 못하게 한다. 하나의 수행평가를 하더라도 그 속에서 학생들의 성장이 실제로 이루어지도록 구체적이고 피드백을 단계적으로 배치하는 것이 바람직하다. 이러한 성장중심평가의 흐름을 도표화하면 다음과 같다.

'성장중심평가'의 취지에 따른 수행평가 흐름

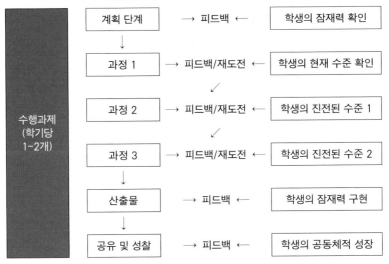

이 도표는 분절적·단편적 수행평가의 관행을 극복하고 성장중심평가의 취지와 요소를 구현하는 수행평가의 흐름을 제시한 것이다. 기존 수행평가의 관행은 수행평가의 반영 비율에 따라 횟수를 정하고 이를 특정한 시기에 시행하는 방식이었다. 반면에 여기서 제시한 흐름은 긴 호흡의 수행평가, 즉 짧게는 몇 주, 길게는 한두 달 동안 장기적으로 진행해야 할 프로젝트, 포트폴리오, 연구보고서 등을 내실 있게 진행하는 방식이다. 이러한 수행평가는 한 학기에 한두 개의 과제를 수행하는 것만으로도 충분하며, 일상적인 수업 시간에 교수학습의 과정과 연계하여 긴 호흡으로 이루어져야 한다.

우선 프로젝트, 연구보고서 등을 계획하는 단계에서 학생들의 현재 상태(실제적 발달수준 및 잠재적 발달수준)에 대한 교사의 진단이 이루어지고, 이러한 진단을 통해 교사와 학생이 향후 교수학습 및 과제 수행에 대한 계획을 공동으로 수립해야 한다. 그리고 긴 호흡의 수행과제를 몇 단계로 나누고, 각각의 단계를 수행하는 과정에서 교사의 피드백이 체계적으로 부여되어야 하며, 학생이 자신에게 부족한 부분을 발견하고 이를 보완하여 재도전하는 기회가 주어져야 한다. 이러한 단계를 통해 학생들의 잠재적 발달수준이 실제적 발달수준으로 전환되는 성장이 지속적으로 이루어질 수 있다. 이로써 최종적으로 산출된 결과물을 발표, 표현, 공유하는 과정을 통해 학생들의 공동체적 성장과 개인적 성찰이 이루어질 수 있다.

이러한 방식의 수행평가가 이루어지기 위해서는 학기별 핵심 목표를 중심으로 진단평가-형성평가-총괄평가의 흐름이 유기적으로 이루어져야 한다. 이 점은 2부에서 자세히 언급하겠다.

6.
성장중심평가를 위한 대안적 루브릭

평가를 통해 학생들의 성취 정도를 확인하기 위해서는 교육학에서 보통 '루브릭Rubirc'이라 부르는 채점 기준표가 필요하다. 루브릭은 본래 책의 중요한 부분을 강조하기 위해 붉은색으로 표시하거나 주석을 달아 놓은 것을 의미한다. 평가 루브릭은 중요한 학습 목표에 따라 학습자의 학습 결과를 평가하기 위해 사전에 공유한 기준을 의미한다. 그래서 학교현장에서는 이를 보통 '채점 기준표'라고 말한다. 이러한 채점 기준은 특히 수행평가에서 학생의 수행을 객관적으로 채점하여 평가의 공정성을 확보하기 위한 수단으로 활용된다.

성장중심평가에서의 루브릭은 평가의 공정성을 확보하기 위한 '채점 기준'보다는 학생들에게 평가의 목표와 방향을 이해시키기 위한 '수행 안내'로 이해되어야 한다. 즉 "이런 요소를 지키지 않으면 점수를 감점한다"라는 메시지를 전달하는 것이 아니라 "좋은 결과물을 도출하기 위해서는 이런 절차를 밟아야 한다"라는 친절한 안내 역할을 해야 한다. 다시 말해 루브릭은 학생의 수행 과정 및 결과에 대해 교사가 친절하게 피드백을 할 수 있는 지점, 학생이 스스로 자기를 점검하고 개선해야 하는 지점을 명확하게 제시하는 역할을 해야 한다.

루브릭은 흔히 '총체적 루브릭'과 '분석적 루브릭'으로 나뉜다. '분석적 루브릭'은 '평가 대상을 세부 영역으로 구분하고, 각각의 세부 영역별로 평가기준에 제시된 요소와 배점에 따라 점수를 부여하는 방법'이고, '총체적 루브릭'은 '평가 대상을 부분으로 나누지 않고 전체적인 과정과 결과를 질적으로 평가하는 방법'을 의미한다.

총체적 루브릭과 분석적 루브릭은 수행과제의 성격에 따라 달리 적용되어야 한다. 총체적 루브릭은 '부분의 합이 전체가 될 수 없는 경우'에 적용된다. 예를 들어 국어과 수행평가의 경우 문학작품 창작물에 대해서는 총체적 루브릭을 적용해 작품성, 예술성을 질적으로 평가해야 한다. 반대로 논술문의 경우 분석적 루브릭에 따라 '내용의 생성, 내용의 조직, 표현 및 어법' 등 세부적인 요소로 나누어 채점하고, 이러한 요소에 따라 피드백을 제공하는 것이 적절하다. 이처럼 분석적 루브릭은 요소별로 학생들의 장단점을 파악하여 이에 대한 피드백을 제공하는 데 강점이 있다. 그러나 문학 등 예술작품은 이러한 세부 요소로 나누는 것 자체가 불가능하므로 작품의 전반적인 창의력이나 예술성을 평가하는 총체적 루브릭을 적용해야 한다. 또한 인지적 영역에 대한 평가는 분석적 루브릭이 적용되는 것이 대체로 적합하지만, 정의적 영역에 대한 평가는 총체적 루브릭이 적용되는 것이 대체로 적합하다.

현재 대부분의 학교현장에서는 루브릭이 '친절한 안내 역할'을 하기보다는 '냉혹한 채점 기준'으로 인식되고 있다. 또한 교과의 특성이나 평가 영역과는 관계없이 대부분 분석적 루브릭이 활용되고 있다. 이는 이른바 '명확한 채점 기준'이 강조되는 분위기에 따른 것이다. 이러한 루브릭에 대해 비판적인 접근이 필요하다.

다음은 교육부·한국교육과정평가원[2017]에서 제시한 분석적 루브릭의 예이다.

'분석적 루브릭'의 예

평가 요소		4	3	2	1
지식	주제에 대한 이해 및 정보 활용	주제를 잘 이해하고, 효과적으로 표현하였으며, 표현된 역사적 사실에 오류가 없다.	주제를 잘 이해하고, 효과적으로 표현하였으나, 표현된 역사적 사실에 오류가 있다.	주제는 이해하고 있으나, 효과적으로 표현하지 못하였으며, 표현된 역사적 사실에 오류가 있다.	주제에 대한 이해가 부족하고 표현된 역사적 사실이 정확하지 않다.
기능	비주얼 싱킹 제작과 표현 능력	비주얼싱킹의 표현 방법과 내용이 우수하며, 창의적으로 표현하였다.	비주얼싱킹의 표현 방법과 내용이 우수하나, 창의적 표현이 다소 부족하다.	비주얼싱킹의 표현 방법과 내용이 미흡하며, 창의적 표현이 부족하다.	비주얼싱킹의 표현 방법이 산만하여 내용 전달이 어렵다.
	발표 능력	말하기의 속도 및 성량, 자세와 시선이 자연스럽고, 핵심적인 내용을 명확히 전달하였다.	핵심적인 내용을 전달하였으나, 말하기의 속도 및 성량이 자연스럽지 못하였다.	말하기의 속도 및 성량이 자연스러웠으나, 내용 전달이 미흡하였다.	말하기의 속도 및 성량, 자세와 시선이 자연스럽지 못하여 내용 전달이 미흡하였다.
태도	협업 능력	모둠원의 의견을 잘 경청하여 원활한 의사소통을 도왔으며, 활동 과정에서 발생한 갈등 상황을 적극적으로 해결하려고 노력하였다.	활동 과정에서 발생한 갈등 상황을 적극적으로 해결하려고 노력하였으나, 자기주장이 강한 편이다.	모둠원의 의견을 잘 경청하여 원활한 의사소통을 도왔으나, 활동에 적극성이 다소 부족하다.	모둠원의 의견을 잘 경청하였으나, 적극성을 가지고 협동하지는 않았다.

이러한 루브릭은 성장중심평가의 취지를 살리는 데 한계가 명확하다. 우선 이 루브릭은 대범주를 '지식, 기능, 태도'로 나누었지만, 실제 학생들의 학습 과정에서는 이 세 가지 범주가 명확하게 구분되기보다는 총체적인 역량으로 작동하는 것으로 보아야 한다. 또한 각각의 영역을 1~4

수준으로 구분했으나, 각각의 내용은 실제 채점에 활용되기 어려울 정도로 임의적이다. 예를 들어 '창의적으로 표현하였다'와 '창의적 표현이 다소 부족하다'는 것을 어떻게 판정할 수 있을지 의문이다. 특히 '태도'의 영역을 1~4수준으로 나누는 것이 과연 가능할지, 설령 가능하더라도 이를 점수로 부여하는 게 바람직한지 근본적인 의문이 제기될 수 있다.

이러한 이유로 학교현장에서는 위와 같은 분석적 루브릭은 서류상으로만 남기고 다음과 같은 루브릭을 일반적으로 사용한다.

학교현장에서 흔히 사용되는 루브릭의 예

수행평가 과제: 건의하는 글 작성하기		
〈평가 요소〉 • 건의하고자 하는 내용이 분명하다. • 건의하는 내용이 실현 가능성 있다. • 자신의 주장을 뒷받침할 만한 근거를 2개 이상 제시하였다. • 어법의 오류가 2개 이하이다. • 제출 기간을 준수하였다.	평가 요소 5개를 모두 만족했다.	10점
	평가 요소 4개를 만족했다.	8점
	평가 요소 3개를 만족했다.	6점
	평가 요소 2개를 만족했다.	4점
	평가 요소 1개 이하를 만족했다.	2점
	본인의 의사에 따른 미응시	0점

학교현장에서는 이와 같이 교사가 제시한 기준 중 몇 가지를 충족했느냐에 따라 수행평가 점수를 부여하는 방식이 활용된다. 이러한 방식을 선호하는 이유는 무엇보다 채점의 명확성 때문이다. 정량적으로 확인할 수 있는 기준에 의해 점수를 부여하므로 채점 결과에 대한 이의 제기에 대해서도 어느 정도 방어할 수 있다.

그런데 이러한 루브릭은 외견상 명확한 채점 기준을 제시했다고 볼 수 있으나, 이 기준을 충족했다고 하여 수행과제의 질이 보장된다고 보기에는 그 기준들이 다소 지엽적이다. 설령 채점 기준을 타당성 있게 제시했다 하더라도 이러한 루브릭은 근본적인 한계가 있다. 이 루브릭을 통해서는 수행평가의 '결과물'만을 확인할 수 있을 뿐, 학생들의 수행 과정을 확인할 수는 없다. 또한 이 수행평가를 통해 어떠한 깨달음을 얻었으며 그 결과 어떤 성장이 이루어졌는지도 확인할 수 없다.

이상에서 제시한 루브릭은 사실상 '결과중심평가'를 위한 것이라고 해도 과언이 아니다. 이러한 루브릭의 한계를 극복하고, 성장중심평가의 취지를 담은 대안적 루브릭을 개발하기 위한 노력이 필요하다.

경기도의 모범적인 혁신학교로 인정받고 있는 덕양중학교 교사들은 이러한 대안적 루브릭을 개발하기 위해 교사들의 공동 연구를 진행했다. 특히 수행의 과정과 결과를 모두 아우르는 루브릭, 피드백의 절차를 구체적으로 반영하는 루브릭, 학생의 성장 과정을 확인할 수 있는 루브릭을 개발하고자 했다. 그리고 다음과 같은 루브릭 예시안을 바탕으로, 각 교과의 특성을 살린 교과별 루브릭을 개발하여 사용하고 있다.[5]

대부분의 학교에서 사용하는 루브릭이 수행평가 결과물만을 대상으로 하는 것과는 달리, 이 루브릭은 계획 단계, 수행 단계, 산출물 단계로 나누어 구성되었다. 학생의 성장을 돕는 평가가 되려면 단순히 산출물만을 대상으로 평가를 하는 것이 아니라 계획 단계, 수행 단계까지 교사가 관찰하면서 이에 대한 피드백을 지속적으로 제공해야 하기 때문이다. 하지만 계획 단계부터 수행 단계, 산출물 단계까지 모두 평가를 하면 학생 입장에서 늘 평가를 받는 듯한 부담을 느낄 수 있다. 이런 문제

---

5. 여기서 제시한 덕양중학교 사례는 이준원·이형빈(2020)에서 인용했다.

덕양중학교 수행평가 공동 루브릭 양식

평가 단계(배점)	평가 내용		
계획 단계 (2점)	평가 요소 • •		
	등급	채점 기준	배점
	A		2
	B		1
	C		0
수행 단계 (2점)	평가 요소 • •		
	등급	채점 기준	배점
	A		2
	B		1
	C		0
산출물 (6점)	평가 요소 • •		
	등급	채점 기준	배점
	A		6
	B		4
	C		2
	D		1

를 극복하기 위해 계획 단계와 수행 단계에서는 채점 기준을 상, 중, 하 정도로 느슨하게 설정하고, 학생들이 열심히 참여하면 누구에게나 만점을 주도록 하였다. 즉, 계획과 수행 단계에서는 학생들이 좋은 수행 결과를 산출할 수 있도록 안내와 지원을 하는 것을 주된 목적으로 삼은 것이다. 이렇게 수행평가 계획 단계, 수행 단계, 산출물 단계를 아우르는 루브릭 양식을 만들어, 각 교과의 특성에 맞게 이를 활용하도록 하고 있다.

수행평가를 계획 단계, 수행 단계, 산출물 단계로 나누어 진행하면서 동시에 수행평가 횟수를 축소했다. 수행평가 결과물만을 중시하여 지나치게 많은 수행평가 과제를 진행하는 것은 교사나 학생 모두에게 지나친 부담을 줄 수 있고, 과목마다 수행평가 시기가 집중되는 문제가 생긴다. 하지만 계획 단계, 수행 단계, 산출물 단계를 모두 살피는 수행평가를 진행하는 경우, 굳이 여러 개의 수행평가를 할 필요가 없이 한 학기에 한두 과제 정도를 수업 시간에 깊이 있게 다루면 된다.

이와 함께 덕양중학교에서는 수행평가 계획에 '피드백' 절차, '재도전의 기회'를 명시하기로 했다. 학생들에게 "어떤 수행평가를 진행할 것인가?"만 알려 주는 것이 아니라, "이 수행평가가 어떤 의미가 있는가?", "수행평가를 위해 수업 시간에 무엇을 배우는가?", "수행평가 후 어떤 피드백을 받을 수 있는가?", "재도전의 기회는 어떻게 주어지는가?" 등을 사전에 안내했다.

※ 나만의 수학 이야기 만들기(20점)

가. 이 평가를 통해 학생들에게는 어떤 배움과 성장이 있을까요?

▶ 자연수, 정수, 유리수 등 수 체계를 정확하게 이해하는 것은 수학이라는 숲을 보는 데 매우 중요합니다. 이 수행평가에서는 내가 이해하고 있는 유리수와 순환소수를 나만의 방식으로 표현해 봅니다.

나. 이 평가에서 학생들은 어떤 수행과제를 하게 되나요?

▶ 유리수와 순환소수, 무한소수 등의 개념을 이용하여 이야기, 시, 만화 등을 만듭니다 (A4용지 한 장).

다. 이 평가를 위해 학생들은 수업에서 어떤 과정을 경험하나요?

▶ 이전 학년에서 배웠던 기초 지식을 복습합니다.
▶ 유리수, 순환소수, 무한소수 등의 개념을 모둠 활동을 통해 학습합니다.
▶ 계획 단계에서 만든 마인드맵에 대해 선생님이 조언을 해 줍니다.

라. 이 평가 후 학생들은 어떤 형태의 피드백을 받을 수 있나요?

▶ 1차 평가 후 개인별로 부족한 부분이 무엇인지 상담을 합니다.
▶ 상담 후 원하는 학생에게는 재도전의 기회를 줍니다.
▶ 우수한 작품을 전시합니다.

재도전의 기회를 주는 평가 루브릭

평가 과정	평가 요소		
처음 도전하기	•주어진 문제를 정확하게 이해하고 접근하였나? •주어진 문제의 해결하는 과정이 논리적이며 정확하게 기술하였나? •주어진 문제 정답은 맞고 정확하게 표현하였나?		
	등급	채점 기준	배점
	A	위 평가 요소 중 세 가지 모두를 충족한 경우	10
	B	위 평가 요소 중 두 가지를 충족한 경우	8
	C	위 평가 요소 중 한 가지를 충족한 경우	6
다시 도전하기 (자원자에 해당)	•주어진 문제를 정확하게 이해하고 접근하였나? •주어진 문제의 해결하는 과정이 논리적이며 정확하게 기술하였나? •주어진 문제 정답은 맞고 정확하게 표현하였나?		
	등급	채점 기준	배점
	A	위 평가 요소 중 세 가지 모두를 충족한 경우	9
	B	위 평가 요소 중 두 가지를 충족한 경우	7
	C	위 평가 요소 중 한 가지를 충족한 경우	5

이와 같은 덕양중학교의 평가 루브릭 개발 사례는 '계획, 과정, 결과를 아우르는 과정중심평가', '피드백과 재도전이 있는 성장중심평가'의 취지를 잘 살리고 있다. 이를 참고로 하여, 이 책에서는 과정중심평가, 성장중심평가의 취지를 살리는 대안적 평가 루브릭 예시를 다음과 같이 제시하고자 한다.

성장중심평가의 취지에 따른 대안적 평가 루브릭(예시)

※수행과제: 지역사회나 학교에서 발견한 문제점을 해결하기 위한 건의문 작성								
단계	영역	수행 기준	1차 평가		피드백	2차 평가	
			도달	미도달		도달	미도달
계획	주제 선정	생활 속에서 겪은 어려움을 해결하기 위해 건의할 만한 주제를 스스로 선정하였나?	1점			1점	
과정	문제 분석	문제의 원인을 타당하게 분석하였나?	1점			1점	
	자료 수집	문제해결 방안을 수립하는 데 도움이 될 자료를 다양하게 수집하였나?	1점			1점	
	대안 도출	문제를 해결할 수 있으며 실현 가능한 대안을 찾아냈나?	1점			1점	
산출물	내용	문제 분석, 자료 수집, 대안 도출 과정을 모두 정리하였나?	2점			1점	
	조직	내용이 논리적으로 타당하며, 건의문이 지켜야 할 형식을 잘 갖추었나?	2점			1점	
	표현	창의적이고 독창적인 표현이 드러나며, 건의 대상에 대한 예의를 갖추었나?	2점			1점	
공유 및 성찰	공유	다른 모둠의 건의문 발표를 경청하고, 이를 더욱 발전시킬 수 있는 의견을 제시하였나?	학생의 성찰, 동료의 의견 교사의 관찰에 의한 정성적 평가 ('세부능력 및 특기사항' 기록)				
	실천	건의문을 통해 문제 상황이 해결되었거나, 해결되지 못한 이유를 찾았나?					
	성찰	이 과제를 통해 글쓰기 능력과 민주시민 의식이 성장하였나?					

우선, 이 루브릭은 수행평가의 단계를 '계획, 과정, 산출물, 공유 및 성찰'로 나누었다. 지금까지의 일반적인 수행평가는 이 중 '산출물'만을 중시한다. 하지만 이 수행평가는 교사가 학생들이 수행해야 할 활동의 전 과정을 모두 관찰하고, 그 과정을 단계마다 평가하며 그 과정에 대한 피드백을 중간중간에 제시하는 방식으로 되어 있다.

그리고 이 루브릭은 수행평가 각 단계의 하위 과정을 좀 더 세분화하여 제시하고 있다. 주제를 선정하고, 자료를 수집하여 분석하고, 문제해결 방안을 모색하는 과정을 세부적으로 제시한 후, 이 과정을 통해 산출된 결과물을 내용적인 요소와 형식적인 요소로 나누어 총체적으로 평가를 한다. 마지막으로는 그 결과물을 함께 발표하고 공유하면서 그 과정을 통해 자신이 얼마나 성장하는지를 성찰하는 단계로 모든 수행평가가 마무리된다.

이 중 교사의 판단에 따라 일부 영역은 점수로 반영할 수도 있고, 일부는 점수에 반영하지 않을 수도 있다. 특히 마지막 단계의 '공유, 실천, 성찰'은 이른바 정성적 평가의 영역에 해당한다. 여기서는 교사의 평가뿐만 아니라 동료평가, 자기평가를 시행할 수 있고, 그 결과를 점수로 반영하기보다 학교생활기록부 '세부능력 및 특기사항'에 기록을 해 주는 것으로 평가를 마무리할 수 있다.

이 평가 루브릭은 각 단계를 '도달/미도달'로만 평가한다. 일반적인 수행평가는 3등급, 5등급 혹은 심지어 7등급으로 평가하는 경우가 많은데, 이렇게 수행평가를 촘촘하게 평가하는 것은 바람직하지 않다. 수행평가에서 학생들을 촘촘하게 서열화하는 것은 현실적으로 여러 가지 부담을 낳게 될 뿐만 아니라 교육적으로도 바람직하지 않다. 과정마다 '도달/미도달' 정도만 확인하고 이에 대해 교사가 피드백을 제공하는 것이 성장 중심 수행평가의 취지에 맞다.

이 평가 루브릭의 가장 중요한 특징은 '1차 평가'와 '2차 평가'로 되어 있다는 점이다. 1차 평가 후 어떤 학생이 '미도달'로 판정되었다면, 교사가 이 학생에게 무엇이 부족하며 어떻게 하면 더 잘할 수 있을지에 대한 피드백을 제공하고, '재도전의 기회'를 부여하게 된다. 따라서 어떤 학생이 1차 평가에서 '미도달' 판정을 받더라도 교사의 피드백 및 재도전을 통해 2차 평가에서는 '도달' 판정을 받을 수 있다. 최종 점수는 2차 평가의 결과만을 반영하게 된다.

이러한 루브릭은 학생의 학습 계획, 과정, 산출물, 공유 및 성찰 과정을 모두 확인할 수 있는 기준으로 적용될 수 있다. 또한 인지적 영역, 정의적 영역, 실천적 영역을 모두 아우르는 종합적 평가의 기준이 될 수 있을 것이며, 1차 평가 후 교사의 피드백을 통해 다시 도전할 기회를 제공하여 2차 평가를 진행한다는 점에서 성장중심평가의 취지를 살릴 수 있을 것이다.

이때 교사는 학생에게 1차 평가 후 교사의 피드백을 거쳐 2차 평가 즉 '재도전의 기회'를 부여한다는 점을 명확히 안내해야 한다. 그리고 1차 평가 때 기준에 도달한 학생과 2차 평가 때 기준에 도달한 학생에게 동일한 점수를 부여할지 여부는 중학교와 고등학교의 특성, 교과의 특성에 따라 다를 수 있다. 중학교나 고등학교 절대평가 적용 과목은 두 경우에 동일한 점수를 부여할 수 있으나, 고등학교 상대평가 적용 과목은 두 경우 점수의 차등을 둘 수도 있다. 이에 대한 세부적인 사항은 동료 교사들과 충분한 논의를 거쳐 원칙을 정해야 할 것이다.

여기에서 제시한 루브릭은 하나의 예시일 따름이다. 학교 급별, 교과별 실정에 맞는 루브릭을 새롭게 개발하려는 노력이 필요하다. 교과의 특성에 따라 세부 요소는 달라질 수 있지만, 덕양중학교의 사례처럼 교사들이 집단지성을 발휘해 공동 루브릭 양식을 함께 개발하는 것도 필요하다. 그래야 학생들이 모든 교과에서 동일한 과정중심평가, 성장중심평가의 원리가 적용된다는 것을 알고, 이에 따른 학습이 이루어질 수 있다. 이러한 루브릭 개발은 교사의 평가 전문성 신장을 위한 핵심 요소라 할 수 있다.

7.
'인지적 영역'과 '정의적 영역'을 포괄하는 성장중심평가

> 인생의 가장 먼 여행은 머리에서 가슴까지의 여행이라고 합
> 니다. 냉철한 머리보다 따뜻한 가슴이 그만큼 더 어렵기 때문
> 입니다. 그러나 또 하나의 가장 먼 여행이 있습니다. 가슴에서
> 발까지의 여행입니다. 발은 실천입니다. 현장이며 숲입니다.
>
> _신영복, 『처음처럼』에서

교육의 목표는 학생의 전인적 성장이다. '전인적 성장'을 전통적인 용어로 풀어쓰면 '지知·덕德·체體의 고른 성장'이다. '지·덕·체'를 신체로 비유하자면 각각 '머리·가슴·팔다리'일 것이다. 머리만 똑똑한 인간이 아니라 마음도 따뜻한 인간, 마음이 따뜻한 만큼 팔다리를 움직일 줄 아는 인간을 전인적 인간이라고 할 수 있다.

그런데 '아는 만큼 느끼지 못하는' 사람이 적지 않다. 머리로는 이 세상에 얼마나 많은 사람이 고통을 받는지 알고 있어도, 가슴으로는 그들의 고통을 느끼지 못한다. 그래서 인생의 가장 먼 여행은 '머리에서 가슴까지의 여행'이라고 하지 않던가. 김수환 추기경은 "사랑이 머리에서

가슴으로 내려오는 데에 70년이 걸렸다"라는 고백을 남겼다. 가슴으로 느낀 것을 실천으로 옮기는 것은 더욱 어렵다. 하지만 교육은 '아는 만큼 느끼고, 느낀 만큼 실천하는 사람'을 기르는 것을 목표로 해야 한다.

이와 관련된 교육학의 용어는 '인지적 영역', '정의적 영역', '심동적 영역'이다. 이는 블룸이 '교육 목표 분류학'을 제시한 이후 Bloom, 1956, 교육을 통해 길러야 할 세부적 목표를 여러 학자가 구체화한 것이다.

교육 목표 분류학 개요

영역	개념
인지적 영역	인간의 지적 능력과 관련된 교육 목표 영역
정의적 영역	인간의 정서적·의지적 능력과 관련된 교육 목표 영역
심동적 영역	인간의 신체적 능력과 관련된 교육 목표 영역

그동안 학교교육이 강조했던 영역은 주로 인지적 영역인데, 인지적 영역 못지않게 정의적 영역도 중요하다. 학생의 정서, 태도 및 가치, 의지와 관련된 영역이 그 자체로 중요할 뿐만 아니라, 이러한 정의적 영역이 뒷받침되어야 인지적 영역도 발달할 수 있기 때문이다. 심동적 영역은 주로 체육활동에 한정되어 왔으나, 몸과 마음의 건강 역시 인간의 성장과 행복에 필수적인 요소이다.

블룸과 그의 후학들이 정리한 인지적, 정의적, 심동적 영역의 세부 영역은 다음과 같다.

교육 목표 세부 영역

영역	하위 영역	개념
인지적 영역	지식	사실이나 개념을 기억하는 능력
	이해	자료의 의미를 파악하고 해석하여 추론하는 능력
	적용	알고 있는 내용을 새로운 상황에서 활용하는 능력
	분석	구성 요소를 나누어 부분 간의 관계를 파악하는 능력
	종합	부분을 새로운 전체로 통합할 수 있는 능력
	평가	어떤 대상의 가치를 판단하는 능력
정의적 영역	감수	외부 현상이나 자극을 감지하고 수용하는 능력
	반응	외부 현상이나 자극에 적극적으로 반응하는 능력
	가치화	무엇이 가치가 있는지를 구분하는 능력
	조직화	여러 가치 사이의 관계를 파악하고 조직하는 능력
	인격화	가치를 내면화하여 성숙한 인격을 형성하는 능력
심동적 영역	반사	외부 자극에 반응하여 일어나는 무의식적인 행위
	기초기능	반사적 움직임이 결합된 기본적인 운동 기능
	지각 능력	외부 자극을 느끼고 이에 대처하는 움직임
	신체 능력	기초기능과 지각 능력이 결합된 단순한 기술
	복합기술	여러 신체 능력이 결합된 상위 기술
	신체적 의사소통	움직임을 통해 감정이나 사고를 표현하는 소통 능력

　여기서 제시된 각 영역의 하위 범주들은 위계적으로 구조화되어 있다. 예컨대 인지적 영역의 '지식'이나 '이해'와 같은 기초적 능력이 갖춰져 있어야 '분석, 종합, 평가'와 같은 고등정신기능이 발달할 수 있다. 또한 각 영역은 명확하게 구분되어 별도로 작동한다기보다는 상호작용적 관계 속에서 총체적으로 작동한다고 보는 것이 타당하다. 예를 들어 대상의 아름다움이나 가치를 느끼는 정의적 능력이 있어야 그 대상에 대

해 지적으로 탐구하고자 하는 동기가 형성될 수 있다. 또한 어떤 대상의 의미를 제대로 이해할 때 그 대상에 대한 애정도 가질 수 있다. "사랑하면 알게 되고, 알면 보이나니, 그때 보이는 것은 예전 같지 않으리라"라는 옛말은 인지적 영역과 정의적 영역의 상호작용을 잘 설명한다.

인지적 영역이나 심동적 영역에 대한 평가는 상대적으로 수월하다. 인지적 영역에 대한 평가는 전통적인 지필평가로도 어느 정도 가능하다. '지식'이나 '이해'의 영역은 선다형 문항이나 서술형 문항처럼 간단한 평가로도 어느 정도 측정할 수 있고, '분석, 종합, 평가' 등의 고등정신기능은 논술형 문항으로 측정할 수 있다. 심동적 영역은 학생들이 실제 신체적 기능을 나타내는 수행평가로 평가할 수 있다.

하지만 정의적 영역을 평가한다는 것은 매우 어렵다. 인간의 정서, 의지 등은 쉽게 확인할 수 없는 비가시적 속성을 지니고 있다. 게다가 정의적 영역은 인지적 영역과 함께 총체적으로 발휘되기 때문에 이를 분리해서 평가하기란 쉽지 않다. 따라서 전통적인 지필평가는 물론 학교 현장에서 흔히 활용하는 수행평가로도 정의적 영역을 평가하기 어렵다. 정의적 영역에 대한 전문적인 진단 도구(심리검사 등)가 존재하지만 이를 교수학습에서 일상적으로 활용하기는 어렵다.

이제 그동안 간과해 왔던 정의적 영역을 평가하려는 목적의식적인 노력을 해야 한다. 예를 들어 학생들의 정의적 영역 특성을 발휘할 수 있는 수행평가 과제를 개발하고, 수행 과정 및 결과물에 어떤 정의적 특성이 드러나는지를 관찰하여 기록하는 노력이 필요하다.

학생들의 수행평가 과정 및 결과에서 드러나는 정의적 영역 특성은 다음과 같이 유형화할 수 있다.

정의적 영역의 유형화 및 평가 방법

범주	속성	평가 방법
정서	심미적 감수성, 예술적 표현 능력 등	수행평가: 예술 감상 및 표현, 심미적 글쓰기 등
가치, 의지	바람직한 가치의 모색, 자기성찰, 실천 의지 등	수행평가: 딜레마 상황에서의 토론, 윤리적 추론이 요구되는 논술, 문제해결을 위한 실천적 프로젝트 등
학습에 대한 태도	학업에 대한 흥미, 자기주도성, 동료 학생과의 협력 등	자기평가, 동료평가, 교사의 관찰 및 기록 등

정의적 영역 가운데 가장 본질적인 범주는 정서의 측면이다. 대상의 아름다움을 느끼는 마음, 타인의 정시에 공감할 수 있는 능력 등은 인간성을 한층 높이 고양시킨다. 그러므로 풍부한 정서는 전인적 성장을 위한 교육에서 빼놓을 수 없는 영역이다. 이는 미술이나 음악 등 예술교육에만 국한된 것이 아니다. 문학작품을 주된 텍스트로 활용하는 국어교육은 물론이고 수학교육이나 과학교육에서도 수학적 질서에서 아름다움을 느낀다든가 우주의 신비에 대해 경외심을 느끼게 하는 것도 매우 중요하다. 이러한 정의적 영역에 대한 평가는 예술 감상 및 표현, 심미적 글쓰기 등 수행평가를 통해 이루어질 수 있다. 이는 블룸이 말한 정의적 영역 가운데 '감수', '반응'의 범주에 해당한다.

정서美는 곧 진리眞에 대한 탐구나 실천善의 의지와 연관된다. 타인의 고통에 깊이 공감하는 마음은 사회적 약자를 위한 실천의 의지로 연결될 수 있으며, 자연의 아름다움에 대한 심미적 감수성은 기후위기의 원인을 파악하고 이를 극복하려는 실천으로 이어질 수 있다. 이러한 가치와 의지와 관련된 영역은 블룸이 말한 정의적 영역 가운데 '가치화', '조직화', '인격화'의 범주에 해당한다.

이러한 영역을 평가하기 위해서는 한층 고도화된 수행평가가 필요하다. 학생이 다양한 가치를 탐구하고 이들 간의 관계를 조직하며 자신의 실천 의지로 내면화하는 과정을 촉진하는 과제를 제시해야 한다. 딜레마 상황에서의 토론, 윤리적 추론이 요구되는 논술, 문제해결을 위한 실천적 프로젝트 등이 이에 해당한다. 예를 들어, 콜버그Kohlberg, 1981가 제시했던 '하인츠의 딜레마'[6] 상황에 대해 윤리적 추론하기, 혹은 롤스Rawls, 1975가 제시했던 '무지의 베일' 실험[7] 속에서 분배 정의의 원리 탐구하기와 같은 수행평가가 필요하다. 이러한 수행평가에는 매우 정교하게 설계된 교수학습 속에서 학생이 자료를 수집하고 토론을 진행하고 자신의 생각을 정립하는 과정이 요구된다.

다음으로 설정할 수 있는 정의적 평가의 영역은 학생들의 학습에 대한 태도 평가이다. 이는 학생의 학습에 대한 정의적 태도, 즉 학업에 대한 흥미, 자기주도성, 동료 학생과의 협력 등에 대해 평가하는 것을 의미한다.

----

6. '하인츠의 딜레마'는 도덕발달이론을 정립한 콜버그가 제시한 예화이다. "하인츠라는 사람의 가족이 희귀병에 걸렸다. 그의 병을 고치기 위해서는 매우 비싼 값의 약이 필요하다. 하인츠는 아무리 노력을 해도 약값을 구할 수 없었다. 하인츠는 약사에게 자기 가족이 죽음의 직전에 이르렀음을 호소하며 약을 외상으로라도 달라고 요청했으나 약사는 이를 매몰차게 거절했다. 하인츠는 결국 약을 훔치고 만다." 이러한 하인츠의 행동이 정당한지에 대해 학생들에게 질문을 할 수 있다. 콜버그는 학생들의 반응을 토대로 도덕성 발달 수준을 '인습 이전의 수준', '인습 단계의 수준', '인습 이후의 수준' 등 총 6단계로 나누어 설명했다.

7. 롤스는 『정의론』에서 '무지(無知)의 베일(veil)'이라는 실험 사고를 통해 우리가 왜 사회적 약자를 배려하는 분배 원칙을 수립해야 하는지를 설명했다. 우리가 '무지의 베일'을 쓰고 베일 반대편에 있는 나의 미래의 모습을 가정할 수 없다고 가정해 보자. 이 경우 누구의 입장에서 분배의 원리를 결정하는 것이 가장 합리적이겠는가? 아마도 대부분의 사람은 사회적으로 가장 취약한 계층에 태어난 운명을 지닌 사람의 입장에서 분배의 원리를 결정하는 것이 합리적이라고 답변할 것이다. 그렇기 때문에 롤스는 '최소 수혜자에게 최대 이익이 돌아가는 사회'가 가장 합리적이면서도 정의로운 사회라고 말한다.

이는 이른바 '태도 점수'와는 완전히 의미가 다르다. 과거에 상당수의 학교에서는 '태도 점수'라는 이름으로 학생들의 수업 태도를 수행평가 점수에 반영하기도 했다. 예를 들어 교재를 준비하지 않거나 수업 태도가 좋지 않은 학생의 수행평가 점수를 감점하는 방식이다. 이는 일종의 '통제적 평가'와 같은 역할, 마치 교실에 CCTV가 달려 있어 학생들의 일거수일투족을 감시하듯 수행평가를 무기로 학생들의 일상을 통제하는 역할을 한다. 이러한 태도 점수는 오히려 교사와 학생 사이의 관계성을 훼손하고 배움의 본래적 의미를 상실하게 만드는 역할을 한다.

학습 태도에 대한 평가는 학생이 스스로 자신의 학습 과정 및 결과를 성찰하게 하여 더 성장할 수 있는 계기를 마련하는 데 의미가 있다. 교사의 입장에서는 이를 통해 학생들이 학습의 과정에서 겪는 어려움을 진단하고 이를 극복하도록 돕는 방안을 찾는 계기로 활용해야 한다. 또한 동료 학생들끼리 서로의 학습 과정에 대해 조언할 내용을 찾도록 함으로써 학생 간의 협력을 통한 공동 성장을 유도할 수 있다. 이러한 평가에는 자기평가, 동료평가가 주로 활용된다. 이에 대해서는 다음 장에서 자세히 다루겠다.

이상에서 언급한 정의적 영역 평가의 결과는 점수로 산출할 수도 있고 그렇지 않을 수도 있다. 정의적 영역의 경우 수치로 정량화할 수 있는 영역이 한정되어 있기 때문이다. 그래서 현재 중고등학교 학교생활기록부에서도 정의적 영역의 비중이 큰 체육·예술교과는 원점수를 입력하지 않고 성취도(A, B, C)만 입력하게 되어 있다. 체육·예술교과 이외에는 정의적 영역 평가의 결과를 점수화할 수도 있으나, 점수로 나타내기 어려운 경우에는 '세부능력 및 특기사항' 입력에 반영하는 것이 바람직하다. 정의적 영역 평가는 본질적으로 볼 때 양적 평가가 아닌 질적 평가에 가깝기 때문이다.

정의적 영역의 평가는 그동안 학교현장에서 흔히 간과되었던 영역이다. 그러나 정의적 영역은 인지적 영역 못지않게 학생들의 전인적 성장을 위해 반드시 필요한 교육적 영역이다. 평가에서도 '학생들이 어느 정도 아느냐' 못지않게 '학생들이 어느 정도 느끼고 실천하고자 하느냐'를 확인하는 것이 필요하다. 물론 정의적 영역은 비가시적인 속성을 지니고 있어서 이를 명확히 측정하는 게 쉽지 않다. 하지만 기존의 논술형 평가나 수행평가를 통해서도 이러한 정의적 영역을 반영하는 게 어느 정도 가능하다. 향후에는 이를 위한 목적의식적인 노력이 한층 확대되어야 할 것이다.

8.
'자기평가'와 '동료평가'가 결합된 성장중심평가

君子 不鏡於水 鏡於人

군자는 물을 거울로 삼지 않고 다른 사람을 거울로 삼는다.

鏡於水 見面之容

물을 거울로 삼으면 자신의 겉모습이나 볼 수 있지만

鏡於人 則知吉凶

다른 사람을 거울로 삼으면 자신의 장단점을 제대로 볼 수 있다.

_묵자(墨子)

　일반적으로 교사는 평가의 주체이고 학생은 평가의 대상이다. 그러나 학생도 평가의 주체가 될 수도 있다. 나 자신을 내가 평가하는 것이 '자기평가'이고 동료가 동료를 평가하는 것이 '동료평가'이다. 자기평가와 동료평가는 학생이 자기주도성을 발휘하도록 하여 교육의 주체로 성장시키는 데 중요한 역할을 할 수 있다. 최근에는 자기평가와 동료평가에 대한 관심과 실천이 확대되고 있다.

　자기평가는 말 그대로 학생이 평가의 주체가 되어 스스로 자기를 평가하는 것이다. 자기평가의 목적은 점수 산출이 아니라 '자기성찰'이다. 자기평가를 통해 학생이 평가의 주체가 되도록 함으로써, 학습 과정 및 결과를 성찰하여 장단점을 확인하게 할 수 있다. 이를 통해 학습에 더욱 적극적으로 참여하도록 유도할 수 있으며, 인지적 영역뿐만 아니라 동기와 태도 등 정의적 영역을 통합적으로 평가할 수 있다. 자기평가는 학생 중심의 교육과정 운영과 자기주도적 학습에 중요한 역할을 할 수 있다.

자기평가의 영역은 인지적 영역과 정의적 영역으로 나누어 볼 수 있다. 인지적 영역의 자기평가는 어떤 과제를 해결하는 과정에서 자신이 무엇을 제대로 알고 무엇을 모르는지, 과제를 정확히 파악하고 이를 해결하는 방법을 찾았는지, 앞으로 무엇을 보완해야 하는지 등을 스스로 확인하도록 하는 것이다.

이 과정에서 이른바 '메타인지meta-cognition'가 활성화될 수 있다. '메타인지' 혹은 '초인지'는 '인지에 대한 인지', 즉 자신의 사고 과정을 스스로 점검하여 더 발전된 사고 능력을 촉진하는 인식 과정을 의미한다. 메타인지가 활성화된 학생은 자신의 실수나 오개념을 스스로 확인할 수 있으며, 유사한 상황에 부딪혔을 때 과거의 경험을 토대로 이를 해결할 수 있는 능력을 발휘할 수 있다.

메타인지가 활성화되기 위해서는 자신의 사고 과정을 겉으로 드러내는 과정이 필요하다. 그래야 자신의 사고 과정을 객관적으로 바라보고 이를 교정하여 발전시킬 수 있다. '자신의 생각을 소리 내어 말하기think aloud', '자신의 생각을 글로 작성하기', '자신의 생각을 체크리스트로 확인하기' 등과 같은 기법이 여기에 활용된다. 다음과 같은 도구가 메타인지를 활성화하는 자기평가에 활용될 수 있다. 첫 번째 도구는 체크리스트를 활용한 자기평가지, 두 번째 도구는 KWL 전략을 활용한 서술식 자기평가지이다.

인지적 영역의 자기평가지(체크리스트형)

	그렇다	보통이다	미흡하다
나는 이 과제가 의도하는 바를 잘 이해하였다.			
나는 이 과제를 수행하는 계획을 잘 수립하였다.			
나는 이 과제를 수행하는 데 필요한 자료를 잘 수집했다.			
나는 이 과제를 수행하면서 수업 시간에 배운 지식을 잘 적용했다.			
최종적으로 완성한 결과물은 선생님이 제시한 조건을 잘 충족하였다.			

인지적 영역의 자기평가지(서술형)

범주	평가 항목	나의 평가
Know	이 과제에 대해 내가 이미 알고 있었던 것은?	
Learned	이 과제를 수행하면서 내가 새롭게 배운 것은?	
Want to Know	이 과제와 관련하여 더 배우고 싶은 것은?	

　자기평가에서 정의적 영역도 매우 중요하다. 정의적 영역의 자기평가는 학생의 학습에 대한 흥미, 태도, 참여도 등을 스스로 점검하도록 하는 것도 중요하지만, 그 과정을 통해 스스로 무엇을 배웠고 어떤 면에서 성장했는지를 성찰하도록 하는 것이 더욱 중요하다.

　정의적 영역의 자기평가는 그 특성상 체크리스트 방식으로는 적합하지 않고 서술형으로 하는 것이 타당하다. 서술형 문항은 교사가 과제의 성격에 따라 직접 개발해야 하는데, 필요에 따라 구조화된 문항 혹은 비구조화된 문항으로 구성할 수 있다.

정의적 영역의 자기평가지(구조화된 문항)

범주	문항	나의 평가
흥미	이 과제는 어떤 점이 흥미로웠나요?	
가치	이 과제를 통해 새롭게 깨달은 점은 무엇인가요?	
관계	이 과제를 통해 동료 학생들과 어떤 관계가 형성됐나요?	
성장	이 과제를 통해 어떤 변화와 성장이 이루어졌나요?	

정의적 영역의 자기평가지(비구조화된 문항)

한 학기 동안의 수업 내용 중 가장 기억에 남는 내용을 적고, 그것이 여러분의 생각과 태도 변화에 어떤 영향을 주었는지 적어 보세요.

정의적 영역의 자기평가는 학생이 스스로 자신의 학습 과정 및 결과를 성찰하는 데 목적을 두어야 한다. 교사는 학생의 자기평가 내용을 통해 학생의 성장 결과를 확인할 수 있다. 학생의 자기평가 내용은 학교생활기록부의 '세부능력 및 특기사항' 기록에 반영할 수도 있다. 그러나 이를 너무 강조하면 학생들의 자기평가에 진정성이 훼손될 수 있으므로 참고 자료로만 활용하는 것이 바람직하다. 또한 학생의 자기평가는 곧 교사의 자기평가로 연결될 수 있다. 학생의 자기평가 내용을 통해 교사는 자신 운영한 교육과정이 목표에 도달했는지, 어느 부분이 부족하고 어느 부분에 성과가 있는지를 확인하고 향후 교육과정 및 교수학습 개선에 활용할 수 있다.

학생의 자기평가 못지않게 동료평가 역시 중요하다. 동료평가는 말 그대로 동료 학생이 서로를 평가하는 방법이다. 그런데 동료평가를 동료 학생이 점수를 부여하는 것으로 오해해서는 곤란하다. 과거 일부 학교에서는 동료평가의 결과를 실제 점수로 부여하기도 했으나, 이는 평가의 신뢰도를 떨어뜨릴 뿐만 아니라 학생 사이에 심각한 갈등을 유발할 수 있기에 매우 위험하다.

모둠 활동 평가도 마찬가지다. 수행평가에 흔히 모둠 활동이 포함되는데, 모둠 활동 과정 및 결과를 모두 점수화하는 경우가 많다. 하지만 모둠 활동 과정을 점수에 반영하면, 이른바 '무임승차' 논란이 끊임없이 발생하고 학생들 사이에 갈등과 반복이 발생할 우려가 크다. 그렇다고 하여 학생들 사이에 협력적 문제해결 능력이 발휘될 수 있는 모둠 활동 자체를 진행하지 않을 수도 없다. 따라서 모둠 활동은 활동대로 활발하게 진행하되, 교사의 피드백, 학생들의 동료평가를 통해 모든 학생이 적극적으로 참여하도록 독려하고 그 과정을 점수화하는 것은 바람직하지 않다. 다만 모둠 활동이 끝난 후 이를 바탕으로 학생들이 개별적으로 산출물을 도출하도록 하여, 그 결과물에 대한 평가만 점수화하는 것이 바람직하다.

자기평가를 '자기성찰'로 달리 표현할 수 있다면 동료평가는 '동료의 조언'으로도 표현할 수 있다. 동료평가의 가장 큰 목적은 함께 학습과제를 수행한 동료가 학생의 눈높이에서 서로의 장단점을 발견하고 이에 대한 격려와 조언을 해 주는 것이다. 모둠별 협력학습이 동료의 눈높이에서 서로 도움을 주고받는 장점이 있듯이, 동료평가 역시 동료의 눈높이에서 서로의 장단점을 확인하고 모두의 성과를 함께 공유하는 장점이 있다. 더욱이 교사 한 명이 모든 학생에게 피드백을 충분히 제공하기 어려운 상황에서는 동료평가로도 어느 정도 피드백 효과를 거둘 수 있다.

동료평가는 또한 자기평가에 필요한 메타인지 전략을 기르는 효과를 거둘 수 있다. 예컨대, 교사가 제공한 체크리스트에 따라 동료의 과제물에 대한 의견을 제시하다 보면, 자신의 과제물을 객관적으로 바라볼 수 있는 안목까지 기를 수 있게 된다. 이렇게 동료평가는 교사의 단독 평가에서 하기 힘든 학생의 능동적인 참여를 이끌어 낼 수 있고, 학생들의 상호작용과 피드백을 통해 문제해결 능력을 높이며, 궁극적으로 자기 자신을 성찰하는 데에도 도움을 줄 수 있다.

동료평가 역시 인지적 영역의 평가와 정의적 영역의 평가로 나누어 볼 수 있다. 인지적 영역의 동료평가는 교사가 제시한 체크리스트에 따

인지적 영역의 동료평가지(체크리스트형)

영역	항목	평가	
		우수	미흡
내용	전달하고자 하는 주제가 명확하다.		
	주제와 관련된 자료가 적절하게 선정되었다.		
구성	주장과 근거가 논리적으로 연결되었다.		
	어법에 맞는 자연스러운 문장을 구사했다.		
종합 의견	잘된 점:		
	보완할 점 :		

라 동료 학생의 과제물을 서로 점검해 보는 방식으로 진행될 수 있다. 예를 들어 동료 학생이 작성한 보고서에 대해 표와 같은 점검을 진행할 수 있다.

정의적 영역의 동료평가로는 주로 동료 학생들이 참여도나 태도에 대한 평가가 이루어질 수 있다. 모둠별로 학습을 수행하는 과정에서 함께 모둠 활동을 수행한 동료들에 대한 평가가 이루어질 수도 있고, 토의·토론 학습에서 상대방 모둠에 대한 평가가 이루어질 수도 있다.

이때 자칫 학생들의 태도에 대해 서로 지적을 하며 갈등을 유발할 수도 있다. 따라서 다음과 같은 동료평가지는 지양해야 할 방식이다.

바람직하지 않은 동료평가(예시)

항목	학생 이름
1. 모둠 토론에서 소극적으로 참여한 학생은?	
2. 모둠 토론에서 가장 적극적으로 참여한 학생은?	
3. 모둠 토론에서 조원의 의견을 경청하지 않고, 자신의 주장만 내세운 학생은?	
4. 모둠 토론에서 조원들의 의견을 경청하고, 토론의 진행을 원활하게 한 사람은?	
5. 모둠 토론에서 적절한 근거를 들지 않고 비합리적인 의견을 제시한 사람은?	
6. 모둠 토론에서 적절한 근거를 들어 자신의 의견을 합리적으로 제시한 사람은?	

동료평가, 특히 정의적 영역의 동료평가는 서로를 격려하고 응원하는 데 목적을 두어야 한다. 나아가 학습 과정에서 서로에게 배운 점을 확인하도록 하는 것이 바람직하다. 동료평가는 상대방에 대한 평가이기도 하지만, 궁극적으로는 타인이라는 거울을 통해 비추어 본 자기평가로

나아가야 한다.

정의적 영역의 동료평가지

※ 여러분은 상대방 모둠 학생들과 치열한 찬반 토론을 진행했습니다. 이제는 상대방 모둠을 통해 배운 점을 확인해 봅시다.	
1. 상대방 모둠 중에서 자신의 의견을 타당한 근거를 들어 조리 있게 제시한 학생은 누구입니까?	
1-1. 그 학생의 의견은 여러분의 생각을 발전시키는 데 어떤 도움을 주었습니까?	
2. 상대방 모둠 중 토론의 예절을 가장 잘 갖춘 학생은 누구입니까?	
2-2. 그 학생의 태도는 어떤 점에서 본받을 만합니까?	
3. 상대방 모둠에 대한 칭찬과 격려를 적어 봅시다.	
4. 이번 토론활동을 통해 여러분이 배운 점을 적어 봅시다.	

　자기평가와 동료평가는 평가의 지평을 새롭게 확장하는 데 도움을 준다. 교사뿐만 아니라 학생이 평가의 주체가 됨으로써 학생들의 자기주도적 학습을 도울 수 있다. 나아가 평가에 대한 인식을 바꿀 수 있다. 평가 그 자체가 학습의 과정이 되어 자신을 성찰하고 타인에게 긍정적인 영향을 줄 수 있다. 특히 타인이라는 거울을 통해 자신을 비추어 봄으로써 자신의 진면목을 바라볼 수 있게 된다. 그렇기에 자기평가와 동료평가는 성장중심평가에서 빼놓을 수 없는 중요한 영역이다.

9.
성장중심평가에서
피드백의 유형과 방법

1) 피드백의 개념과 필요성

피드백feedback은 'feed(먹이다)'와 'back(뒤)'의 합성어로 쉽게 풀어쓰면 '되먹이다'라는 의미를 지닌다. 'feed'는 마치 어머니가 갓난아이의 성장을 위해 모유를 먹이는 것처럼 타인에게 유익한 것을 제공하는 것이고, 'back'은 자신의 경험을 뒤돌아보는 것이다. 이처럼 피드백은 학생이 자신의 학습 경험을 뒤돌아보게 하여 성장할 기회를 제공하는 것이다. 피드백은 또한 '되새김질하며 먹다'의 의미를 지닌다. 소가 자신이 먹은 풀을 위에서 다시 한번 되새김질한 후 이를 소화하듯, 학생들 역시 자신이 학습한 내용을 스스로 되돌아보며 성찰을 하는 기회가 있어야 이를 완전히 소화할 수 있다.

이와 같은 피드백은 성장중심평가에서 빼놓을 수 없는 핵심적인 요소가 된다. 일회적인 평가 후 점수만 부여하는 것으로는 학생의 성장이 이루어지기 어렵다. 평가의 과정에서 교사가 관찰한 내용을 학생들에게 적절히 알려 주어 학생이 자신의 경험을 되돌아보고 성장할 기회를 친절히 제공해야 한다. 학생들 역시 교사의 피드백을 통해 자신을 성찰하고 스스로 학습한 내용을 내면화해야 한다.

많은 교사가 피드백의 중요성을 알면서도 이를 실천하는 데에는 많은 어려움을 겪고 있다. 수많은 학생을 대상으로 하는 학교에서 학생 한 명 한 명의 수행과제 결과에 대해 간단한 코멘트를 달아 주는 것도 쉽지 않다. 또한 학생의 성장에 도움이 되는 피드백 방식이 구체적으로 무엇인지 배울 기회가 전혀 없었던 교사도 적지 않다.

어느 중학교에서 있었던 일이다. 국어 수행평가로 '자서전 쓰기'를 진행했다. 국어 담당 김 교사(가명)는 자서전 쓰기에 필요한 원리와 절차를 친절히 안내했다. 모범이 될 만한 자서전을 함께 읽고 비평 활동도 진행했고, 학생들이 수업 시간에 자서전을 쓸 수 있는 충분한 시간도 제공했다.

평소 국어를 좋아했던 소희(가명)는 자신의 어려웠던 가정환경과 친구들과의 갈등을 진술하게 자서전에 담아냈다. 누구에게도 말하지 못했던 자신의 속마음을 김 교사를 믿고 솔직하게 털어놓은 것이다. 김 교사는 소희의 글을 읽고 피드백을 적어 돌려줬다. 김 교사의 피드백은 'A'가 전부였다. 소희는 훗날 "'A'만 달랑 적혀 있는 것을 보고 상처를 받았어요. 앞으로는 국어 수업에 열심히 참여하지 않을래요"라고 회상했다.

김 교사도 나름대로 최선을 다했다. 교사 입장에서는 품이 많이 드는 수행평가를 계획했고, 학생들이 목표에 도달하도록 수업을 진행했고, 학생들의 자서전을 모두 꼼꼼하게 읽었으며, 평가기준에 의해 타당한 점수를 부여했다. 그런데 소희는 왜 상처를 받고 국어 수업에 대한 흥미를 잃게 되었을까?

학생들은 누구나 자신의 학습 과정이나 결과물에 대해 교사가 어떻게 생각하는지 궁금해한다. 특히 최선을 다해 노력한 결과에 대해 교사가 긍정적으로 인정해 주기를 기대한다. 그런데 기대했던 것과는 달리 교사의 반응이 아예 없거나 메마른 점수뿐이라면 학생들은 당연히 실망하거나 심지어 상처를 받기도 한다.

프레이와 피셔Frey & Fisher, 2011는 교사의 반응이 학생에게 도움이 되는 '피드백feedback'이 아니라 오히려 해가 되는 '피드배드feedbad'가 되기도 한다고 경고했다. 김 교사가 나름대로 열심히 평가를 해서 부여한 등급인 'A'는 소희에게 피드배드가 되었던 것이다.

학생들은 특히 교사의 '정서적 반응'을 기대한다. 소희가 원했던 것은 'A'라는 점수보다 '교사의 따뜻한 공감과 위로'였을 것이다. 따라서 피드백은 학습 과정 및 결과에 대한 정보뿐만 아니라 공감과 지지, 격려와 같은 정서적인 요소를 포함해야 한다. 이러한 정서적 요소가 배제된 점수나 등급은 메마른 정보에 불과하다.

이 사례는 단지 김 교사만의 이야기는 아닐 것이다. 우리나라의 평가 문화에서는 교사가 학생의 수행평가 결과물을 읽고 평가기준을 맞춰 등급이나 점수를 주는 것이 일반적인 관행이다. 하지만 피드백은 단순히 학생의 학습활동 결과에 대해 점수나 등급을 매기는 것이 아니다. 피드백의 본질은 학생의 학습 과정이나 결과에 대해 교사와 학생 사이에 이루어지는 '의사소통'이다. 중등학교에서 흔히 쓰는 'A, B…', 초등학교에서 흔히 쓰는 '잘함, 보통, 노력 요함' 등은 '판단'이지 '소통'으로 보기 어렵다. 또한 학생의 학습활동 결과에 대해 서술식으로 의견을 적어 주더라도, 학생의 잘못을 지적하거나 수정하도록 하는 것으로 끝난다면 이

또한 피드백이라고 보기 어렵다. 피드백이란 마치 교사가 학생의 고민을 상담해 주듯, 학습 과정이나 결과에 대해 이야기를 나누며 학생이 자신의 학습활동을 적극적으로 개선하도록 유도하는 것이다.

피드백에서 가장 중요한 것은 "아, 선생님은 나를 위한 계획이 다 있으시구나"라는 든든한 신뢰감, "나에게는 언제든지 기꺼이 도움을 주시는 선생님이 계시는구나"라는 '교사 실재감'이다. 이러한 믿음이 있을 때 피드백을 통한 사제 간의 따뜻한 동행이 이루어질 수 있다.

2) 효과적인 피드백을 위한 세 가지 질문

해티와 팀펄리Hattie & Timperley, 2007는 효과적인 피드백을 위해서는 "나는 어디로 가는가?"feed up, "내가 어떻게 하고 있는가?"feed back, "다음은 어디로 가야 하는가?"feed forward와 같은 질문이 필요하다고 보았다. 이를 교수학습의 장면에서 교사가 던져야 할 질문으로 바꾸어 보면 다음과 같다.

첫째, 학생이 도달해야 할 목표가 무엇인가?
둘째, 학생의 현재 수준은 어느 정도인가?
셋째, 학생의 현재 수준과 도달할 목표 사이를 줄이기 위해 어떻게 해야 하는가?

우선 학생이 도달해야 할 목표가 어디인지 교사가 명확히 정해야 한다. 목표가 없는 수업과 평가의 대표적인 예가 무작정 교과서 진도를 나가고 이를 시험 범위로 정해 지필평가를 치르는 경우이다. 이를 극복하기 위해서는 교사가 성취기준을 참고로 하여 수업과 평가의 목표를 정하는 것이 중요하다. "학생들이 무엇을 알아야 하는가?(지식), 무엇을 할 수 있어야 하는가?(기능), 어떤 존재가 되어야 하는가?(태도 및 가치)"에 대한 명료한 답변을 교사가 스스로 마련해야 한다.

목표가 명료해지면 학생들에게 어떤 피드백이 필요한지 정하는 데 도움이 된다. 예를 들어 체육 교과에서 어떤 기능을 익히는 것이 목표라면 글이나 말로 하는 피드백보다는 실제 동작을 하도록 하고 자세를 수정해 주는 피드백이 적합할 것이다. 영어 교과에서 어떤 주제에 대해 작문을 하는 것이 목표라면 학생의 영작문에 대해 교사가 첨삭해 주는 것이 적절한 피드백일 수 있다. 수학 교과에서 어떤 개념을 학생이 이해하는 것이 목표라면 그 개념에 대해 교사와 학생과 대화하면서 학생이 그 원리를 스스로 깨닫는 기회를 제공하는 것이 적절한 피드백일 것이다.

학생이 도달해야 할 목표를 명확히 설정하면, 여유로운 분위기에서 교수학습과 피드백이 이루어질 수 있다. 이는 마치 목적지와 경로를 정확하게 알고 있는 운전사의 차를 탄 것과 같은 신뢰감과 안전감 속에 주변의 아름다운 경치를 즐길 수 있는 것과 같다. 이런 상황에서 피드백은 더 큰 교육적 효과를 거둘 수 있을 것이다.

둘째, 피드백을 받을 학생의 수준이 어느 정도인가 파악해야 한다. 이미 습득해야 했을 지식과 기능 중에 여전히 도달하지 못한 지점이 무엇인지를 파악해야 한다. 이를 위해서 적절한 진단평가나 형성평가를 시행해야 한다. 진단평가는 학생들에게 부담이 없는 방식으로 진행하는 것이 바람직하다.

이때 중요한 것은 학생들이 자신이 모르는 것을 모른다고 솔직하게 표현할 수 있는 분위기를 형성하는 것이다. 우리나라의 수업문화에서는 학생이 자신이 잘 모른다는 것을 표현하는 게 쉽지 않다. 따라서 학생이 자신이 모르는 것을 표현할 때 편안하고 안전하게 여기는 분위기를 만들어야 한다. 모르는 것을 모른다고 표현하는 게 부끄러운 일이 아니라 배움의 출발점이라는 사실을 학생들에게 인식시켜야 한다.

그럼에도 불구하고 자신이 학습 수준을 표현하는 것을 어려워하는 학생들을 위해 다양한 기법을 사용하는 것도 필요하다. 예를 들면, 다양한 게임 기법을 활용한 진단평가(○× 퀴즈, 골든벨 퀴즈 등)를 시행할 수도 있다. 또한 형성평가 과정에서 작성한 수행평가 과제나 서술형·논술형 답안을 통해 학생의 이해 수준을 파악할 수 있다. 학생들의 글을 읽어 보면 용어를 제대로 알지 못하거나 오개념을 지닌 경우가 적지 않다. 이런 부분을 발견하고 학생의 이해 수준을 파악하는 것은 효과적인 피드백을 제공하는 데 도움이 된다.

셋째, 학생의 현재 수준과 도달해야 할 목표 사이를 줄여야 한다. 클라크Clarke, 2003는 학생이 목표에 도달하도록 안내하는 방법으로 세 가지를 제안했다. 첫 번째 단계는 학생이 목표를 다시 확인할 수 있도록 하는 '상기'이다. 학생들은 종종 학습 과정에서 목표를 잃어버리고 엉뚱한 방향으로 나가거나, 최종 결과물에 반드시 필요한 요소를 누락시키는 경우가 있다. 이럴 때는 목표가 무엇이고, 해야 할 과제가 무엇이며, 그 과제에는 어떤 요소가 포함되어야 하는지를 다시 상기시키는 것이 중요하다.

두 번째 단계는 목표 도달에 필요한 '도움이나 힌트를 제공'하는 것이다. 예를 들어, 수학 문제를 풀 때 학생들이 문제해결 방법을 찾지 못하는 경우가 흔히 있다. 이럴 때는 학생이 잊어버린 개념이나 사용하지 못하고 있는 원리들이 무엇인지 힌트를 제공하여, 학생이 "아하! 그 방법을 사용해야 하는구나!"라고 떠올릴 수 있도록 해야 한다.

마지막 단계는 교사가 학생에게 '예시를 제시'하고, 학생들이 예시를 참고하여 스스로 과제를 해결할 수 있도록 것이다. 두 번째 단계인 도움이나 힌트 제공만으로 목표 도달에 어려움이 있으리라고 판단되는 경우, 학생들이 최종적으로 산출해야 할 결과물과 유사한, 하지만 이보나는 조금 낮은 수준의 예시를 알려 주는 것이 효과적이다. 이를 바탕으로 학생이 예시보다 더 훌륭한 성과물을 산출하도록 하는 것이 도움이 된다.

이 세 가지는 학생이 학습 수준 도달 정도에 따라 단계별 전략으로 접근하는 것이 좋다. 또는 교과의 성격이나 학생의 성향에 따라 어떤 방법이 좋을지 교사가 전략적으로 선택하는 것이 필요하다.

효과적인 피드백 전략(예시)

목표를 상기시키기	도움이나 힌트 제공하기	예시 들기 시범 보이기
- 우리가 하고 있는 것은 ○○○이에요. 이 목표를 잊은 것은 아니지요? - 이 과제를 하기 위해 ○○○을 이용하라는 선생님 이야기 기억나지요?	- 이 문단의 핵심어를 먼저 찾아볼까요? 그러면 이 문단을 해석하는 데 도움이 될 거예요. - 이미 알고 있는 근의 공식을 먼저 적어 볼까요? 그럼 이차방정식을 푸는 데 도움이 될 것 같아요.	- 그림에 명암을 나타내려면 이렇게 선을 긋는 게 좋아요. 선생님이 여기까지 해 볼 테니, 나머지를 완성해 볼까요? - 이렇게 연주하면 이 곡의 느낌이 더 살아나지요? 이보다 더 멋지게 연주해 봐요.

이러한 과정은 어린아이에게 자전거 타기를 가르쳐 주는 것에 비유할 수 있다. 최종 목표는 아이가 스스로 두발자전거를 타는 것이다. 이 목표를 아이의 상황과 수준에 맞게 단계별로 나눠야 한다. 만약 아이가 자전거를 한 번도 타보지 않은 상태라면 처음부터 두발자전거를 타도록 하기보다는 보조바퀴를 달고 타도록 해야 한다. 아이가 보조바퀴 달린 자전거 운전에 익숙해져 다음 단계로 넘어갈 수 있는 수준이라고 판단되면, 보조 바퀴를 제거하고 뒤에서 균형을 잡아 주는 단계로 나아가야 한다. 그러다 서서히 균형 잡아 주는 힘을 줄이다가, 아이가 혼자서도 탈 수 있는 수준이라고 판단하면 균형 잡아 주는 것도 멈춰야 한다.

이 과정에서 혼자서도 멋지게 두발자전거를 탈 수 있게 된다는 목표를 끊임없이 상기시키는 것이 아이의 의욕을 북돋을 수 있다. 아직 실력이 서툰 단계에서는 뒤에서 균형을 잡아 주는 도움도 제공해야 하고, 자꾸 한쪽으로 넘어지려고 할 때 핸들을 반대로 돌려야 한다는 힌트도 주어야 한다. 때로는 능숙한 시범을 보여야 하고, 작은 단계를 하나하나 넘어갈 때마다 그 과정을 잘 마무리한 것에 대한 칭찬과 격려도 아끼지 말아야 한다. 이러한 과정을 통해 어려움을 어떻게 이겨 나갔는지 되돌아보고 다른 문제도 해결해 나갈 수 있다는 자신감을 주는 것이 좋은 피드백이다. 이처럼 학생이 도달해야 할 목표를 명확하게 제시하고, 현재 수준을 파악하며, 이에 적절한 방법의 피드백을 제공해야 한다.

3) 피드백의 유형

피드백의 유형과 기능은 매우 다양하다. 언제 하느냐, 누구를 대상으로하느냐, 무엇을 목적으로 하느냐, 학습 과정 중 무엇에 초점을 두느냐, 어떤 효과를 거두고자 하느냐에 따라 학자마다 서로 다른 유형을 제시하고 있다. 여기서는 피드백의 수단에 따른 유형(구두 피드백, 글 피드백, 시연 피드백), 피드백의 대상에 따른 유형(집단적 피드백, 개별적 피드백), 피드백의 기능에 따른 유형(교정적 피드백, 조언적 피드백)을 제시하고, 이의 효과적인 활용 방법에 대해 언급하고자 한다.[8]

교사들은 일상적으로 알게 모르게 다양한 피드백을 활용하고 있다. 하지만 방금 자신이 했던 말 한마디가 피드백인지를 의식하지 못하는 경우도 흔히 있다. 따라서 이러한 유형을 알아두는 것은 향후 좀 더 목적의식적이고 긍정적인 방향으로 피드백을 활용하는 데 도움이 될 것이다.

가. 피드백의 수단: 구두 피드백, 글 피드백, 시연 피드백

교사들이 가장 일상적으로 활용하는 피드백은 '말로 하는 피드백'인 구두 피드백이다. 구두 피드백은 학생들의 학습활동의 과정에서 자연스럽게 이루어질 수도 있고, 수행평가나 지필평가 결과에 대해 의도적으로 이루어질 수도 있다. 구두 피드백은 칭찬, 격려, 조언, 정보 제공, 교정, 독려, 지시 등 다양한 기능을 할 수 있다. 구두 피드백보다 더 단순

---

8. 여기서 제시한 피드백의 유형은 Frey & Fisher(2011), McMillan(2014), 김선·반재천 (2020) 등을 참고로 하여, 우리나라 교육현장의 실정에 맞게 필자가 정리한 것이다.

한 형태로는 비언어적 피드백이 있다. 눈빛으로 무언의 관심을 표현하거나 고개를 끄덕여 긍정의 뜻을 전달하거나 손가락 모양으로 격려하는 것이 비언어적 피드백이다.

구두 피드백의 장점은 즉시성, 용이성, 관계성 등이다. 교수학습의 과정에서 필요할 때마다 교사가 바로 손쉽게 피드백을 줄 수 있다. 또한 교사의 말 한마디로 학생들에게 정서적 교감을 전달할 수 있으며, '선생님이 늘 우리에게 말을 건넨다'는 느낌을 바탕으로 교사와 학생 사이에 긍정적인 관계성을 형성할 수 있다. 그렇기 때문에 피드백의 중요성을 잘 알고 있지만 구체적인 방법론에 어려움을 겪는 교사라면 구두 피드백부터 시도하려 노력해야 한다.

글 피드백은 학생들의 학습활동 과정이나 결과물에 대해 문장으로 기록을 하는 공식적 피드백이다. 구두 피드백은 학생과 직접적인 의사소통을 통해 정서적 공감대를 형성할 수 있다는 장점이 있지만, 구술언어의 특징상 일회적일 수밖에 없다. 글 피드백은 구두 피드백에 비해 즉시성이나 관계성은 떨어지지만, 지속성과 공식성이라는 장점이 있다. 또한 글 피드백의 경우 학생이 언제든지 교사의 기록을 다시 확인할 수 있는 장점도 있다.

글 피드백의 형태도 다양하다. 학생들이 작성한 학습활동지나 노트에 교사가 두세 줄 정도의 간단한 댓글을 남길 수도 있다. 최근 학교현장에서 활발히 활용되고 있는 다양한 온라인 플랫폼에 학생들이 학습 결과를 탑재하고 교사가 이를 확인한 후 피드백을 남길 수도 있다. 혹은 학생들이 작성한 서술형·논술형 답안을 대상으로 교사가 채점 기준표를 활용해 장단점을 분석하고 그 결과를 상세히 적어줄 수도 있다. 학기 말에 한 학기 동안 학생들이 진행했던 학습활동의 과정 및 결과에 대한 총괄적인 의견을 학교생활기록부 '과목별 세부능력 및 특기사항'에 입력하는 것도 글 피드백이라고 할 수 있다. 이처럼 글 피드백은 평가의 시기와 목적, 유형에 따라 다양한 방식으로 적용될 수 있다. 글 피드백은 구두 피드백에 비해 더 많은 시간과 노력, 전문성이 요구된다.

시연 피드백은 교사나 학생이 직접 어떤 기능을 발휘하는 장면을 보여 주는 방식의 피드백이다. 이는 운동의 동작을 익히거나 악기를 연주하는 기능을 배우는 예술·체육 교과에서 주로 사용된다. 시연 피드백은 교사가 직접 보여 줄 수도 있고 이미 능숙한 기량을 가진 학생이 보여 줄 수도 있다.

시연 피드백은 보통 올바른 기능이나 모범적인 사례를 시범적으로 보여 주는 방식으로 이루어지지만, 잘못 수행된 기능이나 문제가 있는 장면을 직접 재현하는 방식도 효과적이다. 그래야 학생들이 흔히 범할 수 있는 오류를 바로잡을 수 있다. 하지만 잘못된 기능에 대한 교정은 교사가 직접 시연을 하는 방식으로 이루어져야 한다. 아직 기능이 능숙하지 않은 학생의 시연을 공개하는 것은 그 학생에게 심리적 상처를 줄 수 있기 때문이다. 또한 능숙한 기량의 학생이 시연할 경우에도, 학생들 사이에 비교나 경쟁이 일어나지 않도록 교사가 적절한 분위기를 만드는 것이 필요하다.

나. 피드백의 시기: 과정 피드백, 결과 피드백

피드백은 그 시기에 따라 과정 피드백과 결과 피드백으로 나눌 수 있다. 과정 피드백은 교수학습의 과정에서 이루어지는 피드백이고, 결과 피드백은 수행평가 결과물이나 논술형 평가 답안 등에 대해 주어지는 피드백이다.

피드백에 대해 어느 정도 관심이 있는 교사들도 대체로 과정 피드백보다는 결과 피드백을 주로 해 왔다. 학생들이 제출한 수행평가 결과물에 대해 두세 줄 정도 장단점이나 교사의 소감을 적어주는 것, 한 학기 동안 학생들의 학습활동에 대해 총괄적으로 '과목별 세부능력 및 특기사항'에 입력하는 것 등이 대표적인 결과 피드백이다.

하지만 결과 피드백은 학생들이 최종적으로 도달한 결과에 대해 교사가 정성적으로 평가해 주는 것일 뿐, 학생들의 성장을 실질적으로 돕기 위해서는 과정 피드백이 필요하다. 과정 피드백은 앞에서 언급했듯이 '최종적인 목표를 상기'시키고, 학생들이 더 잘 할 수 있도록 적절한 '도움이나 힌트를 제공'하거나 '예시나 시범을 제공'하는 방식으로 이루어져야 한다. 이러한 과정 피드백을 통해 학생들이 목표를 명확히 하고, 자신의 장단점을 분석하며, 재도전의 기회를 얻어 더욱 성장할 수 있게 된다.

이러한 과정 피드백이 이루어지려면 교사가 학생들의 학습 과정을 꼼꼼히 관찰할 수 있는 시간적 여건이 마련되어야 한다. 진도 나가기에 쫓기면 과정 피드백이 실질적으로 이루어질 수 없다. 따라서 학습의 분량과 난도를 적절히 조정하는 교육과정 재구성이 선행되어야 과정 피드백이 이루어질 수 있다. 또한 교사가 피드백의 중요성과 방법을 충분히 내면화하고 있어야 과정 피드백이 제대로 이루어질 수 있다. 그렇기 때문에 아직 피드백에 익숙하지 않은 교사라면 우선 결과 피드백을 충실히 한 후 그 역량을 과정 피드백으로 확장시키는 것이 수월한 방법이다.

다. 피드백의 대상: 집단 피드백, 개별 피드백

피드백은 그 대상에 따라 집단 피드백과 개별 피드백으로 나눌 수 있다. 집단 피드백은 학생 전체를 대상으로 일률적으로 주어지는 피드백이고, 개별 피드백은 학생 한 명 한 명을 대상으로 개별적으로 주어지는 피드백이다.

집단 피드백은 모든 학생이 공통적으로 알아야 할 것을 전달할 때 효과적이다. 또한 집단 피드백은 학습활동 시작 단계, 중간 단계, 최종 마무리 단계에서 적절한 시기에 이루어져야 한다. 예를 들어 학습활동이 시작되기 전에는 학습활동의 목표가 무엇인지, 무엇을 해야 좋은 결과를 얻을 수 있을지 등을 알려 주거나 모범적인 사례를 전시해야 한다. 또한 학습활동 중간에 여러 학생이 공통적으로 범하고 있는 오류를 지적하거나, 모든 학생에게 도움이 될 만한 자료나 힌트를 안내하는 것도 필요하다. 학습활동 마무리 단계에서는 학생들의 결과물 중 모범적인 사례를 발표하게 하고 이에 대해 총평을 해 주는 것도 필요하다.

이러한 집단 피드백만으로는 충분한 효과를 거두지 못할 수도 있다. 그럴 때는 이 학생들 한 명 한 명의 특성에 맞는 개별 피드백을 해야 한다. 학습에 흥미가 없거나 어려움을 겪는 이유가 무엇인지, 무엇을 잘하고 무엇이 부족한지 등을 파악하여 이에 적절한 도움을 주어야 한다. 또한 최종적인 결과물에 대해서도 가능하다면 한 명 한 명에 대해 구두 피드백 혹은 글 피드백으로 총평을 해 주는 것이 바람직하다.

개별 피드백이 제대로 이루어지려면 교사가 담당하고 있는 학생 수가 적정해야 하고, 시간적·정신적 여유가 있어야 한다. 담임 학급만 담당하고 있는 초등학교 교사들은 개별 피드백에 익숙한 편이지만, 여러 학급을 담당하고 있는 중등학교 교사들은 개별 피드백을 염두 내지 못하는 경우가 많다. 이때는 우선 집단 피드백부터 충실히 수행하려는 노력이 필요하다. 그리고 특별한 어려움을 겪는 학생들(부적응, 기초학력 미달, 특수교육 대상 등)에게는 개별 피드백을 제공하려는 노력이 뒤따라야 한다. 그리고 향후 학생 수 감소 등 여건 개선과 함께 되도록 모든 학생에게 개별 피드백을 제공하려는 노력이 이루어져야 한다. '한 명도 포기하지 않는 책임교육'이라는 거창한 구호가 현실화되는 출발은 개별 피드백이라고 해도 과언이 아닐 것이다.

라. 피드백의 기능: 평가적 피드백, 조언적 피드백

피드백의 유형 중 가장 중요한 범주는 피드백의 기능, 즉 피드백을 통해 무엇을 하려고 하는가이다. 피드백은 그 기능에 따라 평가적 피드백과 조언적 피드백으로 나눌 수 있다.

평가적 피드백은 학생의 수행 결과에 대해 우수성 여부를 판단하는 피드백이다. 평가적 피드백에는 A, B와 같은 등급과 80, 95점 같은 점수를 부여하는 방식도 있고, "아주 잘했어", "이 부분은 좀 미흡하네" 등과 같은 정성적 판단도 있다. 이러한 피드백도 필요하지만 평가적 피드백만으로는 피드백의 취지를 충분히 살릴 수 없다. 평가적 피드백은 주로 학생들이 결과적으로 얼마나 잘했는지에 관심을 둔다. 때로 평가적 피드백은 학생들의 결과를 냉혹하게 판단함으로써 학생들에게 좌절감을 심어 줄 수도 있다. 피드백의 목적은 결과를 확인하는 것이 아니라 학생들을 성장시키는 것이기 때문에 평가적 피드백보다 조언적 피드백이 더 중요하다고 할 수 있다.

평가적 피드백과 달리 조언적 피드백은 학생이 학습활동을 개선하는 데 필요한 정보를 제공하여 더 성장할 수 있도록 돕는 피드백이다. 앞에서 언급했던 소희(가명)가 김 교사로부터 'A'라는 '평가적 피드백'만이 아닌 '조언적 피드백'까지 받았다면 국어에 흥미를 잃지 않고 배움의 즐거움과 성장의 보람을 느꼈을 것이다. 김 교사는 소희의 자서전 말미에 "힘들었던 순간들을 솔직히 꺼내놓은 소희의 글을 읽고 선생님도 무척 감동을 받았단다. 앞으로도 어려운 일이 있거든 그 심경을 솔직히 글로 옮겨 보렴. 그때마다 조금씩 더 성장하는 너를 느낄 수 있게 될 거야"라는 피드백을 남길 수 있었을 것이다.

조언적 피드백은 학생의 활동이나 결과물에 대한 판단보다는 공감, 의견 그리고 더 발전하는 데 필요한 조언 등이 주된 내용을 이룬다. 예를 들어 "이 중간 과제물을 보니 그동안 엄청나게 노력했던 흔적이 느껴져 선생님도 감동받았어요. 그런데 여기서 강조하고 싶은 것을 몇 가지로 요약하면 더 좋은 마무리가 될 수 있겠어요"와 같은 언급이 조언적 피드백이다.

교사들은 보통 학생들에게 부정적 피드백보다 긍정적인 피드백을 해주기 위해 노력한다. 그러나 긍정적 피드백이라 할지라도 평가적 피드백에 머무른다면 이는 학생에게 도움이 되지 않을 수 있다. "잘했어", "훌륭하네!"와 같은 긍정적 피드백은 학생들의 사기를 올릴 수는 있지만 여기에는 목표에 도달하기 위해 어떤 노력을 더 기울여야 하는지에 대한 정보가 없다. 조언적 피드백은 이에 더하여 목표 도달을 위해 필요한 정보를 제공하기 때문에 학생 성장에 도움이 된다. 학생은 교사의 공감과 조언 등을 듣고 이를 자신의 학습에 반영해 볼 수 있어서 학습 주도성 신장에도 큰 도움이 된다.

마. 조언적 피드백을 위한 세 가지 방법

최근 TV 경연 프로그램이 많은 인기를 얻고 있다. 참가자들이 열심히 자신의 기량을 발휘하면 심사위원들이 이에 대한 심사평을 하고 점수나 통과 여부를 부여한다. 그런데 심사위원들의 심사평을 살펴보면 개인마다 스타일이 조금씩 다르다는 점을 느낄 수 있다. 어떤 심사위원은 주로 전문가적 안목에서 참가자의 장단점을 냉정하게 분석하고, 어떤 심사위원은 참가자에 대해 따뜻한 격려나 위로, 칭찬 등을 주로 한다. 전자가 평가적 피드백이라면 후자는 조언적 피드백이라 할 수 있다.

참가자들에게는 평가적 피드백과 조언적 피드백 모두 필요지만, 참가자들이 다시 도전할 용기를 얻어 더 크게 성장하는 경우는 보통 조언적 피드백의 힘을 통해서이다. 심사위원의 따뜻한 공감에 눈물을 흘리기도 하고, 본인이 미처 몰랐던 면을 알게 되어 새로운 도전을 하기도 한다. 이것이 의미 있는 피드백의 힘이고, 여기에 심사자의 애정과 전문성이 드러난다.

경연 프로그램에서뿐만 아니라 학교현장에서도 조언적 피드백이 학생의 성장에 큰 도움이 될 수 있다. 조언적 피드백이 지녀야 할 요소는 다음과 같다.

첫째, 노력을 인정해 주는 피드백이다.

한 참가자의 노래를 듣고 심사위원이 다음과 같이 이야기했다. "원곡보다 훨씬 좋아요. 원곡대로 따라가지 않고 ○○○님 본인의 색깔로 해석하고 소화해 내서서 감동을 느꼈어요." 이 심사평을 들은 참가자는 울컥하고 눈시울을 적셨다. 아마도 참가자의 노력을 심사위원이 알아봐 주고 인정해 준 것에 감격했기 때문일 것이다.

학교에서도 이와 비슷한 사례는 흔히 있을 수 있다. 수학 시간에 어떤 학생이 혼자 힘으로는 해결하기 어려운 과제를 친구들과 함께 끝까지 해결하려는 노력을 보였다. 그 학생에게 교사는 "선생님은 너만의 방식으로 풀어 보려는 노력에 감동했어. 포기하지 말고 더 깊이 고민해 보렴. 분명 답을 찾을 수 있을 거야"라는 피드백을 주었다. 여기에 용기를 얻은 학생은 쉬는 시간까지 시간을 할애하여 문제해결의 방법을 찾으려는 노력을 보였다. 이처럼 학생들의 결과물에만 초점을 두지 않고 노력하는 과정을 알아봐 주고 용기를 주는 것이 학습 동기를 유발하는 가장 좋은 방법이다.

둘째, 개선 방법을 알려 주는 피드백이다.

노래 실력이 아주 뛰어난 참가자가 있었다. 이전 경연에서는 심사위원이나 시청자에게 호평을 받아온 참가자였다. 그런데 이상하게도 이번 경연에서는 무대 공연 후 별다른 감흥이 느껴지지 않는다. 이 참가자도 그걸 느꼈는지 표정이 밝지 않다.

한 심사위원의 피드백이 그 이유를 정확하게 알려 주었다. "이번에도 좋은 공연을 하셨지만, 실력에 비해 감동이 제대로 전달되지 않은 것 같아요. 좋은 가수는 목소리뿐 아니라 태도, 표정, 눈빛을 통해서도 감정을 전달할 수 있어야 합니다. 그런데 표정, 특히 시선이 기타에만 머물러 있어 감정 전달이 제대로 되지 않은 것 같아요. 이 부분을 개선하면 관객들에게 큰 감동을 주는 좋은 가수로 성장할 것 같습니다."

이 심사위원은 단지 잘못을 지적하는 데 머무르지 않고 개선의 방향까지 알려 주고 있다. 학생에게도 마찬가지다. "틀렸어", "잘하는 게 없네"라는 부정적인 피드백도, 무조건 "잘했어"라고만 말하는 막연한 피드백도 별다른 도움을 줄 수 없다. 교사가 보기에 학생들에게 부족한 면이 있다면, 학생들도 그것을 이해하고 인정할 수 있도록 구체적인 이유를 알려 주어야 한다. 나아가 이를 개선할 방법과 그 이후 어떤 긍정적인 효과가 나타날 수 있는지를 알려 주어야 학생들이 기꺼이 자신의 부족한 부분을 보완하는 노력을 보일 것이다.

셋째, 따뜻한 공감, 적절한 비유와 유머가 있는 피드백이다.

노래 경연대회에서 한 참가자가 엄청난 가창력으로 감동적인 무대를 선보였다. 특히 다양한 음색이 돋보이는 무대였다. 이를 듣고 한 심사위원이 이렇게 이야기했다. "정말 여러 인격체가 다녀간 무대였습니다. 혼자 노래를 부르는데도 마치 합창을 듣는 느낌이었습니다. 여러 음역을 갖고 놀면서도 감정선을 흐트러뜨리지 않는 정말 좋은 무대였습니다." 참 멋있는 심사평이다.

피드백은 단지 상대방에게 무언가를 직접적으로 전달하는 것뿐만 아니라 자신의 감정을 전달하는 것이기도 하다. 이를 통해 '공감共感'이 이루어지는 것이 핵심이다. 피드백은 교사가 학생에게 일방적으로 지시하는 방식으로 이루어지기보다는, 학생의 글이나 작품, 발표 내용 등에 대해 따뜻하게 공감하면서 자신의 느낌을 솔직하게 표현하는 방식으로 이루어지는 것이 더욱 바람직하다. 그래서 효과적인 피드백은 상대방에 대해 직접적으로 지적을 하는 2인칭보다는 자신의 느낌이나 생각을 표현하는 1인칭, 혹은 누구나 공감할 만한 내용을 전달하는 3인칭 방식이 좋다. 이는 마치 학생 생활교육에서 타인의 잘못을 직접 지적하는 '너-

전달법You message'보다 자신의 느낌과 생각을 표현하고 상대방에 대한 요구를 전달하는 '나-전달법I message'이 바람직한 것과 일맥상통한다.

때로는 적절한 비유와 유머가 담긴 표현도 효과적인 피드백에 도움이 된다. 앞에서 언급한 심사위원이 "여러 인격체가 다녀간 것 같다", "마치 합창을 듣는 것 같았다"라는 비유와 유머를 활용할 때, 잔뜩 긴장해 있던 참가자의 얼굴에 환한 미소가 번질 수 있었다. 이러한 비유와 유머가 냉혹한 비판이나 무미건조한 칭찬보다 훨씬 사람의 마음을 움직일 수 있다.

이러한 피드백은 단지 요령을 안다고 해서 효과적으로 적용되는 것은 아니다. 교사 입장에서는 다소 부담스러울 수도 있는 피드백이 학생들을 성장시킨다는 데 도움이 된다는 신념, 교사의 따뜻한 말 한마디와 정성스러운 댓글 하나가 학생들에게 용기를 줄 수 있다는 확신이 있어야 한다. 무엇보다도 학생 한 명 한 명을 자세히, 오래 지켜보는 애정이 있어야 한다.

풀꽃

나태주

자세히 보아야 예쁘다.
오래 보아야 사랑스럽다.
너도 그렇다.

10.
피드백 중심 수업-평가 사례[9]

　중학교에서 영어 교과를 담당하고 있는 서 교사에게는 고민이 있다. 사교육의 혜택을 받거나 외국 경험이 있는 학생은 교사의 도움이 없어도 영어를 능숙하게 하지만, 그렇지 못한 학생은 영어를 아예 포기해 버리는 경우가 많다. 어떻게 하면 모든 학생이 영어를 포기하지 않고 최소한의 의사소통이라도 하면서 배움의 즐거움을 느끼게 할 수 있을까?

　그는 현실적인 목표를 잡아 보았다. 그의 수업 목표는 '모든 학생이 자기 생각을 6단어 이상으로 표현할 수 있도록 하는 것'이다. 이를 위해 학생들의 흥미를 끌 만한 영화를 10분 요약본으로 시청하고 이에 대한 소감을 쓰는 수업과 수행평가를 진행했다. 이 과정에서 무엇보다도 '피드백'을 중시했다.

----

9. 이 사례는 서울 영림중학교 서은지 교사와의 인터뷰를 통해 정리했다. 유익한 사례를 제공해 준 서은지 선생님께 감사드린다.

1) 피드백 중심 수업 설계하기

피드백은 학생의 성장에 매우 의미 있지만 실제로 많은 시간이 소모된다는 단점이 있다. 피드백을 되도록 효율적으로 하기 위해서는 우선 '피드백의 목표와 내용, 범위를 명확히 하는 수업'을 설계해야 한다. 학생들에게 써야 할 내용과 형식은 무엇이며, 좋은 결과를 얻기 위해서는 무엇에 중점을 두어야 하는지를 확실하게 이해시켜야 한다. 그렇지 않으면 학생의 입장에서는 무엇을 해야 할지가 막연해지고, 교사의 입장에서는 피드백해야 할 내용과 범위가 너무 넓어진다. 피드백의 목표와 내용, 범위를 명확히 하려면, 첫째 수업이 매우 중요하다.

서 교사는 첫째 수업에 예전에 이미 수행했던 수행평가 결과물을 다시 보여 주면서 수업을 시작한다. 이전 수행평가 주제는 '우리나라 관광지에 대해 소개하는 글쓰기'였다. 그때 학생들이 제출했던 글 중에서 모범이 될 만한 사례, 흔히 범하는 오류가 잘 나타난 사례 등을 선정해 PPT로 학생들에게 제시한다. 그리고 모범적인 예시, 반면교사로 삼을 만한 예시를 보면서 글쓰기 방법과 유의점을 설명한다. 교과서 지문이 아니라 학생들이 실제로 쓴 글을 대상으로 집단 피드백을 제공할 때 학생들의 수업 몰입도와 흥미가 훨씬 높아진다. 이와 함께 영어 번역기 사용 방법도 익히는 시간을 갖는다.

2차시에 본격적인 쓰기 수업으로 들어간다. 우선 10분 분량의 영화 요약본을 시청하고, 번역기를 사용하여 소감문 초안을 쓰는 시간을 갖는다. 교과서를 통해 익힌 영어 표현법을 활용하되, 어려움에 부딪히면 번역기도 활용하도록 허용한다. 그럼으로써 기본 학력이 부족한 학생도 소외되지 않고 학습활동에 참여할 수 있다.

서 교사는 학생들이 소감문을 손쉽게 작성할 수 있도록 학습활동지를 제공한다. 이 학습활동지에는 평가기준표(루브릭)가 함께 제시되어 있다. 일반적으로 평가기준표는 학생들이 수행평가를 제출한 후 교사가 점수를 채점하는 과정에서 사용한다. 그러나 서 교사는 학생들이 무엇을 유의하여 수행평가에 임해야 하는지를 사전에 안내하는 차원에서 평가기준표를 학습활동지에 포함하여 제시한 것이다. 이러한 장치는 특히 학습에 어려움을 겪는 학생들, 무엇을 어떻게 해야 하는지 이해하지 못하는 학생들에게 큰 도움이 된다. 또한 교사 입장에서 평가기준표는 단순히 점수를 부여하는 기준이 아니라 피드백을 효과적으로 할 수 있는 장치가 된다.

학생들은 2차시에 초안 작성을 마무리하게 된다. 그리고 서 교사는 학생들이 작성한 초안을 걷어 이에 대한 피드백을 준비한다.

2) '집단-구두 피드백'과 '개별-글 피드백'을 구분하기

1차시와 2차시에 걸쳐, 학생들의 사례를 통해 글쓰기의 목표와 유의점을 알려 주고, 교과서에 나온 표현을 응용하도록 하고, 그래도 어려운 경우에는 번역기를 사용하도록 했다. 그런데도 학생들이 작성한 초안에는 부족한 부분이 매우 많다. 서 교사는 학생들의 초안에서 보완하거나 수정해야 할 내용을 빨간색 펜으로 피드백을 준다. 150명 정도의 학생에게 꼼꼼한 피드백을 주려면 엄청난 시간과 노력이 필요하다. 서 교사는 처음에 무턱대고 모든 학생에게 모든 내용을 적어 주었다고 한다. 서 교사의 표현에 의하면 이는 '뼈를 갈아 넣는 과정'이었다. 결코 지속 가능한 방법이 아니다.

이제 서 교사는 모든 학생의 글을 대상으로 필요한 내용을 전부 적어 주지는 않는다. 우선 한 학급 정도 분량의 글을 훑어 읽는다. 그리고 학생들이 공통적으로 범하는 잘못을 찾아낸다. 공통적으로 범하는 오류는 모든 학생에게 하나하나 적어 줄 필요가 없다. 이 부분은 수업 시간에 다시 설명하면 된다. 이렇게 함으로써 모든 학생에게 설명해야 하는 부분(집단 피드백, 구두 피드백)과 학생마다 글로 써 주어야 하는 부분(개별 피드백, 글 피드백)을 구분한다.

학생들에 집단 피드백을 준 내용은 개별 피드백에 포함하지 않는다. 개별 피드백 역시 사소한 내용까지 모두 언급하는 것이 아니라 루브릭에 있는 핵심 내용을 위주로 한다. 루브릭에는 교육과정 성취기준에 따라 이번 수행평가에서 학생들이 반드시 도달해야 할 핵심 요소가 제시되어 있기 때문에, 그 밖의 지엽적인 내용에 대해서는 굳이 피드백을 줄 필요가 없다. 이에 덧붙여, 학생들의 생각이나 느낌이 잘 드러난 부분, 정말로 의미가 있는 부분에 대해 칭찬, 격려, 조언 등 조언적 피드백을 추가로 덧붙인다.

피드백의 목적이 틀린 것을 모두 찾아내 체크하고 올바로 수정해 주는 것은 아니다. 만약 이런 방식으로 피드백이 이루어진다면 학생들은 오히려 숨 막혀 할 수도 있다. 피드백의 목적은 학생들이 최종 목표에 도달할 수 기회를 제공하는 것이다. 학생들이 소화할 수 있는 수준으로만 피드백을 제공하여, 학생들이 스스로 자신의 학습 과정을 수정할 기회를 제공하는 것이 바람직하다. 이에 서 교사는 학생들의 초안에 되도록 간단하면서도 핵심적인 피드백을 제공하고, 이를 바탕으로 학생들이 다시 문장을 수정할 수 있도록 돕고 있다.

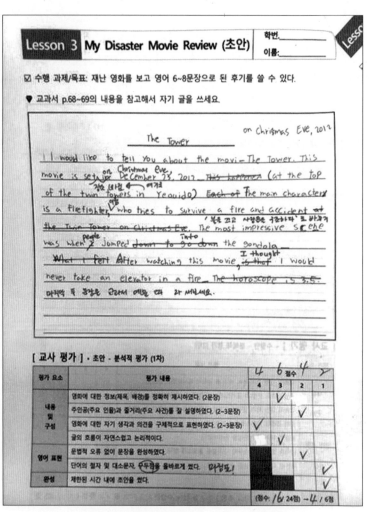

학생이 작성한 초안에 대한 서 교사의 피드백

3) 학생의 수준을 고려한 피드백

영어, 수학 같은 교과는 이미 학생들 사이에 학력 격차가 상당히 벌어진 경우가 많다. 이른바 '영포자, 수포자' 문제는 교사 개인의 노력만으로는 해결하기 어려운 사회구조적 문제, 교육과정 자체의 난도 문제 등에서 비롯된 것이다. 하지만 이러한 격차를 최소화하기 위해서라도 교사의 적절한 피드백이 꼭 필요하다. 특히 학생의 수준을 고려한 개별 피드백이 이루어져야 한다.

서 교사는 학생의 수준에 따라 피드백의 목표와 유형을 적절히 조절한다. 영어를 어려워하는 학생에게는 교과서에 나온 예시문을 활용해 글을 쓰는 것을 목표로 피드백을 한다. 무엇보다 영어를 포기하지 않도록 용기를 주면서 교과서 문장을 그대로 활용하는 수준이라도 해낼 수 있도록 독려한다.

이보다 조금 더 영어에 익숙한 학생이라면 교과서 문장을 활용하는 것에서 머물지 않고 한두 문장이라도 자신의 소감이나 의견을 쓸 수 있도록 한다. 예를 들어 "영화가 재밌다"라는 정도로 써냈다면, 어떤 점이 재미있었는지 구체적으로 적어 보라는 피드백을 준다. 이를 통해 영어 구사 능력과 사고 능력이 더욱 확장될 수 있도록 돕는다.

영어에 자신이 있는 학생의 글을 보면 오히려 너무 장황하게 많은 내용을 써서 글의 통일성을 떨어뜨리는 경우가 많다. 이때는 과도하게 장황한 문장을 간결하게 고쳐 글의 완성도를 높이는 것을 목표로 피드백을 제공한다. 또 교사의 의견을 너무 자세하게 적지 않고 스스로 성찰하고 수정해야 하는 지점이 무엇인지 생각해 보도록 한다.

맥밀런^{McMillan, 2014}도 학습자의 수준에 따른 피드백을 강조했다. 그에 의하면 학습 수준이 높은 학생에게는 학습의 개선과 사고의 확장을 위해 스스로 메타인지적 사고를 할 수 있는 기회를 제공하는 것이 좋다. 이때는 '지연된 피드백'으로부터 더 많은 도움을 받는 경우가 있다. 교사가 즉각적인 도움을 주기보다 학생이 잠시 멈춰 자신의 학습 과정 및 결과물에 대해 성찰할 수 있는 기회를 주어야 한다는 것이다.

이와 반면에, 학습에 어려움을 겪는 학생에게는 즉각적이고 구체적인 피드백을 제공하는 것이 효과적이다. 그리고 되도록 학습 목표를 작은 단위로 나누어 단계적으로 피드백을 제공하고, 이를 통해 학생이 해야 할 과제를 제대로 했는지 확인하는 것이 필요하다.

서 교사는 학생들이 작성한 초안에 대한 피드백 결과를 3차시에 되돌려주고 질의응답 시간을 마련한다. 우선 학급 전체를 대상으로 한 구두 피드백을 진행한다. 주로 여러 학생이 공통적으로 범한 오류에 대해 안내를 한다. 다음으로는 학생 개별 피드백을 진행한다. 학생들은 교사가 적어 준 피드백에 대해 더 궁금한 점을 질문하고 교사는 이에 대해 하나하나 추가적인 피드백을 제공한다. 4차시에 최종적인 수정안을 작성하는 수행평가가 예고되어 있어서 학생들은 진지하게 질의응답에 임하게 된다.

마지막 4차시에는 피드백 내용을 토대로 최종적인 수정안을 작성하는 수행평가를 진행한다. 이때도 학생들은 다음과 같은 평가기준표를 미리 참고하면서 부족한 부분을 보완해 간다. 특히 이 평가기준표에는 "교사 피드백을 바탕으로 수정하여 작성하였나?"라는 항목이 명시되어 있는 것이 인상적이다.

최종 평가기준표

항목	기준	배점
초안 작성	주제에 따라 선택한 방법으로 초안을 작성하였나?	4점
초안 수정	교사 피드백을 바탕으로 수정하여 작성하였나?	4점
내용 적합성	내용이 모두 제시된 주제와 조건을 만족시켰나?	4점
어휘 및 표현	다양하고 적절한 어휘와 표현을 사용하였나?	4점
언어 형식	정확한 언어 형식을 활용하여 글을 구성하였나?	4점

학생은 초안 쓰기 이후 교사의 피드백을 통해 다시 글을 쓰는 기회를 얻었고, 교사는 피드백의 목적과 유형을 다양하게 적용하여 때로는 전체 학생을 대상으로 때로는 개별 학생을 대상으로 학생의 수준에 맞는 적절한 피드백을 제공했고, 학생은 초안 쓰기 이후 교사의 피드백을 바탕으로 좀 더 향상된 수준의 글을 쓰는 경험을 하게 되었다. 이러한 과정을 거쳐 영어에 흥미를 잃었던 학생도 어느 정도 만족할 만한 수준의 영어 쓰기 활동을 수행하게 된다.

피드백을 활용한 수업 및 평가 흐름도

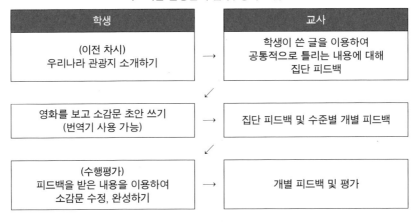

4) 피드백 중심 수업-평가의 효과

피드백 중심 수업과 평가를 진행하면 어떤 변화가 있을까? 우선 교사의 평가 기획 역량이 향상된다. 어디에 중점을 두고 피드백을 해야 하는지, 평가기준을 학생에게 어떻게 제시하는지, 서로 수준이 다른 학생에게 어떻게 개별 피드백을 주어야 하는지, 개별 피드백과 집단 피드백을 어떻게 결합해야 할지 등 여러 고민이 계획에 녹아들게 된다. 여러 번 시행착오를 거치면서 평가계획은 점점 다듬어지고 개선된다. 평가계획의 개선은 수업 개선으로 연결되고, 수업과 평가의 연계성도 자연스러워진다.

다음으로, 학생에 대한 교사의 이해가 깊어진다. 학생이 쓴 글에 대해 피드백을 하다 보면 교사의 선입견과는 다른 학생의 새로운 모습을 보게 된다. 서 교사 역시 수업 시간에는 전혀 눈에 띄지 않았던 학생이 상당히 창의력이 넘치는 글을 써서 그 학생의 새로운 가능성을 발견할 수 있었다고 한다. 이처럼 피드백 중심 수업-평가는 학생들의 새로운 역량과 재능을 발견하는 계기가 된다. 이를 위해서는 학생들에게 다양한 활동을 할 수 있는 기회를 제공해야 하고, 교사는 교육적 안목을 가지고 이를 자세히 관찰해야 한다. 그리고 "네 글을 읽고 선생님은 깜짝 놀랐어. 표현력도 좋고 참신한 생각에 감탄했단다. 앞으로도 잘할 수 있겠지?"와 같은 긍정적이고 조언적인 피드백을 준다면 학생은 더욱 성장할 수 있게 될 것이다.

피드백 중심 수업-평가의 가장 큰 장점은 학습 능력이 부족한 학생에게 적절한 학습 기회를 제공한다는 것이다. 우선 교사가 학습 목표를 학생들이 명확하게 이해시킬 수 있다. 또한 피드백을 통해 동일한 내용을 여러 번 학습할 수 있고, 학생의 수준을 한 단계 앞으로 나가도록 할 수도 있다. 학생들이 흔히 범하는 오류에 대해서는 교사가 집단 피드백을 제공하고, 이와 동시에 학습에 어려움을 겪는 학생에게는 개별 피드백을 제공함으로써 모든 학생에게 도움이 되는 수업을 진행할 수 있다.

서 교사는 피드백 중심의 수업-평가를 통해 거의 모든 학생이 수업에 참여하는 경험을 했다고 한다. 그 결과 한 학급 25명 학생 중 22명 이상이 '자기 생각을 6단어 이상으로 표현하기'라는 목표에 도달했다고 한다. 서 교사는 이를 "아이들의 영어 실력이 상향 평준화되었다"라고 표현했다.

7차 교육과정 이후 영어, 수학 수업을 중심으로 수준별 수업이 확대되었다. 학생의 학습 능력에 따라 집단을 분리하여 수업을 진행하면 모든 학생에게 도움이 될 것이라는 가정 때문이었다. 그러나 실제로 수준별 수업의 결과 소위 '하'반 학생들에게는 열등감과 패배감이 내면화되어 학습 동기가 저하되었고, 소위 '상'반 학생들은 치열한 경쟁에 따른 불안감을 내면화하게 되었다. 수많은 학술논문에서도 수준별 수업이 실제로 학생들의 학력 향상에 도움이 되지 않는다는 연구 결과를 발표했다. 기대했던 효과는 나타나지 않았고 대부분의 학교에서 수준별 수업은 조용히 사라졌다.

최근에는 코로나 사태에 따른 학력격차가 심각한 문제로 대두되고 있다. 그런데 역설적으로 코로나 사태를 통해 확산된 온라인 학습공간에서 '피드백의 발견'이 일어나고 있다. 학생들의 학습 과정 및 결과에 대한 집단 피드백, 개별 피드백이 온라인 플랫폼에서 오히려 수월하게 이루어질 수 있기 때문이다. 이를 통해 교사들은 피드백의 효과를 조금씩 절감하고 있다. 서 교사의 사례를 통해 볼 때, 피드백 중심 수업-평가가 수준별 수업의 대안이 될 수 있다.

모든 학생에게 개별 피드백을 제공하는 것은 결코 쉽지 않다. 하지만 앞에서도 언급했듯이, 교수학습의 상황에 따라 구두 피드백과 글 피드백의 장점을 각각 살리고, 집단 피드백과 개별 피드백을 적절히 결합해 가면서, 평가적 피드백보다 조언적 피드백을 확대해 간다면 '모든 학생의 성장을 돕는 평가'라는 이상이 조금씩 현실화될 수 있을 것이다.

토론 주제

1. '성장중심평가'의 핵심적인 방법 중 하나가 '재도전의 기회'를 부여하는 것입니다. 여러분은 수행평가를 시행할 때 재도전의 기회를 부여한 적이 있습니까? 재도전의 기회를 부여할 때 예상치 않았던 부작용이 생기지는 않을까요? 각자의 경험과 견해를 나눠 봅시다.

2. 이 책 123쪽에서는 '성장중심평가'의 취지에 따른 대안적 루브릭의 예시를 제시했습니다. 이 루브릭이 타당하고 활용 가능하다고 생각하십니까? 이 루브릭을 교과에 맞게 수정 보완해 봅시다.

3. '자기평가'와 '동료평가'는 학생주도성 및 자기성찰을 향상시키는 데 중요한 역할을 합니다. 이를 효과적으로 할 수 있는 방법에 대해 이야기를 나눠 봅시다.

4. 성장중심평가에서 피드백은 빼놓을 수 없는 중요한 요소입니다. 피드백을 제대로 하기 위해서는 적지 않은 노력과 시간이 필요합니다. 피드백이 효과적으로 이루어지려면 무엇을 해야 할지 각자의 경험과 실천 방법을 나눠 봅시다.

3부

성장중심평가의 실제
백워드 방식의 총괄평가-형성평가-진단평가

1.
지필평가/수행평가 이분법 뛰어넘기

2부에서는 성장중심평가의 개념, 피드백과 재도전이 있는 평가 등에 대해 다루었다. 그런데 이러한 평가를 중간고사, 기말고사 등 일제식 지필평가에서 한다는 것은 거의 불가능하다. 현재 대부분의 학교에서 진행되는 방식의 수행평가에서도 마찬가지다. 과정중심평가가 강조되어 왔지만 여전히 수업의 과정과 수행평가가 유기적으로 연결되지 않는 경우가 많으며, 일회적인 수행평가에 점수만 부여되는 '사실상 결과 중심의 수행평가' 방식으로 진행되는 경우가 대부분이기 때문이다.

이러한 현상을 극복하고 성장중심평가를 구체화하려면 우선 지필평가/수행평가의 이분법을 극복하는 것이 전제되어야 한다. 그동안 평가 혁신을 위한 다양한 노력과 실천이 이루어져 왔지만, 현재 초·중등학교 평가에는 변하지 않는 전제가 있다. 교육부의 〈학교생활기록 작성 및 관리지침〉에 "교과학습의 평가는 지필평가와 수행평가로 구분하여 실시한다"라고 명시되어 있듯이, 교사의 관념 속에 평가의 유형은 지필평가와 수행평가로 양분되어 있다. 사실상 일제식 평가가 사라진 초등학교에서는 이러한 이분법이 특별히 문제가 될 것이 없다. 그러나 중등학교에서는 이른바 시험 범위에 맞춰 진도를 나가고, 중간고사·기말고사 등 일제식 고사를 치르는 관행이 변하지 않고 있다. 일제식 지필평가가 중심을 이루는 가운데 수행평가가 주변적으로 결합된 상황에서 수행평가마저 과정중심평가, 성장중심평가의 취지를 충분히 살리지 못하고 있다.

교육부의 〈학교생활기록 작성 및 관리지침〉에 나타난 '지필평가'와 '수행평가'의 개념과 이와 관련된 규정은 다음과 같다.

1-다. 교과학습의 평가는 지필평가와 수행평가로 구분하여 실시한다. 다만, 시·도교육청의 학업성적관리 시행지침에 따라 학교별 학업성적관리규정으로 정하여 교과목의 특성상 수업 활동과 연계한 수행평가만으로 평가할 수 있다.

2-가. 수행평가란 교과 담당 교사가 교과 수업 시간에 학습 자들의 학습과제 수행 과정 및 결과를 직접 관찰하고, 그 관찰 결과를 전문적으로 판단하는 평가 방법이다.

4-나-(1) 지필평가 문제는 타당도, 신뢰도를 제고할 수 있도록 출제하고, 평가의 영역, 내용 등을 포함한 문항정보표 등 출제 계획을 작성하여 활용하며, 동일 교과 담당 교사들이 공동 출제를 한다.

이 지침에는 마치 지필평가와 수행평가가 상반되는 개념인 것처럼 서술되어 있다. 더욱이 수행평가에 대해서는 비교적 그 개념을 명확하게 제시하고 있지만, 지필평가에 대해서는 별다른 개념 규정 없이 일반적인 상식과 관행에 근거하여 세부적인 지침만 제시하고 있다.[10]

　그런데 교육학 일반에서는 평가의 유형을 지필평가와 수행평가로 구분하지 않는다. '지필평가'라는 개념은 사전적 의미로 '연필이나 펜으로 종이에 답을 쓰는 형식의 평가'일 따름이며, 수행평가 역시 대부분 지필 방식(글쓰기, 보고서 작성, 논술형 등)으로 이루어진다는 점에서 '지필평가/수행평가' 이분법은 타당하지 않다. 교육학 일반에서는 평가의 시기에 따른 분류(진단평가, 형성평가, 총괄평가 등), 평가의 준거에 따른 분류(규준참조평가, 준거참조평가 등), 평가 방식에 따른 분류(진위형, 선다형, 단답형, 서술형, 논술형, 구술형, 포트폴리오형 등)로 평가 유형을 나눈다. 수행평가는 이 중 특정한 유형의 평가라기보다는 학생들의 실제 수행 능력을 확인하는 평가를 두루 아우르는 개념이자, 전통적인 평가 방식에 대한 대안적 평가의 의미를 담고 있다.[2부 10장 참고]

　둘째, 학교현장에서 인식하는 '지필평가'의 개념은 '중간고사, 기말고사'와 같은 '일제식 정기고사'이며, 교육부의 〈학교생활기록 작성 및 관리지침〉 역시 이러한 인식과 관행을 전제로 한다. 더욱이 "지필평가 문제는 … 동일 교과 담당 교사 간 공동 출제를 한다"라는 조항은 '교사별 평가'를 금지하고 '일제식 평가'를 강제하고 있다. 그래서 사실상 '지필평

---

10. 교육부 훈령 〈학교생활기록 작성 및 관리지침〉의 해설서에 해당하는 〈학교생활기록부 기재요령〉에서는 '지필평가'를 "중간 또는 기말고사(1회, 2회 고사 등)와 같은 일제식 정기고사를 의미하며, '문항정보표'의 구성에 따라 '선택형'과 '서답형'으로 구분한다. 단, 시도교육청 공동으로 실시하는 '영어듣기평가'는 수행평가로 간주할 수 있으며, 학교에서 형성평가 및 수행평가의 일환으로 실시하는 '선택형' 및 '서답형' 문항으로 구성된 평가는 본 훈령의 '지필평가'에 해당되지 않는다"라고 해설하고 있다. 여기에는 학교현장의 오래된 관행, 교육학적 용어 등이 뒤섞여 있어, 학교현장에 혼란을 주고 있다.

가=일제식 정기고사', '수행평가＝지필평가 이외의 평가 방식'이라는 오개념이 학교현장에 통용되고 있다. 이에 따라 중등학교에서는 여전히 중간고사·기말고사 등 일제식 정기고사가 중심을 이루고 수행평가는 주변화되고 있으며, 수행평가를 위주로 하는 교과에서도 여전히 '사실상 결과 중심의 수행평가'가 이루어지고 있다.

물론 지필평가도 필요한 경우가 있다. 학생들은 단편적인 지식이나 정보도 배워야 하며, 평가를 통해 이를 확인해야 하기 때문이다. 그렇기에 '지필평가'는 '기본적인 지식이나 꼭 알고 있어야 할 정보의 습득' 여부를 확인하는 목적으로 실시되어야 한다. 반면에 '수행평가'는 '지식이나 기능을 실제 상황에 적용할 수 있는 능력' 여부 혹은 '한 학기 동안 습득한 지식, 기능, 태도 및 가치 등'을 총괄적으로 확인하는 목적으로 실시되어야 한다. 그리고 지필평가와 수행평가는 '진단평가, 형성평가, 총괄평가'의 흐름 속에 적절히 배치되어야 한다. 따라서 지필평가와 수행평가는 '진단평가-형성평가-총괄평가'의 흐름 속에 다음과 같이 재개념화되어야 한다.

지필평가 및 수행평가의 재개념화

기존의 관점			새로운 관점	
지필평가	일제식 정기고사		지필평가	기본 지식을 확인하는 평가 (단답형, 선다형, 서술형 등)
	총괄평가의 역할			진단평가, 형성평가의 역할
수행평가	일제식 정기고사 이외의 평가		수행평가	지식과 기능을 적용하는 능력을 확인하는 평가 (프로젝트, 연구보고서, 포트폴리오 등)
				태도 및 가치의 내면화를 확인하는 정성평가 (교사의 관찰, 학생의 자기평가 등)
	형성평가의 역할			형성평가, 총괄평가의 역할

물론 이와 같은 재개념화는 본질적으로 현행 교육부의 평가 지침과 상충된다. 그러므로 학교현장에서는 일차적으로 현행 지침의 틀 내에서 새로운 평가의 흐름을 구현해야 하며, 이는 어느 정도 가능한 일이다. 향후에는 교육부 차원에서 평가 지침을 적극적으로 개정하여 과정중심평가, 성장중심평가 등의 담론과 실천이 제도화될 수 있도록 지원해야 할 것이다.

2.
백워드 교육과정과 성장중심평가

목적을 염두에 두고 시작한다는 것은 당신이 도착해야 할 지점이 어디인지를 분명히 이해하고 출발한다는 것을 의미한다. 그것은 당신이 어디를 향해 나아가고 있는지를 안다는 것을 의미하고, 그래서 당신은 지금 어디에 있는지를 더 잘 이해하게 되고, 그 결과 올바른 길을 갈 수 있게 된다.

_스티븐 코비, 『성공하는 사람들의 7가지 습관』에서

2부에서는 '성장중심평가'의 개념을 '학생의 잠재력과 가능성을 확인하고 이를 현실화하기 위해 다양한 기회와 도움을 제공하여 모든 학생이 성장할 수 있도록 돕는 평가'라고 정의 내렸다. 그리고 이러한 성장중심평가를 구현하기 위해서는 '교사의 피드백'과 '재도전의 기회'를 부여하는 것이 핵심적인 요소이며, 이러한 절차가 평가 루브릭Rubric에 명시되어야 하고, 교사의 평가와 함께 학생의 자기평가 및 동료평가가 결합되어야 한다고 강조했다.

그런데 기존의 중간고사, 기말고사 등 일제식 지필평가에서는 이러한 성장중심평가의 취지를 구현한다는 것은 거의 불가능하다. 현재 학교에서 일반적으로 시행되고 있는 수행평가도 단편적·일회적인 측면이 강해 학생의 성장을 확인하고 지원하는 데에는 한계가 명확하다. 따라서 현재 학교현장에서 일반적으로 진행되는 지필평가/수행평가의 관행을 극복하고, 학생의 성장을 목적의식적으로 지원하는 데 적합한 평가의 흐름을 새롭게 설계해야 한다. 이 책에서는 이를 위해 '학기별 핵심 목표를 중심으로 총괄평가-형성평가-진단평가를 백워드 방식으로 설계하기'를 제안하고자 한다.

1) 백워드 교육과정의 특징

학생의 성장을 목적의식적으로 지원하는 새로운 평가의 흐름을 설계하기 위해서는 '백워드 교육과정'의 문제의식이 여러모로 도움이 될 수 있다. 백워드 교육과정 모델은 위긴스와 맥타이$^{Wiggins \& McTighe, 2000}$의 저서 『Understanding by Design』에 체계적으로 제시되어 있다. 이 제목을 직역하면 '설계를 통한 이해'이지만, 이는 '학생들이 진정한 이해에 이르도록 하는 백워드 방식의 교육과정 설계'라고 풀어서 설명할 수 있다. 그래서 이 모델을 '이해중심 교육과정', 혹은 '거꾸로 설계하는 교육과정'이라고도 부른다.

이들이 백워드 교육과정 모델을 제시한 근본적인 이유는 기존의 교육과정 운영이 두 가지 문제점, 동전의 양면과도 같은 '쌍둥이 과실'을 범하고 있다고 보았기 때문이다. '쌍둥이 과실'이란 '교과를 위한 교과수업'과 '활동을 위한 활동수업'이다. '교과를 위한 교과수업'이란 '교과서 진도 나가기식 수업', '피상적 지식을 수박 겉핥기식으로 다루는 수업'이다. 이러한 관행을 비판하며 등장한 것이 학생 활동이 중심인 수업이다. 그런데 일부 활동중심수업을 보면 그 활동의 목적을 망각한 채 흥미 위주의 활동 자체에만 매몰되어 깊이 있는 배움이 이루어지지 못하는 경우도 있다. 이는 '활동을 위한 활동수업'일 뿐이다.

백워드 교육과정론에서는 이러한 두 가지 오류를 극복하기 위해 무엇보다 학생들이 궁극적으로 도달해야 하는 지점을 명확히 해야 한다고 본다. 즉 학생들이 교육과정을 마친 이후 '무엇을 알아야 하고(To Know, 지식)', '무엇을 할 수 있어야 하고(To Do, 기능)', '어떤 존재가 되어야 하는지(To Be, 태도 및 가치)'를 명확히 하고, 이 목표를 중심으로 평가와 수업이 일관성 있게 이루어져야 한다는 것이다. 이런 점에서 백워드 교육과정론은 타일러^{Tyler, 1949}의 '목표 중심 교육과정론'을 계승하고 있다.

백워드 교육과정은 다음과 같은 세 단계를 거쳐 설계된다.^{Wiggins &} McTighe, 2000: 37

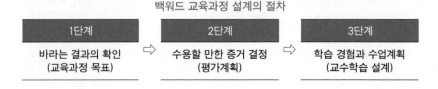

백워드 교육과정 설계의 절차

1단계	2단계	3단계
바라는 결과의 확인 (교육과정 목표)	수용할 만한 증거 결정 (평가계획)	학습 경험과 수업계획 (교수학습 설계)

가. '백워드'의 두 가지 의미

'백워드 교육과정'에서 말하는 '백워드_{Backward}'(거꾸로 설계하기)는 두 가지 의미를 지니고 있다.

첫째, 일반적인 시간적 순서와 달리 백워드 교육과정은 '최종적인 목적지'를 먼저 생각한다는 것이다. 인간이 경험하는 자연스러운 시간의 흐름은 '처음 → 중간 → 끝'이다. 누구나 이러한 시간의 흐름에 따라 인생을 살고 있으며, 인생의 최종적인 목적지가 무엇인지 명확하게 알고 인생 계획을 설계하는 경우는 없다. 하지만 때로 우리는 최종적인 목적지를 먼저 생각하고 어떤 일을 시작하기도 한다. 그래야 목표 달성에 가장 효율적인 계획을 세울 수 있다.

교육과정을 설계할 때도 역시 최종적인 목적지를 먼저 생각하는 것이 도움이 될 수 있다. 교육과정의 최종적인 목적지란 '바라는 인간상', '갖추어야 할 역량' 등을 의미한다. 예를 들어 학교교육을 통해 '민주시민'을 길러 내기를 원한다면, '생태, 인권, 평화' 등과 관련된 교육 내용을 '학생들이 서로 협력하는' 방식으로 가르쳐야 한다. 이렇게 백워드 교육과정은 '최종적인 목적지', '바라는 결과'를 먼저 생각하고, 이를 중심으로 교육 내용과 수업, 평가가 유기적으로 연계되는 방식으로 설계된다.

둘째, 백워드 교육과정에서는 일반적인 교육과정 모델과는 달리 '평가' 계획을 먼저 수립한다. 타일러[Tyler, 1949]의 전통적인 교육과정 모델에서는 '목표-내용-평가' 순서로 교육과정을 설계한다. 즉, 교육 목표를 설정하고, 이에 따라 교육 내용을 선정하여 교수학습을 진행한 후, 평가를 통해 교육 목표 도달 여부를 확인하는 것이다. 이와 달리 백워드 교육과정은 '목표-평가-수업' 순서로 교육과정을 설계한다. 수업을 진행한 후 평가를 하는 것이 일반적인 시간의 흐름이지만, 평가계획을 먼저 세우고 이에 따른 수업을 설계함으로써 수업과 평가를 목적의식적으로 연계하는 것이 백워드 교육과정의 특징이다.

그러므로 백워드 교육과정은 '평가 혁신 기반 교육과정'이라고도 말할 수 있다. 입시체제로 인해 왜곡된 평가가 교육과정과 수업을 거꾸로 왜곡하는 현상을 바로잡으려면, 먼저 평가를 목적의식적으로 바로잡고 이에 기반하여 교육과정 및 수업을 설계하는 것도 아주 효과적인 방법이 될 수 있다. 이렇게 함으로써 '수업과 평가의 분리 현상', 즉 수업은 혁신적으로 변화했는데, 평가는 여전히 구태의연한 현상을 바로잡을 수 있다. 달리 말해 백워드 설계는 '좋은 평가'가 '좋은 수업'을 유도하도록 설계하는 방식이다.

물론 백워드 교육과정 모델도 한계가 있다. 백워드 교육과정은 철두철미한 '목표 중심 교육과정론'이다. 평가계획을 미리 설계함으로써 '교육과정-평가-수업의 완전한 일체화'를 시도한다. 하지만 세상만사가 그러하듯 교육과정 역시 목표를 향해 일사불란하게 운영될 수는 없다. '예술 중심 교육과정론'을 주창한 아이스너[Eisner, 1979]의 견해처럼, 교육의 목표는 교사와 학생의 역동적 상호작용 속에서 새롭게 생성될 수 있기 때문이다.[11]

이러한 '생성적 교육과정'이 구현되려면 상당한 수준의 전문성이 요구된다. 그렇기 때문에 목적의식적인 평가 혁신을 실천하는 데에는 백워드 교육과정이 많은 시사점을 줄 수 있다. 특히 '학생의 전인적 성장'이라는 최종적인 목적지를 중심으로 평가를 백워드 방식으로 설계할 때 '성장

----

11. 아이스너는 교육의 목표를 '행동적 목표', '문제해결적 목표', '표현적 목표' 세 가지로 구분했다. 전통적인 목표 중심 교육과정론에서 강조하는 것은 인간의 외현적 특징을 주목하는 '행동적 목표', 즉 교육받은 결과로 "이러저러한 것을 할 수 있다"라고 진술되는 목표이다. 그러나 아이스너는 '표현적 목표'를 강조했는데, 이는 미리 명시적·세부적으로 설정하는 목표가 아니라, 교사와 학생의 역동적 상호작용 속에서 새롭게 만들어지는 목표, 교육활동의 결과로 표현되는 목표를 의미한다.

중심평가'의 취지가 효과적으로 구현될 수 있다.

나. 백워드 교육과정의 지향점: '진정한 이해'

'백워드 교육과정'을 '이해중심 교육과정'이라고도 부르는 이유는, 학생들이 궁극적으로 도달해야 할 지점을 '진정한 이해', 혹은 '영속적 이해'로 보기 때문이다. '이해했다'는 것은 단순히 어떤 지식이나 원리를 깨닫는 것을 넘어 그것이 나의 삶에 의미 있는 일부분으로 체화되었다는 것이다. 우리가 무언가를 진정으로 이해했다는 것은 그 원리를 '설명'할 수 있고, 그 의미를 '해석'할 수 있고, 이를 다른 상황에 '적용'할 수 있고, 자신만의 '관점'을 제시할 수 있고, 다른 관점을 '공감'할 수 있고, 이를 통해 '자기 이해'에 도달할 수 있다는 것이다.Wiggins & McTighe, 2000: 116

'진정한 이해'의 여섯 가지 영역

영역	정의
설명	어떤 사건이나 아이디어의 원리를 설명하는 능력
해석	어떤 대상의 새로운 의미를 발견하거나 추론하는 능력
적용	배운 지식과 원리를 새로운 상황이나 다양한 맥락에 효과적으로 사용하는 능력
관점	자기만의 비판적이고 통찰력 있는 견해를 세우는 능력
공감	타인의 관점이나 세계관을 수용할 수 있는 능력
자기이해	자신의 무지를 아는 지혜, 자신의 사고와 행위를 반성적으로 성찰할 수 있는 능력

위에서 제시한 '진정한 이해'의 여섯 가지 영역은 블룸Bloom이 제시한 교육목표분류학을 계승 발전시킨 것이다. 2부 7장에서 언급했듯이 블룸과 그의 후학들은 교육 목표를 인지적 영역, 정의적 영역, 심동적 영역

으로 나누어 각 영역을 세부적으로 체계화했다. 그런데 사실 인지적 영역과 정의적 영역은 떼려야 뗄 수 없는 관계이다. '아는 만큼 느끼고, 느낀 만큼 더 알고자 하는 의지가 생기는 것'이 인간의 속성이기 때문이다. 위에서 제시한 '이해의 여섯 가지 영역'은 대상에 대한 이해에 덧붙여 타인에 대한 공감, 자기에 대한 이해까지 아우르고 있다. 인지적 영역과 정의적 영역이 통합적으로 작동하여 자신에 대한 성찰까지 이어지는 과정을 보여 준다는 점에서 의미가 있다.

백워드 교육과정론에서는 학생들이 '진정한 이해'에 도달하기 위해서 끊임없이 '빅 아이디어Big Idea'와 '본질적 질문'을 탐구하도록 하는 것이 중요하다고 본다. 우리가 성인이 되어 학창 시절 수업 시간에 배운 것이 무엇이었는지 회상해 보면, 대부분의 세부적인 지식은 기억에 남아 있지 않다. 그럼에도 그때 얻었던 몇몇 깨달음은 지금도 나 자신의 삶에 의미 있게 살아 움직이고 있다. 그 깨달음을 '빅 아이디어'라고 할 수 있다.

'빅 아이디어'란 단편적인 지식이나 정보, 개념을 차원을 넘어 교육과정 목표에 도달하는 데 핵심이 되는 지식, 학생이 다른 것들은 모두 잊어버려도 자신의 머릿속에 남아 있어야 하는 핵심적이고 포괄적인 지식이다. 이러한 빅 아이디어는 다음과 같은 속성을 지니고 있다.

빅 아이디어(Big Idea)의 속성

- 단편적인 지식을 넘어 학생들에게 오랫동안 남아 있어야 할 본질적이고 포괄적인 수준의 지식
- 여러 가지 사실, 기능, 경험을 연결하고 조직하여 의미의 폭을 확장하는 지식
- 학습자가 직관적으로 도달할 수 없기 때문에 '심층적 학습'을 필요로 하는 지식
- 오랜 시간 동안 활용할 수 있고, 다른 상황에도 '전이'가 가능한 지식

국어 교과에서 토의·토론법을 학습한다고 가정해 보자. 토의·토론의 유형과 절차를 아는 것은 단편적인 지식과 기능에 해당한다. 이보다 더 중요한 것은 학생들이 토의·토론을 통해 어떤 아이디어에 도달하도록 해야 하느냐이다. 그 아이디어가 학생들의 삶 속에 살아 움직여 문제해결에 도움을 주고 주체적인 역량을 키우는 데 도움이 될 때 이를 '빅 아이디어'라고 할 수 있다. 예를 들어 "토의·토론은 문제를 합리적으로 해결하고 민주주의를 발전시키는 데 도움이 된다", "다른 사람의 견해를 이해하는 것이 나의 생각을 발전시키는 데 도움이 된다" 등의 아이디어가 토의·토론을 학습할 때 학생들이 궁극적으로 도달해야 하는 '빅 아이디어'라고 할 수 있다.

이러한 '빅 아이디어'를 국가교육과정 문서 차원에서 명백하게 제시하기란 불가능하다. 교사가 바탕으로 학생들의 삶의 맥락 속에서 끊임없이 교육과정 문서를 재해석하는 가운데 '빅 아이디어'를 새롭게 진술해야 한다. 특히 교육과정 성취기준을 바탕으로 교사 자신의 언어로 '빅 아이디어'를 작성할 수 있어야 '교육과정 재구성'이 제대로 이루어졌다고 볼 수 있다.

학생들이 '빅 아이디어'에 도달하도록 돕기 위해서 교사는 끊임없이 '본질적 질문'을 던지며 교수학습을 진행해야 한다. '본질적 질문'이란 '정답이 존재하는 질문'이 아니라, '학생들의 지적 호기심과 진정성 있는 관심을 불러일으키는 개방적인 질문', '학생이 끊임없이 탐구하며 빅 아이디어에 도달하도록 이끄는 질문'이다. 예를 들어 "토의·토론은 문제를 합리적으로 해결하고 민주주의를 발전시키는 데 도움이 된다"라는 '빅 아이디어'에 도달하려면, 학생들이 "나와 다른 의견을 가진 사람을 어떤 태도로 대해야 하는가?", "수용할 만한 의견과 절대로 수용할 수 없는 의견은 어떻게 구분할 수 있는가?", "다른 사람을 설득할 수 있는 효과적인 방법은 무엇인가?"와 같은 '본질적 질문'에 대해 끊임없이 고민하며 학습할 수 있도록 해야 한다.

'성취기준', '빅 아이디어', '본질적 질문'의 관계(예시)

성취기준 (2015 교육과정 국어과)	성취기준 재구조화[12]	빅 아이디어	본질적 질문
[9국01-03] 목적에 맞게 질문을 준비하여 면담한다. [9국03-06] 다양한 자료에서 내용을 선정하여 통일성을 갖춘 글을 쓴다.	면담을 통해 주변 사람에 대한 전기문을 작성한다.	다른 사람의 삶을 이해하는 것이 곧 자신을 이해하는 데 도움이 된다.	- 나에게 가장 큰 영향을 준 인물은 누구인가? - 그 인물의 특징을 잘 드러내려면 어떠한 표현 전략을 구사해야 하는가?
[9국01-04] 토의에서 의견을 교환하여 합리적으로 문제를 해결한다. [9국01-10] 내용의 타당성을 판단하며 듣는다.	시사 문제에 대한 토론을 통해 문제 해결 능력을 기른다.	토의·토론은 문제를 합리적으로 해결하고 민주주의를 발전시키는 데 도움이 된다.	- 나와 다른 의견을 가진 사람을 어떤 태도로 대해야 하는가? - 수용할 만한 의견과 절대로 수용할 수 없는 의견은 어떻게 구분할 수 있는가?

----

12. 2018년부터 교육부의 〈학교생활기록 작성 및 관리지침〉에 "성취기준을 재구조화할 수 있다"라는 내용이 명문화되었다. 예전에는 국가교육과정의 성취기준을 자구 그대로 활용해야 하는 것처럼 여겼으나, 이 조항에 따라 성취기준을 통합, 압축, 구체화, 변형하는 등 재구조화할 수 있다는 인식이 확산되었다. 성취기준을 재구조화해야 하는 이유는 추상적으로 진술되어 있는 기존의 성취기준을 학생의 상황 및 교수학습의 맥락에 맞게 구체화하기 위함이다. 성취기준을 재구조화하는 작업을 통해 교사가 자신의 교육철학을 담아내고, 이를 바탕으로 '빅 아이디어'와 '본질적 질문'을 만드는 단계까지 나아가야 적극적인 의미의 교육과정 재구성이 이루어졌다고 볼 수 있다.

2) '백워드 교육과정'에서의 '평가'

가. 교육 목표에 따른 평가

앞에서도 언급했듯이 백워드 교육과정의 특징은 '평가계획을 미리 수립하는 것'이다. 이는 시험 문제를 미리 출제하고 수업 시간에 이것을 위주로 가르치라는 의미가 아니다. 백워드 교육과정에서 평가란 '학생들이 바라는 결과에 도달했는지 그 증거를 확인하는 절차'이다. 예컨대 학생들이 사칙연산을 제대로 할 수 있는지를 확인하려면 덧셈과 뺄셈, 곱셈과 나눗셈 능력을 확인하는 지필평가를 실시해야 하고, 학생들이 논리적·비판적 사고 능력을 길렀는지 확인하려면 사회적 이슈와 관련된 논술문을 작성하도록 해야 하며, 학생들이 예술적 창작 능력을 길렀는지 확인하려면 작품 포트폴리오를 꾸준히 만들도록 해야 한다.

백워드 교육과정에서는 교육 목표에 따른 교육 평가의 유형을 다음과 같은 그림으로 설명하고 있다.Wiggins & McTighe, 2000: 219

교육 목표에 따른 평가형태

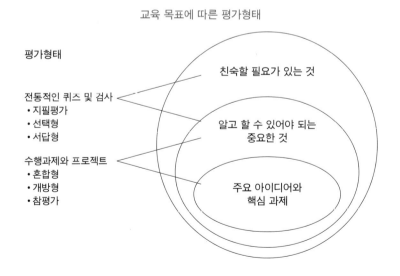

'친숙할 필요가 있는 것'이란 일반적인 상식처럼 알아 두면 도움이 되는 간단한 지식과 정보이다. 학생들이 이러한 지식과 정보를 알고 있는지를 확인하기 위해서는 전통적인 오지선다형 지필평가로도 충분하다. '알고 할 수 있어야 하는 중요한 것'이란 해당 단원의 핵심적인 지식과 기능을 의미하며, '주요 아이디어와 핵심 과제'는 앞에서 설명했던 '빅 아이디어'와 관련된 중요한 과제를 의미한다. 학생들이 이러한 핵심적인 지식과 기능, '빅 아이디어'를 제대로 이해하고 활용할 수 있는지를 확인하려면 논술형 평가, 나아가 실제적인 삶의 맥락과 연계된 참평가 authentic assessment를 실시해야 한다.

이처럼 백워드 교육과정에서는 '교육 목표에 적합한 평가'를 중시한다. 학생들이 간단한 지식과 정보를 암기하는 것도 교육적으로 중요하다. 이러한 목표를 확인하려면 간단한 지필평가를 해야 한다. 나아가 학생들은 배운 지식과 기능을 바탕으로 삶의 실제적 문제를 해결하는 역량도 길러야 한다. 이러한 목표를 확인하기 위해서는 문제해결 역량을 드러내는 수행평가를 해야 한다.

나. 참평가와 GRASPS 모형

백워드 교육과정에서는 이처럼 교육 목표에 따라 다양한 평가 방식을 적절하게 활용할 것을 강조한다. 이 중에서도 바라는 결과에 도달했다는 것을 확인하기 위해 '참평가'를 강조한다. '참평가'란 이 책의 1부 10장에서도 언급했듯이, '삶의 맥락과 분리되지 않은 실제적인 상황에서 이루어지는 평가'를 의미한다. 다시 말해 학생들의 실제적인 삶의 맥락 혹은 이와 유사한 상황을 설정해 놓고, 학생들이 배운 지식과 기능을 발휘하는 능력을 평가하는 것이다. 참평가를 실시하기 위해서 교사는 학생이 자기 삶의 맥락에서 배운 지식과 기능을 발휘할 수 있는 상황을 설정하는 것이 필요하다.

참평가를 실시하는 구체적인 방법으로 GRASPS 모델이 있다. GRASPS 는 목표Goal, 역할Role, 대상Audience, 상황Situation, 산출물Product, 기준 Standard의 약자로, 이는 학생들이 구체적인 상황에서 특정한 청중을 대상으로 자신의 역할을 하도록 함으로써 교육과정 기준에 도달했음을 입승하도록 하는 수행평가 방법론이다.Wiggins & McTighe, 2000: 207의 자료를 재구성

GRASPS 평가 모델(예시)

요소	수행과제 내용
목표 (Goal)	학생들이 수행해야 할 과제의 목표 - 우리 지역의 역사적, 지리적 특징 소개하기
역할 (Role)	학생들이 요청받은 실제적 역할 - 우리 마을 홍보대사
대상 (Audience)	과제를 수행할 구체적인 대상이나 관중 - 우리 마을 방문객
상황 (Situation)	학생들이 처한 실제적 맥락 - 방문객들이 우리 지역의 역사적, 지리적 특징이 잘 드러나는 장소를 방문하도록 여행 계획 세우기
산출물 (Product)	학생들이 수행 결과로 만들어 내야 하는 산출물 - 여행 계획서
기준 (Standard)	산출물이 갖추어야 할 세부적 요건 - 우리 지역의 역사적, 지리적 특징이 잘 드러났는가? - 여행 계획서의 내용과 형식이 적절한가?

위 모델은 학생이 자신의 구체적인 삶의 맥락에서 지식과 기능을 발휘하도록 하는 수행평가 방법론을 매우 구체적으로 제시하고 있다. 평가 전문성이 높은 교사라면 굳이 이 모델을 도식적으로 적용할 필요가

없겠지만, 수행평가에 아직 익숙하지 않은 교사라면 이 모델을 적절히 응용해 보는 것도 좋은 방법일 것이다. 중요한 것은 교사가 수행평가 과제를 설계할 때, 학생들이 자신의 인생을 살아가면서 향후 직면하게 될 '실제적 맥락authentic context'을 늘 염두에 두어야 한다는 것이다.

여기서 말하는 '실제적 맥락'이란 학생들이 일상생활 속에서 접하는 구체적인 상황(친구들과의 갈등 상황)일 수도 있고, 성인의 직업세계를 모방한 상황(모의법정)일 수도 있다. 혹은 바람직한 미래 사회를 만들어 가기 위해 해결해야 할 과제(기후위기, 빈곤, 분쟁 등)일 수도 있다. 이러한 수행과제는 학생들이 도달해야 할 궁극적인 목표(빅 아이디어, 진정한 이해)와 유기적으로 연결되어야 한다.

다음은 초등학교 4학년 교육과정에 해당하는 백워드 교육과정 설계 및 수행과제의 구체적인 예이다. 국가교육과정에 제시된 성취기준을 재구조화하여 '빅 아이디어' 및 '본질적 질문'을 추출했으며, 이와 유기적으로 연계된 수행평가 과제를 GRASPS 모델에 따라 개발했다.

이 수행과제에서 학생들이 작성한 건의문은 교실 상황에서 마무리될 수도 있고, 실제 민원으로 접수될 수도 있다. 어떤 상황이 되든지 간에 학생들이 배운 지식과 기능을 실제 삶 혹은 이와 유사한 맥락에서 실천해 보는 경험을 제공하는 것이 중요하고, 이 속에서 바람직한 태도와 가치를 기를 수 있도록 해야 한다. 특히 이러한 수행과제에 필요한 '실제적 맥락'은 단지 '흥미로운 상황'일 뿐만 아니라 '주제에 대해 진지하게 탐구하고 실천한 결과에 대해 책임감 있게 성찰할 수 있는 상황'이 되어야 한다.

성취기준	성취기준 재구조화	빅 아이디어	본질적 질문
[4사03-05] 우리 지역에 있는 공공 기관의 종류와 역할을 조사하고, 공공 기관이 지역 주민들의 생활에 주는 도움을 탐색한다. [4사03-06] 주민 참여를 통해 지역 문제를 해결하는 방안을 살펴보고, 지역 문제의 해결에 참여하는 태도를 기른다. [4국03-03] 관심 있는 주제에 내해 사신의 의견이 드러나게 글을 쓴다.	우리 지역의 문제점을 찾아 이를 해결하는 방안을 지방자치단체에 건의하는 글을 쓴다.	- 지역사회가 안전하고 평화로운 공동체로 바뀔 때 나의 삶도 행복해질 수 있다. - 나의 작은 실천이 지역사회의 변화에 기여할 수 있다.	- 생업에 바쁜 주민들도 지역사회 문제에 직접 참여해야 하는 이유는 무엇인가? - 어린이/청소년들의 참여도 지역사회를 바꿀 수 있을까?

요소	수행과제 내용
목표	우리 마을의 문제점 중 학생들의 삶에 가장 직접적으로 관련된 것을 찾아 이를 해결하는 방안을 제시한다.
역할	우리 모둠은 마을공동체 학생대표단이다. 이 중 나의 역할은 우리 마을의 문제점에 대한 학생들의 의견을 조사하여 정리하는 일이다.
대상	지방자치단체 업무 담당자를 대상으로 민원을 접수한다.
상황	학생들은 대부분 지역사회의 문제에 무관심하며 지방자치단체의 역할에 대해 잘 모르고 있다. 따라서 학생들이 지역사회의 문제에 관심을 갖도록 유도하고, 우리 마을의 문제와 관련된 의견을 수렴하고, 해결 방안을 모색하여 민원을 제기해야 한다.
실행	우리 마을의 문제점과 해결 방법 등을 담은 건의문을 민원 형식으로 작성해야 한다.
기준	- 학생들의 의견을 폭넓게 반영하였나? - 문제의 원인을 분석하고 이에 따른 해결 방안을 제시하였나? - 건의하는 글이 지녀야 할 내용과 형식을 제대로 갖추었나?

다. '스냅사진'이 아닌 '사진앨범식' 평가

백워드 교육과정에서 말하는 평가는 '바라는 결과(교육 목표)에 도달했다는 증거'를 확보하는 과정이다. 단 하나의 증거만으로 어떤 사실을 증명하기 어렵듯이, 하나의 평가만으로 목표 도달 여부를 확인할 수 없다. 그렇기 때문에 지속적이고 다면적인 평가가 필요하다.

톰린슨과 맥타이^{Tomlinson & McTighe, 2006}는 효과적인 평가를 '스냅사진'이 아닌 '사진앨범'에 비유했다. 단 한 장의 스냅사진으로는 대상의 진면목을 정확히 포착하기 어렵다. 오랜 기간 다양한 측면에서 찍은 여러 사진을 모은 앨범이 대상의 변화 과정이나 인물의 성장 과정을 제대로 보여줄 수 있다. 이와 마찬가지로 한 번의 시험이 아니라 다양한 증거를 수집해야 학생의 학습 과정 및 결과를 더 완전하게 이해할 수 있다. 이것이 '사진앨범식 평가'인데, 여기에는 다음과 같은 다양한 방식이 포함될 수 있다.

- 전통적인 지필평가(선다형, 서술형 등)
- 다양한 형태의 수행평가 과제
  - 서술 형태의 결과물(학습활동지, 노트, 독후감, 에세이 등)
  - 시각 형태의 결과물(포스터, 만화, 디자인 등)
  - 실기 형태의 결과물(연주, 연극, 운동 기능 등)
  - 발표(실험·실습 결과, 토의·토론 등)
- 장기간의 실제적authentic 과제(프로젝트 결과 등)
- 포트폴리오(오랫동안 체계적으로 수집한 작품 모음집)
- 교사의 지속적인 관찰
- 학생의 자기평가 및 동료평가

여기에 제시한 평가 방식은 교육 목표 및 교수학습의 상황에 따라 적절하게 활용될 수 있다. 중요한 것은 학생들을 정확히 이해하려면 일회적인 평가 방식(스냅사진)이 아닌 다면적이고 지속적인 평가 방식(사진앨범)을 활용해야 한다는 것이다. 하나의 성취기준을 평가하는 경우에도 아래와 같이 다양한 방식을 복합적으로 활용할 수 있다.Tomlinson & McTighe, 2006: 112의 자료를 재구성

사진앨범식 평가의 예

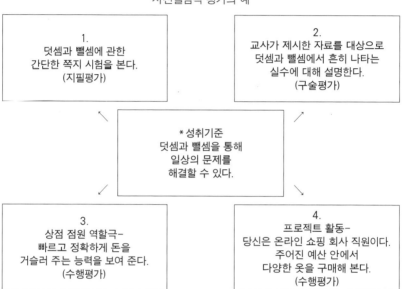

이러한 사진앨범식 평가는 모든 학생에 대해 동일한 시기에 동일한 평가 방식을 적용해야 한다는 기존의 관점을 뛰어넘는 것이다. '덧셈과 뺄셈을 통해 일상의 문제를 해결할 수 있다'라는 동일한 성취기준을 가지고도 때로는 간단한 지필평가로 혹은 본격적인 프로젝트 방식으로 평가를 진행할 수 있다. 학생들이 반드시 달성해야 할 목표에 도달했는지를 확인하기 위해 다양한 증거를 활용하여 하나 이상의 다양한 평가 방식을 활용하는 것이 사진앨범식 평가의 목적이다.

이러한 평가는 '보편적 학습설계Universal Design for Learning'의 주요 원리로도 활용될 수 있다. '보편적 학습설계'는 건축에서 흔히 사용되는 '보편적 설계'를 학습의 원리에 적용한 것으로, 장애인을 위한 설계(경사로, 엘리베이터 등)가 장애인뿐만 아니라 모든 사람에게 도움이 되듯이, "가장 어려움을 많이 겪는 학생을 위한 수업 방식이 궁극적으로는 모든 학생에게 도움이 된다"라는 철학을 구현하는 수업이 방식이다. 이러한 철학을 구현하기 위해 보편적 학습설계에서는 '표상의 원리', '표현의 원리', '참여의 원리'를 기본 원리로 삼는다.Tomlinson, 2014

이 중 '사진앨범식' 평가는 '표현의 원리'와 관련이 깊다. '표현의 원리'란 학생들이 배운 내용을 자신이 선호하는 방식으로 표현하도록 하는 것이다. 어떤 학생은 자신이 사칙연산을 원활히 수행할 수 있음을 계산 증명 방식으로 표현할 수도 있고, 어떤 학생은 이를 역할극이나 프로젝트 방식으로 표현할 수도 있다. 학생들은 서로 다른 표현 방식을 선호할 수 있기 때문에, 이처럼 다양한 평가 유형을 제공하는 것은 자신의 강점을 충분히 발휘할 기회를 주는 것이고, 나아가 모든 학생이 목표에 성공적으로 도달할 기회를 주는 것이다.

정리하자면, 백워드 교육과정에서의 평가란 학생들이 바라는 결과에 도달했다는 증거를 다양한 방법으로 확인하는 과정이다. 이때 교육 목표의 영역에 적합한 평가 방식을 채택해야 하며, 단일한 방식의 평가가 아니라 다양한 평가 방식을 지속적으로 적용함으로써 학습 과정과 결과를 총체적으로 확인해야 하고, 학생들이 지식과 기능을 실제 삶의 맥락에서 활용할 수 있는 경험을 제공해야 한다.

3.
백워드 방식으로
총괄평가-형성평가-진단평가
계획 수립하기[13]

일반적으로 교사들은 학기 초 수업을 계획할 때 보통 수업 목표와 내용을 먼저 정한 이후에 평가계획을 세운다. 하지만 앞서 설명한 백워드 방식에 따르면 수업 내용을 정하기 전에 먼저 수업 목표와 평가계획을 동시에 수립하게 된다. 한 학기 동안의 수업 목표를 고민하면서 "그 목표가 성취되었다면 학생에게 어떤 변화나 증거가 나타날까?", "그 변화를 확인하려면 어떤 평가를 해야 하는가?"를 동시에 생각하는 것이다. 이러한 백워드 방식의 평가계획 설계는 많은 장점이 있다.

첫째, 수업 목표와 평가계획을 미리 설계하면 한 학기 수업의 목표 지점을 놓치지 않고 진행할 수 있다. 그렇지 않으면 학기 초에 세웠던 목표가 흐릿해져 학기 말에 흐지부지되는 경우가 많다. 반면에 학생이 마지막으로 도달해야 할 지점을 명확히 설정하면, 학생들이 반드시 거쳐야 할 중간 지점도 단계마다 명확히 설정할 수 있고 이를 바탕으로 교수학습 및 평가를 진행할 수 있게 된다.

---

13. 이형빈·김성수(2021)의 일부 내용을 재구성했다.

둘째, 교사와 학생이 만족하는 좋은 수업을 만들 수 있다. 앞에서도 언급했듯이 백워드 교육과정에서는 '쌍둥이 과실', 즉 '교사가 많은 양의 지식을 나열하여 설명하는 수업'과 '목표 없이 무의미한 활동만 반복하는 수업'을 경계한다. 이 두 가지 수업은 비록 그 형태는 정반대이지만, 학생들이 도달해야 할 궁극적인 목표를 망각한다는 점에서 공통점이 있다. 그러나 교육 목표와 연결된 평가를 미리 계획하게 되면, 교사는 무엇을 강조하고 무엇을 강조하지 않을지, 어떤 지점에서 더 많은 시간을 할애할 것인지 등을 명확히 결정할 수 있는 것이다. 즉, 핵심 목표를 향해 단순하면서도 명료한 '좋은 수업'을 할 수 있게 된다.

셋째, 모든 학생이 교육 목표에 도달하는 완전학습이 이루어질 가능성이 커진다. 성취도가 낮은 학생일수록 교육 목표가 무엇인지, 교육 목표에 이르기 위해서는 무엇을 해야 하는지 명확하게 이해하지 못하는 경우가 많다. 하지만 백워드 설계에 따라 도달해야 할 목표와 이에 따른 증거인 평가계획을 사전에 명확하게 수립하게 되면, 학업에 어려움을 겪는 학생도 목표에 도달했다는 것을 입증하려면 어떤 조건을 갖추어야 하는지를 이해할 수 있게 된다. 또한 교수학습이 진행되는 과정에서도 교사는 평가계획 및 루브릭에 따라 이 학생들이 목표에 성공적으로 도달하도록 다양한 정보와 피드백을 제공할 수 있게 된다. 그렇기 때문에 사전에 교육 목표 및 평가계획을 명확히 수립하는 백워드 방식은 특히 학업에 어려움을 겪는 학생들에게 도움이 된다.

백워드로 평가계획을 설계하면 많은 장점이 있지만 그만큼 어려움도 있다. 우선 '교육 목표에 도달했다는 증거'를 무엇으로 볼 것인지 결정하기가 쉽지 않다. 예컨대 지필평가에서 90점 이상 획득한 것을 증거로 볼 것인지, 아니면 자신의 생각을 글이나 말로 분명하게 설명할 수 있는 것을 증거로 볼 것인지 결정하기 어렵다. 한 차시의 수업 또는 한 단원의 수업에서는 목표 도달의 증거를 찾는 것이 수월할 수 있지만, 한 학기 교수학습을 통해 최종적인 교육 목표에 도달했다는 증거를 찾는 것은 쉬운 일이 아니다.

교육 목표에 도달했다는 증거를 설정하더라도, 그것을 바탕으로 평가계획을 수립하는 것도 쉬운 일은 아니다. 어떤 수행평가를 언제 해야 할지, 각각의 수행평가에서 도달과 미도달의 기준은 무엇으로 할지, 구체적인 평가기준(루브릭)을 어떻게 설정해야 할지 등을 깊이 고민하며 노력을 기울여야 한다. 이를 위해서는 교사들이 다음과 같은 질문을 스스로에게 던지며 그 답을 자신의 언어로 정리하는 것이 좋다.

백워드 방식의 평가계획 수립을 위한 질문들

1. 한 학기 동안 내가 가르칠 내용은 무엇인가?
2. 한 학기 교육과정을 아우르는 핵심 목표는 무엇인가?
3. 핵심 목표에 도달했다는 증거는 무엇인가?
4. 핵심 목표에 도달했다는 증거를 확인하기 위해 어떤 평가를 언제 실시할 것인가?
5. 각각의 평가는 어떤 기준을 바탕으로 시행해야 하는가?

이 질문들에 대한 해답은 단기간의 고민으로는 찾기 어렵다. 오랜 시간 가르칠 내용을 살펴보고 다양한 참고 자료를 수집하고 이전의 경험을 성찰해야 대답을 얻을 수 있다. 또한 한 차례 평가를 실행한 이후에도 부족한 부분을 보완하며 다듬어 나가야 한다. 이런 과정을 여러 차례 거치면서 더 완성도 높은 평가계획을 세울 수 있게 된다.

학교현장에서 그동안 흔히 시행되어 온 평가계획은 대체로 지필평가 2회(중간고사 및 기말고사, 총점의 40~60%), 수행평가 3~4회(총점의 40~60%)로 되어 있다. 정해진 시험 범위에 맞춰 진도를 나가고, 정해진 시기에 중간고사 및 기말고사를 시행하고, 중간중간에 수행평가를 끼워 넣는 형태이다.

학교현장에서 실시되는 일반적인 평가계획(예)

평가 유형	지필평가		수행평가		
반영 비율	60%		40%		
	30%	30%	10%	10%	20%
영역	중간고사	기말고사	독서 기록	탐구 보고서	포트폴리오
평가 대상	교과서 1~2단원	교과서 3~4단원	성취기준 한 가지	성취기준 한 가지	성취기준 두 가지
시기	4월 말	7월 초	3월 말	6월 말	3~6월

이러한 평가로는 해당 학기의 핵심적인 교육 목표가 무엇인지, 학생들이 어떤 모습으로 성장해야 하는지, 학생들이 성장했다는 것을 어떻게 확인할 수 있는지 확인하기 어렵다. 일부 학교에서는 선다형 문항 위주 지필평가의 한계를 극복하기 위해 수행평가를 100% 실시하기도 하지만, 이때도 각각의 수행평가가 서로 유기적인 관계를 맺지 못한 채 단편적·일회적 평가의 한계를 보인다.

이러한 한계를 극복하려면 한 학기 동안 학생들이 반드시 도달해야 할 핵심 목표가 무엇인지, 어떤 모습으로 성장해야 하는지를 명확히 한 후 이를 확인할 수 있는 절차로서의 평가계획을 세워야 한다. 이를 위해서는 앞에서 자세히 언급한 백워드 교육과정의 장점을 충분히 반영해야 한다. 이를 '학기별 핵심 목표를 중심으로 총괄평가-형성평가-진단평가를 백워드 방식으로 설계하기'라고 할 수 있다. 이의 전반적인 흐름은 아래와 같다.

백워드 방식의 평가계획 수립 절차

학기별 핵심 목표 선정 및 성취기준 재구조화	학생들이 학기 말에 최종적으로 도달해야 할 목표는 무엇인가? 이에 따라 성취기준은 어떻게 재구조화되어야 하는가?

⇩

총괄평가 계획 수립	학기별 핵심 목표에 도달했다는 것을 입증하기 위해 학생들은 무엇을 해야 하는가?

⇩

형성평가 계획 수립	총괄평가에 필요한 지식/기능/태도를 형성하는 과정을 확인하고 이를 촉진하기 위해서는 어떤 형성평가를 시행해야 하는가?

⇩

진단평가 계획 수립	선수지식 습득 여부 확인이 필요한 단원(영역)은 무엇이며, 어떤 진단평가를 시행해야 하는가?

⇩

학기별 평가계획 완성

백워드 교육과정은 학교교육과정을 통해 궁극적으로 도달해야 할 '목표'를 먼저 수립하고 여기에 도달하기 위한 구체적인 절차를 설계한다. 특히 일반적인 관행과 달리 '평가계획'을 먼저 수립한다. 이러한 원리에 따라 우선 '학기별 핵심 목표'를 선정해야 한다. 이는 "학생들이 최종적으로 도달해야 목표는 무엇인가?"에 대한 대답이다. 그리고 이에 따라 한 학기 동안 다루어야 할 성취기준을 재구조해야 한다.

일반적으로 평가의 유형은 평가의 시기에 따라 '진단평가(교수학습 이전)-형성평가(교수학습 과정)-총괄평가(교수학습 이후)'로 구분한다. 하지만 실제 평가계획을 수립할 때는 '총괄평가-형성평가-진단평가'의 흐름, 즉 백워드 방식으로 수립하는 게 효율적이다. 학생들이 '학기별 핵심 목표'에 도달했는지를 확인하는 것이 '총괄평가'이다. 그리고 '형성평가'는 총괄평가에 필요한 지식/기능/태도를 형성하는 과정을 확인하고 이를 촉진하는 평가이다. 이처럼 '학기별 핵심 목표'를 설정하고 이를 확인하기 위한 '총괄평가'를 계획한 후 이와 연계된 '형성평가' 계획을 수립하는 과정 역시 백워드 설계에 의한 절차이다. 마지막으로 진단평가가 필요한 영역을 확인하고, 이에 필요한 평가문항을 개발함으로써 '총괄평가 → 형성평가 → 진단평가'의 흐름에 따른 학기별 평가계획 수립이 마무리된다.

1) 학기별 핵심 목표 선정 및 성취기준 재구조화

평가란 학생들이 바라는 목표에 도달했는지 여부를 확인하는 과정이다. 따라서 바람직한 평가계획을 수립하기 위해서는 바람직한 교육 목표를 명확히 선정해야 한다. 하지만 학교현장에서 교사들이 교육 목표를 별도로 고민하는 경우는 많지 않다. 교육 목표는 국가교육과정에 명시되어 있고, 교육 내용은 교과서에 수록되어 있기 때문이다.

특히 2012년부터 '성취평가제'가 도입된 이후, 국가교육과정에 제시된 '성취기준'이 교육과정-수업-평가 실행에서 가장 중요한 준거로 활용되고 있다. 교육부의 〈학교생활기록 관리 및 작성지침〉에서는 성취기준을 "학생들이 교과를 통해 배워야 할 내용과 이를 통해 수업 후 할 수 있거나 할 수 있기를 기대하는 능력을 결합하여 나타낸 활동의 기준"으로 정의했다.

교육과정-수업-평가의 준거로 성취기준을 강조하는 것은 양면성을 지니고 있다. 성취기준은 학생 입장에서는 어떤 지식, 기능, 태도를 길러야 하는지, 교사 입장에서는 무엇을 가르치고 평가해야 하는지 등을 명확히 한다는 점에서 의미가 있다. 또한 성취기준은 교사 차원에서 교육과정을 재구성할 수 있는 근거가 된다. 과거에는 '교과서를 있는 그대로 모두 가르친다'는 관념이 일반적이었으나, 이제는 '교과서는 성취기준을 구현하기 위한 하나의 예시적인 자료집'이라는 관점에 따라 교과서의 내용을 취사선택하는 등의 교육과정 재구성이 활발하게 이루어지고 있다.

반면에 성취기준에 지나치게 집착하는 것은 또 다른 의미의 획일적 교육과정을 유도할 수도 있다. 모든 학생이 동일한 시기에 동일한 기준에 도달해야 한다는 것도 타당하지 않으며, 학생의 특성이나 교사의 자율적 전문성에 따라 성취기준에서 제시되지 않은 교육활동을 진행하는 것이 바람직할 수도 있다.

또한 성취기준은 새로운 학력 개념에 비추어 볼 때 다소 모호하거나 협소한 측면이 있다. 국가교육과정에 제시된 성취기준은 '내용요소(지식)+행동요소(기능)'로 구성되어 있어, '태도 및 가치'의 요소가 상대적으로 부족하다. 그렇기에 최근 〈OECD Education 2030〉에서 제시하는 '변혁적 역량'[14]과 같은 미래교육의 요소를 담보하기에도 한계가 있다.

따라서 교사가 직접 자신의 교육철학을 바탕으로 학교와 학생의 실정에 적합하도록 성취기준을 재구조화할 필요가 있다. 성취기준을 재구조화할 때는 첫째, 단편적으로 나열된 성취기준을 통합하여 더 큰 범위

(빅 아이디어 등)로 묶어 가야 하고, 둘째, 지식-기능-태도 및 가치 등 길러야 할 역량을 총체적으로 반영해야 하며, 셋째, 학생 입장에서 무엇을 배우고 무엇을 해야 하는지를 친절하게 안내할 수 있도록 해야 한다.

이러한 성취기준 재구조화를 통해 해당 학기 핵심 목표를 설정해야 한다. 학생들이 한 학기 동안 배운 내용 중 지엽적인 내용은 잊어버리더라도 반드시 내면화되어 삶의 역량을 키우는 데 도움이 될 만한 지식, 기능, 태도 및 가치가 무엇인지를 생각해야 한다. 이 핵심 목표를 향해 한 학기 동안의 모든 학습활동이 하나의 흐름을 갖고 유기적으로 연결되어야 하며, 이 속에서 진단평가-형성평가-총괄평가가 적절히 배치되어야 한다.

2) 총괄평가계획 수립

학기별 핵심 목표를 설정했다면, 학생들이 이에 도달했다는 것을 확인하는 평가계획을 수립해야 한다. 학기별 핵심 목표 도달 여부를 확인하는 평가가 바로 총괄평가이다.

총괄평가summative evaluation는 교수학습이 완료된 이후 학습활동의 과정과 결과를 종합적으로 확인하여 교육 목표의 도달 여부를 총체적

---

14. OECD에서는 〈OECD Education 2030〉이라는 보고서를 통해 세계 각국의 교육이 지향해야 할 미래역량을 '변혁적 역량'으로 규정했다. '변혁적 역량'이란 '불확실한 미래 사회를 바람직하게 바꾸는 능력'이라 할 수 있으며, 그 하위 요소로는 '새로운 가치 창출하기, 긴장과 딜레마 조정하기, 책임감 갖기' 등이 있다. 이 개념은 코로나 팬데믹 이후 미래교육이 지향해야 할 핵심으로 널리 인용되고 있으며, 한국의 2022 개정 교육과정 개발 작업에도 중요한 논거로 활용되었다.

으로 판단하는 평가이다. 여기서 말하는 '총괄總括'에는 두 가지 의미가 있다. 첫 번째는 일정 기간(보통 학기 단위) 진행되어 왔던 교수학습의 과정 및 결과를 총괄적으로 확인한다는 의미이다. 두 번째는 교수학습의 결과로 학생들이 습득한 지식뿐만 아니라 기능, 태도 및 가치 등을 총체적으로 확인한다는 의미이다.

학교현장에서는 일반적으로 기말고사를 총괄평가로 간주하는 경향이 있다. 기말고사는 보통 20~30여 개의 선다형 문항과 몇몇 서술형·논술형 문항으로 구성되어 있다. 하지만 이러한 문항으로 학생들이 한 학기 동안 쌓아 온 역량을 총괄적으로 확인하기에는 근본적인 한계가 있다. 선다형 문항은 지엽적이고 단편적인 지식 습득 여부만을 확인할 수 있을 따름이다. 또한 이를 보완하기 위해 출제되는 서술형·논술형 문항도 학생들의 깊이 있는 사고력이나 창의적 문제해결 능력, 의사소통 능력 등을 확인하기에는 한계가 있다.

그러므로 총괄평가에 대한 근본적인 인식의 전환이 필요하다. 학생들이 마땅히 알고 있어야 할 단편적 지식의 습득 여부는 총괄평가보다는 형성평가, 즉 교수학습 과정에서 이루어지는 평가를 통해 확인하는 것이 적합하다. 총괄평가는 학생들이 학기 말 즈음에 지니고 있어야 할 지식, 기능, 태도 및 가치 등을 총체적으로 확인할 수 있는 형대와 도구로 구성되어야 한다. 예를 들어 논술형, 포트폴리오, 프로젝트, 보고서 발표, 전시회 등의 평가 방식이 총괄평가로 적합하다.

예를 들어, 미국의 '센트럴파크이스트 고등학교'에서는 '졸업 포트폴리오 전시회'를 가장 중요한 평가 방식으로 설정한다. 학생들은 졸업할 때 다음과 같은 포트폴리오 전시를 의무적으로 해야 하며, 이를 통해 학생

들이 이 학교가 추구하는 교육과정 목표를 완수했다는 증거를 보이게 된다.Apple & Beane, 1995

학생들이 감당해야 할 책임은 이 문서에 열거된 14개의 포트폴리오 요구 사항을 완수하는 것입니다. 이 포트폴리오들은 우리 학교 특유의 마음과 일의 습관뿐 아니라 각 영역의 기술과 지식을 반영하고 있습니다. 학생들은 7개의 주요 포트폴리오를 선택하고 이를 위원회에서 발표합니다. 포트폴리오와 관련해서 수행된 과제는 그동안 이루어진 수업, 세미나, 인턴십, 그리고 독립학습 등의 결과물이어야 합니다.

포트폴리오는 14개의 영역을 포함합니다. 7개의 '주요' 포트폴리오와 7개의 '일반' 포트폴리오를 발표하게 됩니다. 우리는 가급적이면 통합교과적 학습을 권장합니다. 따라서 한 영역의 요구 사항에 맞추기 위해서 제작된 포트폴리오가 다른 영역의 요구 사항을 맞추는 데에도 활용될 수 있습니다. 거의 대부분의 포트폴리오 요구 사항은 다른 이들과의 협동 작업으로 제작된 것(그룹 발표를 포함해서)도 허용하고 있습니다. 우리 학교는 이와 같은 협동 작업을 장려하는데, 이는 이와 같은 협동 작업이 학생들로 하여금 훨씬 더 복잡하고 흥미로운 프로젝트에 관여할 수 있게 하기 때문입니다.

다음은 14개의 포트폴리오 영역입니다.

1) 졸업 이후 계획, 2) 과학/기술, 3) 수학, 4) 역사와 사회교과, 5) 문학, 6) 자서전, 7) 학교 및 지역사회 봉사활동과 인턴

십, 8) 윤리와 사회 이슈들, 9) 미술/미학, 10) 실질적 기술, 11) 미디어, 12) 지리, 13) 외국어/이중언어, 14) 체육

센트럴파크이스트 고등학교에서는 학생들이 학교교육의 목적을 달성했다는 것을 스스로 입증하기 위해 이러한 포트폴리오를 필수적으로 작성하고 있다. 이러한 포트폴리오 전시회가 고등학교 졸업자격을 부여하는 최종적인 졸업시험인 총괄평가에 해당한다.

한국의 일부 혁신고등학교에서도 이와 유사한 총괄평가를 진행하고 있다. 학생들이 1년 동안 진행했던 프로젝트 활동을 총괄하여 발표하는 '학습논문 발표회'가 대표적인 예이다. 이는 현행 제도상 수행평가에 해당하지만, 학생들의 학습 과정과 결과를 총체적으로 파악하여 학생들의 전인적 성장을 확인하는 총괄평가의 의미를 살렸다는 점에서 의미가 있다.

이런 방식의 총괄평가를 진행하려면 수행평가 100%를 시행하고 수행평가의 방식으로 총괄평가를 실시하는 것이 적절하다. 총괄평가로서의 수행평가는 흔히 학교에서 시행하고 있는 단편적, 분절적 수행과제를 제시하기보다는 한 학기 동안 습득한 지식과 기능, 태도 및 가치 등을 종합적으로 확인할 수 있는 긴 호흡의 심화형 수행과제를 제시하는 방식으로 이루어져야 한다. 예를 들어 학생들이 교수학습 과정에서 꾸준히 작성해 온 포트폴리오를 종합적으로 평가하는 방식, 한 학기 동안 배운 지식과 기능을 종합적으로 발휘하도록 하는 프로젝트 활동 결과 혹은 연구보고서 작성 결과를 발표하는 방식 등이 이에 해당한다.

기말고사 방식의 지필평가가 불가피한 경우에도 선다형 문항보다는

논술형 문항이 총괄평가의 취지에 부합된다. 이때의 논술형 문항은 지엽적인 지식을 확인하는 문항을 다수 출제하기보다는, 소수의 문항을 출제하더라도 각각의 문항이 학생들의 지식과 기능, 태도 및 가치 등을 포괄적으로 확인할 수 있는 방식으로 구성되어야 한다. 지필평가에서 선다형 문항을 부득이하게 출제해야 할 때는, 되도록 선다형 문항의 수나 비중을 줄이고 논술형 문항을 통해 총괄평가의 취지를 살리는 것이 타당하다.

3) 형성평가계획 수립

총괄평가계획 수립 이후에는 이와 연계한 형성평가계획을 수립해야 한다. 앞에서 언급한 논술형 평가, 포트폴리오, 프로젝트 등의 총괄평가를 학생들이 제대로 시행하려면 깊이 있는 지식과 다양한 기능이 축적되어야 한다. 이러한 총괄평가에 필요한 지식, 기능, 태도 및 가치를 형성하는 과정을 확인하고 이를 촉진하는 역할을 하는 것이 형성평가이다.

형성평가formative evaluation는 교수학습 과정에서 실시하는 평가이다. 이 용어에 담긴 'formative', '형성形成'이라는 단어 자체가 '어떤 형태를 이루는 과정'을 의미한다. 따라서 형성평가는 학생들이 교육 목표를 향해 나아가는 과정을 확인하고 이를 촉진하는 평가라고 할 수 있다. 정리하자면 형성평가는 교수학습 과정에서 학생들의 진전 정도를 확인하고 이들에게 피드백을 제공함으로써 학생들이 자신의 학습을 개선하도록 돕는 평가이다.

형성평가의 방법으로는 다양한 수행평가(토의·토론, 실험·실습, 포트폴리오, 보고서, 논술형 등)는 물론이고 전통적인 지필평가(선다형, 서술형 등)도 활용될 수 있다. 한 단원이 끝난 후 학생들의 이해 여부를 확인하기 위해 간단한 쪽지 시험을 보거나 퀴즈, 게임, 설문조사, 학습노트 작성 등을 하는 것도 형성평가의 방법이 될 수 있다. 중요한 것은 형성평가의 목적이 학생들의 최종적인 성적 산출이 아니라 학습의 과정을 촉진하여 모든 학생이 목표에 도달하도록 돕는 것이라는 점이다.

형성평가는 총괄평가와 식섭적으로 연계될 수도 있고(총괄평가 연계형 형성평가), 그렇지 않을 수도 있다(총괄평가 분리형 형성평가). '총괄평가 연계형 형성평가'는 총괄평가에 필요한 지식, 기능, 태도 및 가치 등을 촉진하고 이를 확인하기 위해 실시된다. 예를 들어 총괄평가로 '문학작품을 활용한 주장하는 글쓰기'를 실시한다고 가정하면, 학생들이 이를 수행하기 위해서는 문학작품에 대한 감상 능력을 키워야 하고, 쟁점 토론을 통해 자신과 타인의 주장을 비교해야 하며, 다양한 자료를 활용해 주장하는 글을 쓰는 경험을 쌓아야 한다. 형성평가는 이러한 과정을 학생들이 제대로 수행했는지를 확인하는 과정으로 이루어진다.

'총괄평가 분리형 형성평가'는 총괄평가 과제와는 직접적으로 연결되지 않는 영역의 학습을 확인하기 위해 시행된다. 주로 지식 습득 그 자체가 학습 목표인 단원(영역)에 해당하는 형성평가이다. 이 유형의 형성평가에는 '총괄평가 연계형 형성평가'에 비해 비교적 단순한 평가 도구, 즉 학습활동지 작성, 서술형 평가 등이 활용된다.

형성평가는 학생들의 과제 수행 과정 및 결과에 대한 교사의 피드백이 필수적이다. 또한 교사의 피드백을 받은 학생에게 '재도전의 기회'를 부여함으로써 학생들이 자신의 학습 과정을 성찰하고 더 성장할 기회를 제공해야 한다. 따라서 형성평가에 활용되는 평가 루브릭은 이러한 피드백 및 재도전의 기회(1차 평가 → 교사의 피드백 → 2차 평가) 과정이 명시되도록 해야 한다.

이러한 형성평가 결과에 대해서는 점수를 부여할 수도 있고 그렇지 않을 수도 있다. 초등학교와 달리 중등학교에는 평가를 치르고 나면 반드시 점수를 부여해야 한다는 관념이 있다. 그러나 형성평가는 학생들이 교육 목표를 향해 자신의 지식과 기능, 태도 및 가치를 '형성하는 과정'을 확인하는 평가이기 때문에, 이 모든 과정에 일일이 점수를 부여할 필요는 없다. 때로는 간단한 쪽지 시험을 진행한 후 학생들이 어느 정도 이해했는지 확인하는 것만으로 형성평가를 마무리할 수도 있고, 때로는 학생들의 수행평가 중간 과제를 확인한 후 이에 대해 비교적 낮은 배점의 점수를 부여할 수도 있다.

형성평가 단계에서는 2부 8장에서 언급했던 자기평가, 동료평가를 적극적으로 활용하는 것도 바람직하다. 자기평가를 통해 학습 과정을 스스로 점검하고, 동료평가를 통해 학생들이 서로 조언하면서 개선 방안을 찾도록 하는 것이 형성평가 단계에서 매우 중요하다.

4) 진단평가계획 수립

진단평가diagnostic test라는 용어에 포함된 '진단'은 보통 병원에서 쓰는 말이다. 본격적인 의료행위에 들어가기 전에 의사는 환자의 상태를 '진단'한다. 그래야 이에 따른 '처방'을 할 수 있다. 학교에서의 진단평가 기능도 이와 유사하다. 교사가 학생의 현 상태를 진단해야 이에 적합한 교수학습을 진행할 수 있다.

진단평가는 교수학습이 시작되기 이전에 학습자의 출발점 상태를 파악하기 위해 실시한다. 진단평가를 통해 교사는 학생이 해당 단원이나 영역의 교수학습에 필요한 사전 지식을 어느 정도 알고 있는지를 확인해야 한다. 만약 학습결손이나 학습부진이 있다면 그 원인이 무엇인지, 예를 들어 이전 단계에서 배워야 할 것을 배울 기회가 없었는지, 학습 태도나 흥미 등 정의적 특성에 주목해야 할 점이 있는지, 선천적인 요인이나 가정적·사회적 배경에 대해 전문적인 진단이나 상담이 필요한지 등을 파악해야 한다. 이것이 전통적인 진단평가의 기능이다.

현재 우리나라의 학교현장에서는 학년 초 기초학력 부진 학생을 선별하기 위한 용도의 진단평가는 이루어지고 있지만, 일상적인 교수학습에는 진단평가가 거의 활용되고 있지 않다고 해도 과언이 아니다. 그런데 진단평가는 다양한 방법으로 손쉽게 활용할 수 있다. 한 단원의 교수학습이 시작되기 전에 간단한 쪽지 시험을 볼 수도 있고, 진위형 문항(○/× 퀴즈)이나 단답형 문항('도전 골든벨' 방식의 게임)으로 진행할 수도 있다. 혹은 학습 태도나 흥미 같은 정의적 영역에 대한 설문조사나 체크리스트형 자기평가를 진행할 수도 있다. 이러한 진단평가는 학생들에게 '시험을 본다'는 느낌을 주지 않는 간단하고도 편안한 방식으로 하는 것이 그 취지에 맞다. 따라서 진단평가는 점수를 부여할 이유가 전혀 없다. 진단평가는 총괄평가나 입시와 같은 '고부담 평가'가 아닌 '저부담

인지적 영역 진단평가의 예(진위형 문항)

• 이제 우리는 한글 자모음의 원리에 대해 학습할 예정입니다. 본격적인 학습에 앞서 여러분이 한글에 대해 어느 정도 알고 있는지 확인해 보겠습니다. 다음 내용이 옳으면 'ㅇ', 틀리면 'X' 표시를, 모르겠으면 '모름'이라고 적어 보세요.

1. 한글의 기본 자음은 모두 14개이다.
2. 한글의 기본 모음은 모두 10개이다.
3. 모음은 자음 없이도 홀로 소리 낼 수 있다.
4. 'ㄲ, ㄸ, ㅃ, ㅆ, ㅉ'을 '거센소리'라고 한다.
5. 'ㅘ, ㅙ, ㅝ, ㅞ…'와 같은 모음을 '이중모음'이라고 한다.

정의적 영역 진단평가의 예(설문형 문항)

• 선생님은 여러분이 이번 학기 수업을 통해 수학과 친해지기를 기대합니다. 여러분이 다음 설문에 솔직히 대답해 주시면, 선생님은 그것을 바탕으로 좋은 수학 수업을 준비하겠습니다.

1. 여러분은 수학 공부를 좋아합니까?
   ① 전혀 그렇지 않다 ② 그렇지 않다 ③ 보통이다
   ④ 그렇다 ⑤ 매우 그렇다

2. 여러분은 수학 공부가 필요하다고 생각합니까?
   ① 전혀 그렇지 않다 ② 그렇지 않다 ③ 보통이다
   ④ 그렇다 ⑤ 매우 그렇다

3. 수학 공부가 필요하다고 생각한다면 그 이유를 간단히 적어 보세요.

4. 수학 공부 중에서 특히 어려운 영역은 무엇입니까?
   ① 수와 연산 ② 문자와 식 ③ 함수
   ④ 기하 ⑤ 확률과 통계

5. 수학이 어렵게 느껴진다면 그 이유가 무엇인지 자유롭게 적어 보세요.

평가'가 되어야 한다. 또한 교사 입장에서는 학생들에 대한 유용한 정보를 손쉽게 얻는 방식으로 진행하는 것이 바람직하다.

진단평가를 모든 단원(영역)에서 반드시 실시할 필요는 없다. 필요한 시기에 필요한 영역에 한해서 이에 적당한 방식의 진단평가를 하면 된다. 학기 초에는 해당 과목에 대한 학생들의 흥미나 태도 같은 정의적 영역을 알아보는 진단평가가 도움이 된다. 어떤 단원에서 선수학습을 통한 지식 습득 여부 확인이 꼭 필요하다면 간단한 지필평가 형태의 진단평가를 치르는 것이 좋다. 특히 수학처럼 지식의 위계가 분명한 교과는 일상적인 진단평가를 통해 학생들의 학습부진 누적을 예방해야 한다.

교사는 진단평가 결과를 바탕으로 교육과정 및 수업 계획을 조정할 수 있다. 만약 학생들이 교사의 예상보다도 해당 단원에 대한 기초 지식이 부족하다면 그 원인을 찾아야 한다. 선수학습(이전 학년 혹은 학교 급에서 이미 배웠어야 할 내용)이 부족하다면 이를 다시 복습해야 하고, 해당 단원 자체의 난이도가 너무 어렵다면 교육과정을 재구성하여 학생들이 이해하기 쉬운 자료를 활용하거나 충분한 교수학습 시간을 확보해야 한다. 또한 학습 의욕이 매우 부족하다면 학생들의 동기를 유발할 수 있는 활동을 충분히 제공해야 한다. 특히 진단평가 결과 심각한 학습부진이나 학습장애가 염려스러운 학생이 발견되었다면, 학교 내 지원 시스템을 활용해 전문적인 진단이나 상담을 해야 한다.

진단평가는 학생들의 흥미와 욕구를 유발하는 데에도 도움이 된다. 앞에서 언급한 O/× 퀴즈 등을 통해 자신의 오개념을 발견하고 이를 탐구하려는 의욕을 불러일으킬 수도 있다.

5) 학기별 평가계획 완성

진단평가-형성평가-총괄평가는 서로 분리되는 별도의 평가가 아니라 하나의 목표를 향해 일관성 있게 진행되어야 하는 흐름이다. 이 흐름은 매 단원 반복적으로 이루어질 수도 있고, 학기별로 큰 흐름으로 이루어질 수도 있다. 초등학교에서는 매 단원 진단평가-형성평가-총괄평가가 반복적으로 이루어지는 것이 바람직하고, 중등학교에서는 이 흐름이 학기별로 이루어지는 것이 현실적이다.

진단평가-형성평가-총괄평가의 흐름

평가 유형	진단평가	형성평가	총괄평가
목적	선수학습의 수준 파악	지식 및 기능의 형성 과정 파악	학습 과정 및 결과에 대한 총체적 확인
시기	교수학습 이전 ⇨	교수학습 과정 ⇨	교수학습 이후
평가 방법	진위형, 선다형, 퀴즈, 설문 등	학습활동지, 토의·토론, 실험·실습 등	포트폴리오 프로젝트, 논술, 연구보고서, 공연, 전시회 등

이러한 흐름은 현재 중등학교 현장의 관행에 비추어 볼 때 다소 낯선 형태이다. 특히 현재 익숙하게 이루어지고 있는 중간고사, 기말고사 등 일제식 지필평가가 이러한 흐름 속에 어떻게 자리 잡을 수 있을지에 대한 검토가 필요하다.

여기서는 '진단평가-형성평가-총괄평가'의 흐름과 일제식 지필평가의 관계를 두 가지 모델로 제시하고자 한다.

첫 번째는 일제식 지필평가를 시행하지 않고 수행평가만으로 '진단평가-형성평가-총괄평가'를 실시하는 모델이다. 기존의 방식처럼 단편적·일회적 수행평가만으로는 성장중심평가의 취지를 살리기 어렵다. 학생들의 출발점, 학습의 과정, 학습의 결과를 총체적으로 확인하는 진단평가-형성평가-총괄평가의 흐름에 맞추어 수행평가를 함으로써 성장중심평가의 취지를 구현할 수 있다.

두 번째 모델은 일제식 지필평가를 학기 말이 아닌 학기 중간에 1회만 실시하고, 기존 기말고사 시기에 수행평가를 총괄평가 방식으로 시행하는 방안이다. 그동안 학교현장에서는 학기 말에 일제식 지필평가(기말고사)를 시행하는 것이 일반적인 관행이었다. 하지만 학기 말에 일제식 지필평가(기말고사)를 치르고 나면, 그 결과를 피드백하거나 한 학기 동안의 성과를 총체적으로 공유하는 작업은 이루어지기 어렵다. 오히려 기말고사 이후 교육과정이 파행적으로 운영되는 경우가 많다.

그러니 일제식 지필평가를 치르더라도 이를 학기 중에 시행하여 기본적인 지식과 정보 습득 여부를 확인하고, 학기 말에는 프로젝트, 보고서 발표, 포트폴리오, 발표회 등의 수행평가를 통해 한 학기 동안 학생들이 수행해 온 학습 과정 및 결과를 총체적으로 확인하는 총괄평가를 제대로 시행하는 것이 바람직하다. 이 경우 일제식 지필평가는 17주 기준 학사 일정 중 2/3 지점(12주 차 정도)에 시행하고, 지필평가를 통해 확인된 지식과 정보를 바탕으로 나머지 1/3 기간은 프로젝트 활동, 보고서 작성 등의 활동을 거쳐 총괄평가를 준비하는 기간으로 활용하는 것이 적절하다.

여기서 제기한 두 가지 모델을 정리하면 다음과 같다.

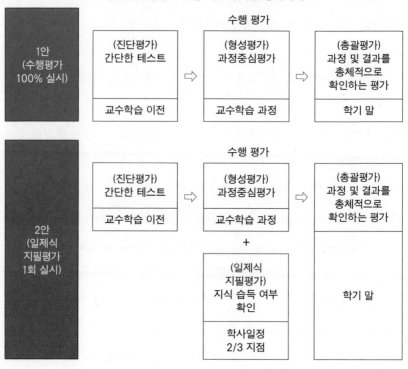

일제식 지필평가 시행 여부에 따른 평가계획

현재 중등학교의 관행상 여기서 제시한 '수행평가 100%', 혹은 '일제식 지필평가 1회 실시'를 구현하는 게 쉽지는 않다. 수행평가 비율을 늘린다고 해서 바람직한 평가가 자동으로 이루어지는 것도 아니다. 중요한 것은 수행평가를 통해 기존의 일제식 지필평가의 한계를 뛰어넘어 학생들의 학력과 역량을 종합적으로 확인할 수 있는 가능성, 이를 통해 모든 학생이 성장할 수 있는 가능성을 증명하는 것이다. 여기서 제시하는 진단평가-형성평가-총괄평가 흐름의 수행평가가 그 가능성 중 하나가 될 것이다.

이러한 진단평가-형성평가-총괄평가가 '성장중심평가'의 취지를 최대한 구현하기 위해서는 '학생들이 학기 말에 최종적으로 도달해야 할 목표'를 명확히 하고, 학생들이 이러한 목표를 향해 성장할 수 있도록 목적의식적으로 수업과 평가를 운영해야 한다. 이를 바탕으로 다음과 같은 형태의 학기별 평가계획이 수립될 수 있다.

학기별 평가계획 수립

	진단평가	형성평가				총괄평가
평가 방법		총괄평가 분리형	총괄평가 연계형			
평가 영역						
성취 기준						
시행 시기						
성적 부여						

가. 평가 방법

평가 방법은 진단평가, 형성평가, 총괄평가 각가의 목적에 맞는 평가 도구를 활용하여 선정해야 한다. 진단평가는 학생들이 해당 영역(단원)의 학습에 필요한 선수학습 습득 여부를 확인하는 것이 목적이기 때문에 간단한 지필평가 형태(진위형, 단답형, 선다형 등)로 시행하는 것이 적합하다. 형성평가는 교수학습 과정에서 학생들이 총괄평가 시행에 필요한 능력들을 습득해 가는지를 확인하는 것이 목적이다. 형성평가의 방법은 교과별, 영역별, 성취기준별 특성에 따라 매우 다양하며, 일반적으로 학교에서 시행하는 다양한 수행평가 방식이 이에 해당한다. 총괄평가는 한 학기 동안의 교수학습 과정을 통해 학생들이 궁극적으로 도달해야 할 결과를 총괄적으로 확인하는 것이 목적이다. 그러므로 논술형, 포트폴리오형, 프로젝트형, 보고서형 등의 평가 도구가 이에 적합하다.

나. 평가 영역(단원) 및 해당 성취기준

진단평가를 모든 영역(단원)에서 반드시 시행할 필요는 없다. 지식의 위계가 분명하여 학생들의 선수학습 이행 여부를 확인할 필요가 있는 영역(단원), 학생들의 배경지식이나 학업흥미도를 확인할 필요가 있는 영역(단원)을 선정하여 진단평가를 하는 것이 적절하다.

형성평가는 일반적으로 모든 영역(단원)의 교수학습 과정에서 시행한다. 하지만 단원이 끝날 때마다, 모든 성취기준에 대해 형성평가를 하는 것도 적절하지 않을 수 있다. 만약 모든 영역에서 형성평가를 하면 수행평가가 너무 많고 과목별 수행평가의 시기가 겹친다는 부담을 줄 수 있기 때문이다. 따라서 유사한 영역이나 성취기준을 통합하여 형성평가를 시행하는 게 적절하다. 또한 '총괄평가 연계형 형성평가'를 할 때는 각각의 형성평가가 총괄평가를 향해 유기적으로 연결되어 있는지를 염두에 두며 평가계획을 수립해야 한다.

다. 시행 시기

진단평가는 각 영역(단원)이 시작되기 직전에 실시하는 것이 일반적이다. 형성평가는 수시로 진행되는 평가(학습활동지 작성, 포트폴리오 등)

와 특정한 시기에 진행되는 평가로 구분할 수 있다. 수시로 진행되는 형성평가는 교수학습 과정에서 자연스럽게 연계될 수 있도록 함으로써 학생들에게 부담을 주지 않아야 한다. 특정한 시기에 진행되는 형성평가는 과목별로 시행 시기를 조정하여 학생들에게 부담을 주지 않는 방향으로 시행해야 한다.

총괄평가는 일반적으로 학기 말에 실시하게 된다. 이때 총괄평가 시행 이후에 총괄평가에 대한 피드백(학생 산출물에 대한 교사의 평가 등)과 공유(발표, 전시, 자기평가, 동료평가 등) 활동이 이루어질 수 있도록 충분한 시간을 확보하는 게 바람직하다. 그래야 평가 결과로 학생들의 성장을 확인하고 적절한 피드백 활동을 통해 학생들이 평가의 의미를 깨닫는 과정이 이루어질 수 있다.

라. 성적 부여 여부

대부분의 교사와 학생은 '평가=시험=성적 산출'이라는 관념에 익숙하다. 하지만 시험(일제식 평가)이 아닌 평가 방식이 얼마든지 있으며, 평가를 했다고 반드시 성적을 부여할 필요가 있는 것은 아니다. 평가 결과를 숫자로 환산(양적 평가)하지 않고, 문장으로 서술하는 것(질적 평가)이 더 바람직한 경우도 있으며, 성적을 산출하지 않고 피드백을 제공하는 것으로 평가를 마무리하는 것이 학생의 학습 동기를 높이는 데 더 효과적일 수도 있다.

진단평가는 점수를 부여하지 않는 것이 일반적이다. 진단평가의 목적은 교사가 학생들의 출발점 상태를 확인하고 이에 적합한 교수학습 대안을 탐색하는 것이기 때문이다. 형성평가도 영역의 특성에 따라 일부 영역에서는 점수를 부여하지 않을 수도 있고 일부 영역에서는 점수를 부여할 수도 있다. 일부 영역에서는 학생들의 학습 과정을 관찰하고 이에 대한 적절한 피드백을 부여하는 것만으로 평가를 마무리하는 것이 바람직할 수 있다. 반면에 뚜렷한 산출물이 나오는 단계에서는 이를 대상으로 성적을 부여하는 것이 적절하다. 총괄평가는 학생들의 학업성취를 최종적, 종합적으로 판단하는 것이 목적이기 때문에 성적을 산출하는 것이 일반적이다. 성적 부여 여부는 교사의 교육철학, 교과의 특성, 교수학습 및 학생의 상황에 따라 융통성 있게 적용해야 한다.

4.
백워드 방식의 성장중심평가 사례 1
학기별 평가계획(국어과)[15]

앞에서 언급한 백워드 방식의 '총괄평가-형성평가-진단평가'의 국어과 예시를 제시하고자 한다. 중학교 3학년 2학기 국어과에서 다루어야 할 성취기준은 아래와 같다.

중학교 3학년 2학기 국어과 성취기준

[9국01-09] 설득 전략을 비판적으로 분석하며 듣는다.
[9국01-05] 토론에서 타당한 근거를 들어 논박한다.
[9국01-06] 청중의 관심과 요구를 고려하여 말한다.
[9국01-09] 설득 전략을 비판적으로 분석하며 듣는다.
[9국02-01] 읽기는 글에 나타난 정보와 독자의 배경지식을 활용하여 문제를 해결하
　　　　　는 과정임을 이해하고 글을 읽는다.
[9국02-05] 글에 사용된 다양한 논증 방법을 파악하며 읽는다.
[9국03-04] 주장하는 내용에 맞게 타당한 근거를 들어 글을 쓴다.
[9국04-02] 음운의 체계를 알고 그 특성을 이해한다.
[9국04-09] 통일 시대의 국어에 관심을 가지는 태도를 지닌다.
[9국05-01] 문학은 심미적 체험을 바탕으로 한 다양한 소통 활동임을 알고 문학 활동
　　　　　을 한다.
[9국05-06] 과거의 삶이 반영된 작품을 오늘날의 삶에 비추어 감상한다.

---

15. 이형빈·김성수(2021)의 일부 내용을 재구성했다.

1) 학기별 핵심 목표 선정 및 성취기준 재구조화

위에 제시된 중학교 3학년 2학기 국어과 교육과정 내용은 크게 보아 '토론을 통한 설득 전략', '논증 방법에 대한 이해를 토대로 한 주장하는 글쓰기', '문학작품 감상', '국어의 음운체계에 대한 이해와 통일 시대 국어'이다. 이러한 내용요소를 고려해 다음과 같이 학기별 핵심 목표를 선정하고, 이를 기반으로 성취기준을 재구조화할 수 있다.

학기별 핵심 목표 선정 및 성취기준 재구조화

핵심 목표			
창의적 사고 능력·심미적 감성 능력·민주시민 능력을 기르는 독서 및 토론 학습 경험을 바탕으로, 자신의 삶과 관련된 주제를 선정하여 주장을 표현한다.			

⇩

영역	성취기준	성취기준 재구조화	평가 방식
문학	[9국05-01] 문학은 심미적 체험을 바탕으로 한 다양한 소통 활동임을 알고 문학 활동을 한다. [9국05-06] 과거의 삶이 반영된 작품을 오늘날의 삶에 비추어 감상한다.	문학작품 감상을 통해 얻은 깨달음을 바탕으로 오늘날의 시대적 문제를 적극적으로 성찰하는 태도를 기른다.	총괄평가 / 형성평가
듣기 말하기 / 읽기 / 쓰기	[9국02-05] 글에 사용된 다양한 논증 방법을 파악하며 읽는다. [9국01-09] 설득 전략을 비판적으로 분석하며 듣는다. [9국01-05] 토론에서 타당한 근거를 들어 논박한다. [9국01-06] 청중의 관심과 요구를 고려하여 말한다. [9국03-04] 주장하는 내용에 맞게 타당한 근거를 들어 글을 쓴다.	토론 및 주장하는 글쓰기 활동을 통해 민주적 의사소통 능력과 합리적 문제해결 능력을 기른다.	총괄평가 / 형성평가
문법	[9국04-02] 음운의 체계를 알고 그 특성을 이해한다. [9국04-09] 통일 시대의 국어에 관심을 가지는 태도를 지닌다.	우리말의 특성에 대한 이해를 바탕으로 우리말을 아름답게 가꾸려는 태도를 갖는다.	형성평가 / 진단평가

중학교 3학년 2학기 국어과 교육과정에 제시된 '토론을 통한 설득 전략', '논증 방법에 대한 이해를 토대로 한 주장하는 글쓰기', '문학작품 감상' 등 세 가지 영역을 포괄하는 학기별 핵심 목표로 "창의적 사고 능력·심미적 감성 능력·민주시민 능력을 기르는 독서 및 토론 학습 경험을 바탕으로, 자신의 삶과 관련된 주제를 선정하여 주장을 표현한다"를 설정했다. '창의적 사고 능력·심미적 감성 능력·민주시민 능력'은 미래 사회에 필요한 삶의 역량을 염두에 두어 선정한 것이고, '독서 및 토론 학습 경험'은 해당 학기에 핵심적으로 진행되어야 할 교육 내용을 선정한 것이며, '자신의 삶과 관련된 주제를 선정하여 주장을 표현한다'는 해당 학기의 핵심 목표를 달성하기 위한 총괄평가 과제를 염두에 두고 선정한 것이다.

이를 바탕으로 교과서 순서 및 내용을 재구성하여 해당 학기에서 진행해야 할 교수학습을 크게 세 영역으로 구분했다. 1영역은 '읽기, 문학'에 해당하고, 2영역은 '읽기, 쓰기, 듣기/말하기'에 해당하며, 3영역은 '문법'에 해당한다. 그리고 영역별로 성취기준을 통합하고 재구조하는 작업을 진행했다. 그리하여 해당 학기의 성취기준을 "문학작품 감상을 통해 얻은 깨달음을 바탕으로 오늘날의 시대적 문제를 적극적으로 성찰하는 태도를 기른다", "토론 및 주장하는 글쓰기 활동을 통해 민주적 의사소통 능력과 합리적 문제해결 능력을 기른다", "우리말의 특성에 대한 이해를 바탕으로 우리말을 아름답게 가꾸려는 태도를 갖는다" 등 세 가지로 재구조화했다.

그리고 영역별로 이에 적합한 평가 방식을 선정했다. 1영역과 2영역을 통합하여 구성된 학기별 핵심 목표는 총괄평가 방식으로 확인하도록 했으며, 각각의 영역은 형성평가를 통해 총괄평가와 유기적으로 연계되도록 했다. 3영역은 총괄평가와 분리된 형성평가를 하도록 했으며, 또한 이 영역은 선수학습 확인이 필요하다고 판단하여 진단평가를 하도록 했다.

2) 학기 단위 평가계획표 작성

위에서 진행한 학기별 핵심 목표 및 성취기준 재구화 작업을 바탕으로, 아래와 같은 학기 단위 평가계획표(수행평가 100%)를 작성했다.

학기 단위 평가계획표

평가 방법	진단평가	형성평가				총괄평가
	진위형 연결형 선다형 서답형	총괄평가 분리형	총괄평가 연계형			확장적 에세이 쓰기
		학습 활동지	문학 감상 포트폴리오	쟁점 토론	주장하는 글쓰기	
평가 영역	듣기말하기 읽기 쓰기	문법	문학	읽기/ 듣기말하기	읽기/ 쓰기	듣기말하기/ 읽기/쓰기/ 문학
성취 기준	9국01-05 9국03-04 9국04-02	9국04-02 9국04-09	9국02-01 9국05-01 9국05-06	9국02-05 9국01-09 9국01-05 9국01-06 9국03-04		9국02-01 9국05-01 9국05-06 9국02-05 9국01-09 9국01-05 9국01-06 9국03-04
시행 시기	단원 교수학습 이전	단원 교수학습 과정	학기 중 수시	단원 교수학습 과정	단원 교수학습 과정	학기 말
성적 부여	성적 미부여	성적 미부여	성적 부여 (20%)	성적 부여 (20%)	성적 부여 (20%)	성적 부여 (40%)

학기별 핵심 목표 수립 및 성취기준 재구조화 작업이 마무리되면, 이에 따라 학기별 평가의 흐름이 도출될 수 있다.

예를 들어 1영역과 2영역에 해당하는 성취기준은 모두 총괄평가의 영역에 해당하며, 이 성취기준을 모두 포괄할 수 있는 총괄평가로 '확장적 에세이 쓰기'를 시행할 수 있다. 그리고 형성평가는 이 총괄평가와 연계된 유형과 분리된 유형으로 시행될 수 있다. 1영역과 2영역은 '총괄평가 연계형 형성평가'로서 각각 '포트폴리오 평가(문학)' 및 '쟁점토론, 글쓰기(말하기-듣기, 읽기-쓰기)'를 시행할 수 있다. 마지막으로 문법적 지식을 다루는 3영역은 '총괄평가 분리형 형성평가' 및 '진단평가'를 실시할 수 있다. '총괄평가 연계형 형성평가'를 통해 다룬 성취기준은 다시 총괄평가에 반영함으로써 형성평가와 총괄평가가 유기적으로 연계되도록 했다.

진단평가는 해당 단원 교수학습 이전에 시행되며, 형성평가는 교수학습이 진행되는 과정 혹은 상시적으로 시행된다. 총괄평가는 학기 말에 시행하되, 이른바 시험 기간을 정해 놓는 정기고사의 형태가 아닌 수업 시간을 활용하여 교사별 평가 방식으로 시행한다. 여기에 제시된 진단평가, 형성평가, 총괄평가는 모두 현행 법령상 수행평가로 처리하는 것이 적절하다.

평가 결과에 대한 점수 부여 여부 및 배점은 각각의 특성에 맞게 융통성 있게 적용한다. 진단평가는 점수를 부여하지 않는 것이 적절하며, 형성평가는 영역별 특성에 따라 점수를 부여할 수도 있고, 부여하지 않을 수도 있다.

3) 총괄평가 유형 선정 및 도구 개발

가. 총괄평가 유형 선정

총괄평가 유형

해당 학기 핵심 목표
창의적 사고 능력·심미적 감성 능력·민주시민 능력을 기르는 독서 및 토론 학습 경험을 바탕으로, 자신의 삶과 관련된 주제를 선정하여 자신의 깨달음을 표현한다.

⇩

총괄평가 유형
[유형: 확장적 에세이] 문학작품을 활용해 주장하는 글쓰기

총괄평가는 해당 학기 핵심 목표에 도달했는지 여부를 확인하는 방식으로 시행되어야 한다. 여기에서는 "창의적 사고 능력·심미적 감성 능력·민주시민 능력을 기르는 독서 및 토론 학습 경험을 바탕으로, 자신의 삶과 관련된 주제를 선정하여 자신의 깨달음을 표현한다"라는 핵심 목표 도달 여부를 확인하기 위해 '문학작품을 활용해 주장하는 글쓰기'라는 확장적 에세이를 총괄평가 유형으로 선정했다.

나. 총괄평가 도구 개발

이 예시 문항에서는 '확장적 에세이'를 총괄평가 도구로 활용했다. IB 교육과정에서 흔히 활용되는 '확장적 에세이'는 일반적인 논술형 문항과 유사하면서도 이와는 다른 특성이 있다. 우선 확장적 에세이 평가에서는 교사가 일방적으로 문항을 제시하는 것이 아니라, 학생들이 스스로 주제를 선정하게 된다. 또한 학생들이 그동안 배웠던 내용(그동안 만들어 온 포트폴리오에 기록된 문학작품 등)을 스스로 선택하여 활용함으로써 교수학습의 내용이 자연스럽게 반영된다. 또한 논리적 사고를 중심으로 한 논술형 평가의 특징에 더하여 자신의 배움의 과정이나 삶에 대한 성찰을 담아낸다는 점에서 인지적 영역뿐만 아니라 정의적 영역까지 확인할 수 있다.

총괄평가 도구 개발

> • [확장적 에세이 문항] 한 학기 동안 작성한 포트폴리오에서 문학작품 하나를 고르고, 이 작품을 통해 얻은 깨달음이 오늘날 우리 사회의 문제를 해결하는 데 어떤 도움을 줄 수 있는지 서술하세요.

※ 여러분의 글에는 다음과 같은 사항이 포함되어야 합니다.

① 여러분이 선정하는 주제는
- 오늘날 우리 사회가 시급히 해결해야 하는 문제와 관련이 있어야 합니다.
- 수업 시간에 진행한 토론 및 글쓰기 활동과 관련이 있어야 합니다.

② 여러분이 선정한 문학작품은
- 여러분이 선정한 주제와 관련된 문제의식을 담은 작품이어야 합니다.

③ 여러분의 글에는 다음과 같은 점이 드러나야 합니다.
- 문학작품을 통해 여러분이 얻는 깨달음이 무엇이며, 그것이 오늘날의 문제를 해결하는 데 어떤 도움을 줄 수 있는지 밝혀야 합니다.
- 수업 시간에 진행된 토론 과정에서 드러난 쟁점과 이에 대한 여러분의 견해가 드러나야 합니다.
- 주장하는 글이 갖추어야 할 요건을 갖추며, 문제해결을 위한 창의적인 관점이 드러나야 합니다.
- 한 학기 동안의 수업을 통해 여러분에게 어떤 배움과 성장이 있었는지에 대한 성찰이 드러나야 합니다.

다. 평가 루브릭 작성

총괄평가 루브릭

범주	평가기준	평가 결과 도달	평가 결과 미도달	교사 피드백
주제 및 자료 선정	우리 사회가 시급히 해결해야 할 과제를 선정하였나?			
	수업 시간에 진행한 학습활동과 관련이 있는 주제를 선정하였나?			
	선정된 주제와 관련된 문학작품을 제시하였나?			
내용 구성	문학작품을 적절히 인용하면서 이로부터 얻은 깨달음을 제시하였나?			
	문학작품을 통해 얻은 깨달음은 자신의 주장을 뒷받침할 만한 근거로 적절한가?			
	다양한 사례 및 자료를 제시하며 주장을 뒷받침할 근거로 활용하였나?			
	자신의 주장을 명확히 제시하였고, 여기에 창의적인 문제해결 방안이 드러났나?			
	자신과 다른 견해를 가진 사람들의 의견도 존중하면서 자신의 견해를 설득하고자 하였나?			
언어 표현	주장하는 글쓰기의 요건을 제대로 갖추었나?			
	어법에 맞는 문장을 사용하고, 문단과 문단이 긴밀하게 연결되는가?			
성찰	한 학기 동안 진행한 자신의 학습 과정을 충분히 돌아보며 글을 작성하였나?	정성평가 (교사의 관찰, 자기평가 등을 통한 서술식 기록)		
	우리 사회의 문제를 해결하고자 하는 실천 태도를 갖고 글을 작성하였나?			
	과제 수행 과정에서 선생님의 조언을 잘 반영하여 글을 작성하였나?			
	이 과제를 작성하면서 새로운 배움과 성장이 있었다고 느꼈는가? 더 보완해야 할 점은 무엇인가?			

이 루브릭은 총괄평가로 제시된 확장적 에세이 결과물을 판정하기 위해 작성된 것이다. 이는 분석적 루브릭과 총체적 루브릭의 장점을 모두 지니고 있다. 분석적 루브릭은 세부적 기준을 명확히 제시하고 있지만

수준 및 배점을 너무 촘촘하게 제시해서 학습자의 역량을 분절시키는 한계가 있고, 총체적 루브릭은 학습자의 역량을 교사의 전문적 판단에 따라 총체적으로 파악하는 것을 지향하지만 평가 요소가 지나치게 추상적이라는 한계가 있다.

반면 이 루브릭은 수행해야 할 요소를 명확하게 제시하면서도 '도달/미도달'이라는 2단계 등급을 설정함으로써 목표 도달 여부만 판단하게 되어 있다. 다시 말해 평가의 준거는 명확히 제시하면서도 채점 등급을 완화한 형태의 루브릭이다.

또한 이 루브릭은 학생들이 작성한 에세이 결과물뿐만 아니라 이를 작성하는 과정에 대한 '성찰'을 정성적으로 평가하는 단계를 포함하고 있다. 여기에 제시된 항목은 에세이 결과에 대한 교사의 관찰, 그리고 에세이 작성 과정에서의 학생의 성찰과 관련된 내용이다. 정성평가 영역은 점수를 부여하지 않고 학교생활기록부의 서술식 기재에 활용될 수 있다.

4) 형성평가 유형 선정 및 도구 개발

가. 형성평가 유형 선정

형성평가는 교수학습 과정에서 이루어지며 학생들이 학습 목표에 도달해 가는 과정을 확인하고 이에 적절한 피드백을 제공하여 학생의 성장을 돕는 데 목적이 있다. 여기서는 형성평가의 유형을 '총괄평가 연계형 형성평가'와 '총괄평가 분리형 형성평가' 두 영역으로 제시했다.

'총괄평가 연계형 형성평가'는 이미 계획된 총괄평가에 필요한 지식, 기능, 태도 및 가치 등을 확인하고 이를 촉진하기 위해 실시된다. 앞에서 제시한 총괄평가 에세이인 '문학작품을 활용한 주장하는 글쓰기'를 학생들이 수행하기 위해서는, 문학작품에 대한 감상 능력을 키워야 하고, 쟁점토론을 통해 자신과 타인의 주장을 비교해야 하며, 다양한 자료를 활용해 주장하는 글을 쓰는 경험을 쌓아야 한다. 형성평가는 이러한 과정을 학생들이 제대로 수행했는지를 확인하는 과정으로 이루어진다.

총괄평가 연계형 형성평가

형성평가			총괄평가
형성평가 1	형성평가 2	형성평가 3	
문학작품 감상 ⇨	쟁점 토론 ⇨	주장하는 글쓰기 ⇨	문학작품을 활용하여 주장하는 글쓰기
포트폴리오 평가	토의·토론 평가	논술형 평가	확장적 에세이

'총괄평가 분리형 형성평가'는 총괄평가 과제와는 직접적으로 연결되지 않는 영역의 학습을 확인하기 위해 시행된다. 주로 지식 습득 그 자체가 학습 목표인 단원(영역)에 해당한다. 이 유형의 형성평가에는 '총괄평가 연계형 형성평가'에 비해 비교적 단순한 평가 도구, 즉 학습활동지 작성, 서술형 평가 등이 활용된다. 여기서는 '문법' 영역이 이에 해당한다고 판단하여 이에 따라 '총괄평가 분리형 형성평가'를 실시하는 것으로 평가 도구를 개발했다.

형성평가는 학생들의 과제 수행 과정 및 결과에 대한 교사의 피드백이 필수적이다. 또한 교사의 피드백을 받은 학생에게 '재도전의 기회'를 부여함으로써 학생들이 자신의 학습 과정을 성찰하고 더 성장할 기회를 제공해야 한다. 그렇기 때문에 형성평가에 활용되는 평가 루브릭은 이러한 피드백 및 재도전의 기회(1차 평가 → 교사의 피드백 → 2차 평가) 과정이 명시되도록 해야 한다.

나. 형성평가 도구 개발

'문학작품을 활용해 주장하는 글쓰기'라는 총괄평가를 학생들이 치르기 위해서는 우선 문학작품에 대한 감상 능력이 축적되어야 한다. 이를 촉진하기 위한 형성평가로 '문학작품 감상 포트폴리오'를 선정했다. 포트폴리오는 보통 '작품철'로 번역되는데, 이는 학생의 교수학습 과정에서 산출한 작품(글쓰기, 예술작품 등)을 꾸준히 축적하여 그 과정 및 결과를 확인하는 평가 도구이다. 여기서는 학생들이 한 학기 동안 수업 및 수업 외 활동을 통해 다양한 문학작품을 감상하고 그 결과를 다양한 방식으로 기록하는 포트폴리오를 작성하도록 했다.

'형성평가 1' 영역

영역	성취기준	성취기준 재구조화
문학	[9국05-01] 문학은 심미적 체험을 바탕으로 한 다양한 소통 활동임을 알고 문학 활동을 한다. [9국05-06] 과거의 삶이 반영된 작품을 오늘날의 삶에 비추어 감상한다.	문학작품 감상을 통해 얻은 깨달음을 바탕으로 오늘날의 시대적 문제를 적극적으로 성찰하는 태도를 기른다.

'형성평가 1' 과제: 문학감상 포트폴리오

- 한 학기 동안 다섯 편 이상 문학작품을 읽고, 이에 대한 감상을 아래 형식 가운데 자유롭게 골라 작성하세요(국어 시간에 함께 읽은 작품, 다른 교과 시간에 읽은 작품, 본인이 스스로 읽은 작품 무엇이든지 상관없습니다).

- 서평 쓰기
- 주인공에게 편지 쓰기
- 등장인물에 대한 인터뷰 기사 쓰기
- 시화 그리기
- 웹툰이나 연극 대본으로 각색하기
- 기타

'문학작품을 활용해 주장하는 글쓰기'라는 총괄평가를 학생들이 치르기 위해서는 '주장하는 글쓰기'와 관련된 교수학습을 진행하고 이를 확인하는 형성평가를 해야 한다. 이를 촉진하기 위한 형성평가로 '모둠별로 선정한 논제에 대해 쟁점토론 진행하기', '쟁점토론 결과를 바탕으로 주장하는 글쓰기'를 선정했다.

'형성평가 2, 3' 영역

영역	성취기준	성취기준 재구조화
읽기/쓰기/듣기 말하기	[9국02-05] 글에 사용된 다양한 논증 방법을 파악하며 읽는다. [9국01-09] 설득 전략을 비판적으로 분석하며 듣는다. [9국01-05] 토론에서 타당한 근거를 들어 논박한다. [9국01-06] 청중의 관심과 요구를 고려하여 말한다. [9국03-04] 주장하는 내용에 맞게 타당한 근거를 들어 글을 쓴다.	토론 및 주장하는 글쓰기 활동을 통해 민주적 의사소통 능력과 합리적 문제해결 능력을 기른다.

이러한 형성평가는 특히 '과정중심평가', '성장중심평가'의 취지를 충분히 살려야 한다. 학생들이 실제로 수업 시간에 진행한 교수학습 과정

을 반영하는 '과정중심평가', 교사의 피드백과 재도전의 기회를 통해 '성
장중심평가' 방식으로 이루어져야 한다. 이를 위해서는 교수학습의 과
정 및 피드백과 재도전의 과정을 명확하게 드러내는 루브릭 작성이 필요
하다. 여기서는 '모둠별로 선정한 논제에 대해 쟁점토론 진행하기', '쟁점
토론 결과를 바탕으로 주장하는 글쓰기'별로 이에 해당하는 루브릭을
제시했다.

'형성평가 2'(쟁점토론) 루브릭

활동 요소	평가기준	1차 평가		교사 피드백	2차 평가	
		도달	미도달		도달	미도달
계획	토론에 합당한 주제를 제대로 선정하였나?					
내용 구성	논제에 대해 자신의 주장을 명확히 밝혔나?					
	주장에 대한 근거를 타당하게 제시하였나?					
	적절한 근거를 들어 상대의 주장을 논박하였나?					
	상대의 발언을 경청하고 예의를 갖추어 토론하였나?					
성찰	토론을 통해 합리적으로 문제를 해결하려는 태도가 길러졌나?	정성평가(교사의 관찰, 자기평가 등을 통한 서술식 기록)				

'형성평가 3'(주장하는 글쓰기) 루브릭

활동 요소	평가기준	1차 평가		교사 피드백	2차 평가	
		도달	미도달		도달	미도달
내용	논리적으로 타당하고 실현 가능한 주장을 제시하였나?					
	주장에 합당한 근거나 자료가 명확하게 제시되었나?					
	주제와 관련된 본인의 경험이나 사례가 구체적으로 제시되었나?					
형식	서론-본론-결론의 논리적 구성을 갖추었나?					
	어법에 맞는 문장을 구사하였나?					
성찰	우리 사회 문제를 성찰하고 해결하려는 실천 의지가 길러졌는가?	정성평가(교사의 관찰, 자기평가 등을 통한 서술식 기록)				

5) 진단평가 영역 선정 및 도구 개발

가. 진단평가 영역 선정

진단평가는 학생들의 현단계를 진단하여 수업의 난이도나 분량, 속도 등을 재조정하는 자료로 활용되어야 하며, 나아가 학생들에 대한 개별적 맞춤형 지도의 자료로도 활용되어야 한다. 이때는 학생의 선수학습 숙지 여부, 학생 개개인의 수준 등을 확인하기 위해 간단한 퀴즈와 같은 지필평가, 체크리스트를 활용한 자기평가, 교사의 관찰평가 등이 활용될 수 있다.

진단평가를 계획하기 위해서는 선수학습 확인이 필요한 성취기준을 확인하고, 이전 학년 및 학교 급의 성취기준을 확인하여 진단평가 요소를 선정해야 한다. 그리고 진위형, 연결형, 선다형, 기입형 등 진단평가 문항을 개발해야 한다. 여기서는 국어과 '토론'과 '문법' 영역 위주로 진단평가가 필요한 영역으로 보았다. 특히 문법 영역은 위계화된 지식 위주로 구성되어 있어 선수학습 확인이 필요하기 때문이다. 선수학습 확인을 위한 평가 도구로 학생의 부담을 주지 않는 간단한 진위형, 연결형, 선다형 문항을 개발했다.

선수학습 확인이 필요한 성취기준 선정

[9국01-05] 토론에서 타당한 근거를 들어 논박한다.
[9국03-04] 주장하는 내용에 맞게 타당한 근거를 들어 글을 쓴다.
[9국04-02] 음운의 체계를 알고 그 특성을 이해한다.

- '사실'과 '견해'를 구별할 수 있는가?
- 토론에서 사용하는 용어의 의미를 이해하고 있는가?
- 자음과 모음의 개념을 알고 이를 분류할 수 있는가?

나. 진단평가 문항 개발

진위형

[예시 문항] 다음 진술이 '사실'이면 ○표, '견해'면 ×표를 하세요.

- 이 세상에서 가장 소중한 가치는 사랑이다. (○/×)
- 우리나라 법률의 제정과 개정 권한은 국회에 있다. (○/×)

연결형

[예시 문항] 아래 설명에 해당하는 토론 용어를 찾아 연결하세요.

토론자가 자기 쪽의 주장을 밝히는 단계	•	• 논제
토론의 주제	•	• 반론
상대측의 주장을 비판하며 자기 측의 주장을 변호하는 단계	•	• 입론

선다형

[예시 문항] 우리말의 음운체계에 대한 설명 중 적절하지 않은 것은?

① 모음은 자음 없이도 홀로 소리 낼 수 있다.
② 자음은 모음을 만나야 소리 낼 수 있다.
③ '은'은 자음 두 개, 모음 하나로 구성된 글자이다.
④ 우리말의 단자음은 'ㄱ, ㄴ, ㄷ, ㄹ, ㅁ, ㅂ, ㅅ, ㅇ, ㅈ, ㅊ, ㅋ, ㅌ, ㅍ, ㅎ'으로 구성되어 있다.
⑤ 우리말의 단모음은 'ㅏ, ㅑ, ㅓ, ㅕ, ㅗ, ㅛ, ㅜ, ㅠ, ㅡ, ㅣ'로 구성되어 있다.

5.
백워드 방식의 성장중심평가 사례 2
학기별 평가계획(수학과)[16]

수학과는 다른 교과보다 특히 전통적인 오지선다형 지필평가가 익숙한 교과이다. 그런데 수학교육의 목표는 단순한 문제풀이 능력을 넘어 '수학적 사고 능력'을 통해 '세상을 이해하는 안목'을 기르는 것이다. '백워드 방식의 총괄평가-형성평가-진단평가'는 이러한 수학교육의 목표를 확인하는 데 적합하다. 중학교 3학년 1학기 수학과에서 다루어야 할 성취기준을 대상으로, 사교육걱정없는세상[2018]에서 발간한 대안 수학 교과서인 『수학의 발견』을 활용한 수업과 연계하여 이를 설계해 보고자 한다.

중학교 3학년 1학기 수학과 성취기준

[9수01-10] 근호를 포함한 식의 사칙계산을 할 수 있다.
[9수01-09] 실수의 대소 관계를 판단할 수 있다.
[9수01-08] 무리수의 개념을 이해한다.
[9수01-07] 제곱근의 뜻을 알고, 그 성질을 이해한다.
[9수02-12] 다항식의 곱셈과 인수분해를 할 수 있다.
[9수02-13] 이차방정식을 풀 수 있고, 이를 활용하여 문제를 해결할 수 있다.
[9수03-09] 이차함수의 의미를 이해하고, 그 그래프를 그릴 수 있다.
[9수03-10] 이차함수의 그래프의 성질을 이해한다.

----

16. 이형빈·김성수(2021)의 일부 내용을 재구성했다.

1) 학기별 핵심 목표 선정 및 성취기준 재구조화

중학교 3학년 1학기 수학과 교육과정은 크게 보아 세 가지 핵심 개념으로 분류할 수 있다. 첫째는 무리수 학습을 통해 수 개념을 유리수에서 실수로 확장하는 것이고, 둘째는 이차방정식의 해를 구하는 것이고, 셋째는 이차함수에 나타난 두 변수 사이의 관계를 표와 함수식 그리고 그래프로 나타내고 이것을 해석하는 것이다.

수학교육의 핵심 목표 중 하나는 일상생활에서 나타나는 패턴(규칙성)을 발견하고 탐구하는 것이다.[Lockhart, 2009] 특히 시간에 따른 거리 또는 시간에 따른 온도 등 두 변수 사이의 패턴을 찾는 '함수적 사고'가 중학교 수학교육에서 중요하다.

3학년 1학기에서 다루는 내용인 이차방정식, 이차함수 모두 이차식을 소재로 한다. 인수분해와 곱셈공식은 이차식을 다루는 방법과 관계가 있다. 일차식은 유리수 범위에서 다룰 수 있지만, 이차식을 다루기 위해서는 수체계를 실수까지 확장해야 한다. 결국 한 학기에 다루는 내용과 방법 표현 모두 이차식과 관계가 있는 것이다.

골대를 향해 던진 농구공이 움직이는 경로나 변의 길이에 따른 건물의 넓이 등 우리 주변에는 이차식으로 표현되는 현상이 상당히 많다. 이차속성을 가진 현상을 식으로 표현하여 해를 구하고 두 변수 사이의 관계를 탐구하는 것이 3학년 수학 교육과정의 핵심 목표이다. 중학교 2학년에서 일직선으로 변하는 패턴이 나타나는 일차식을 다루었다면, 중학교 3학년에서는 대칭성을 가지는 곡선인 포물선 패턴이 나타나는 이차식의 관계를 탐구하게 된다.

이러한 내용 요소를 고려하여 다음과 같이 학기별 핵심 목표를 선정하고 이를 기반으로 성취기준을 재구조화했다.

학기별 핵심 목표 선정과 성취기준 재구조화

핵심 목표
일상생활에서 이차식으로 나타낼 수 있는 현상에 대해 관계식 세워 탐구하여 문제를 해결하는 해를 찾거나, 현상 변화의 패턴을 발견하고 예측할 수 있다.

⇩

영역	성취기준	성취기준 재구조화	평가 방식
실수와 그 연산	[9수01-07] 제곱근의 뜻을 알고, 그 성질을 이해한다. [9수01-08] 무리수의 개념을 이해한다. [9수01-09] 실수의 대소 관계를 판단할 수 있다. [9수01-10] 근호를 포함한 식의 사칙계산을 할 수 있다.	무리수를 이해하여 실수까지 수체계를 확장한다.	진단평가 / 형성평가
인수 분해와 이차 방정식	[9수02-12] 다항식의 곱셈과 인수분해를 할 수 있다. [9수02-13] 이차방정식을 풀 수 있고, 이를 활용하여 문제를 해결할 수 있다.	곱셈공식과 인수분해를 이용하여 이차식을 자유롭게 변형하고 이차방정식의 해를 구할 수 있다.	형성평가 / 총괄평가
이차 함수	[9수03-09] 이차함수의 의미를 이해하고, 그 그래프를 그릴 수 있다. [9수03-10] 이차함수의 그래프의 성질을 이해한다.	이차속성이 나타나는 두 변수 사의의 관계식을 세워 특징을 찾고 변화를 예측할 수 있다.	형성평가 / 총괄평가

학기별 핵심 목표는 "일상생활에서 이차식으로 나타낼 수 있는 현상에 대해 관계식을 세워 탐구하여 문제를 해결하는 해를 찾거나, 현상 변화의 패턴을 발견하고 예측할 수 있다"라고 선정했다. 평가 방법과 내용은 핵심 목표의 증거로 총괄평가를 우선 정하고 영역별로 적합한 평가 방식을 선정했다. '실수와 그 연산' 영역은 선수학습 내용인 순환소수와 유리수 단원과 연결 지어 진단평가와 형성평가 방식으로 확인하도록 했

다. '인수분해와 이차방정식'과 '이차함수' 영역은 이차방정식과 이차함수를 연계성 있게 학습할 수 있도록 형성평가와 총괄평가 방식으로 계획했다.

2) 학기 단위 평가계획표 작성

위에서 진행한 학기별 핵심 목표 및 성취기준 재구조화 작업을 바탕으로 아래와 같은 학기 단위 평가계획표(수행평가 100%)를 작성했다.

학기 단위 평가계획표

평가방법	진단평가	형성평가				총괄평가
	진위형 연결형 질문형	총괄평가 분리형	총괄평가 연계형			프로젝트 보고서 작성
		서술형 평가	공학적 도구 활용하기	개념과 원리 연결하기		
평가영역		실수와 그 연산	이차함수	이차방정식	이차함수	이차함수/ 이차방정식
성취기준	이전 학년 과정	9수01-07 9수01-08 9수01-09 9수01-10 9수02-12 9수02-13	9수03-09 9수03-10	9수 02-13	9수03-09 9수03-10	9수02-13 9수03-09 9수03-10
시행시기	교수 학습 이전	단원 교수학습 이후	단원 교수학습 과정	단원 교수학습 과정	단원 교수학습 과정	학기 말
성적부여	성적 미부여	성적 부여	성적 미부여	성적 부여	성적 부여	성적 부여

학기별 핵심 목표 수립 및 성취기준 재구조화 작업이 마무리되면, 이에 따라 학기별 평가의 흐름이 도출될 수 있다. 우선 핵심 목표에 도달했다는 증거로 총괄평가를 계획한다.

총괄평가 연계형 형성평가는 이 프로젝트 보고서 작성에 필요한 지식과 기능을 학생이 학습하고 확인하는 평가로 준비한다. 총괄평가에서 요구하는 프로젝트 활동을 수행하려면 학생들이 공학용 도구를 자유롭게 활용할 수 있어야 하므로, 첫 번째 형성평가는 공학용 계산기를 활용하여 이차함수를 그리는 활동으로 계획했다. 또 총괄평가가 단순히 활동을 위한 활동 평가를 위한 평가가 되지 않고 프로젝트 활동의 의미를 개념과 연결할 기회를 주기 위해 이차방정식과 이차함수의 개념 원리를 정리하고 연결하는 것을 총괄평가와 연결된 두 번째 형성평가로 선정했다.

총괄평가와 분리된 형성평가에서는 실수와 그 연산, 인수분해, 이차방정식의 해를 계산하는 능력을 기르는 것을 하나의 평가 요소로 계획했다. 무리수 계산에 익숙해지고 인수분해를 이용하여 이차방정식의 해를 찾는 능력을 기를 수 있도록 이 영역은 서술형 평가로 계획했다.

진단평가는 실수와 그 연산의 선수학습 부분인 2학년 유리수와 순환수소 부분을 선정했다. 실수와 그 연산 부분과 연결된 개념을 진위형으로 묻고 학생들이 답하는 평가를 통해 실수가 중학교 2학년에서 배운 유리수를 확장한 개념임을 학습할 기회를 제공하는 것으로 계획했다.

3) 총괄평가 유형 선정 및 도구 개발

가. 총괄평가 유형 선정

총괄평가 유형

해당 학기 핵심 목표
일상생활에서 이차식으로 나타낼 수 있는 현상에 대해 관계식 세워 탐구하여 문제를 해결하는 해를 찾거나, 현상 변화의 패턴을 발견하고 예측할 수 있다.

⇩

총괄평가 계획
[유형: 프로젝트 보고서] 포물선 프로젝트: "던진 농구공 경로를 찾아 떨어진 위치 찾기"

총괄평가는 해당 학기 핵심 목표에 도달 여부를 확인하는 방식으로 시행해야 한다. 여기에서는 "이차적 속성을 갖고 변하는 현상에서 두 변수의 패턴을 찾아 식, 표, 그래프로 표현하고 이를 이용하여 현상을 해석하고 예측할 할 수 있다"라는 핵심 목표 도달 여부를 확인하기 위해 '던진 공의 경로를 찾아 떨어진 위치 찾기'라는 주제로 포물선 프로젝트 보고서를 작성하는 것을 총괄평가로 선정했다.

나. 총괄평가 문항 개발

농구공이나 야구공처럼 던져진 모든 물체는 포물선으로 운동한다. 수학은 이러한 일상생활을 관찰하고 여기서 생기는 질문에 대한 답을 찾는 과정에서 발전했다. 하지만 현재의 수학교육은 일상생활 속의 수학적 탐구는 삭제되고 추상화된 질문에 대한 답을 찾는 과정만 강조한다. 그로 인해 학생들은 수학을 배우는 올바른 이유를 경험하지 못하고, 무작정 수학 문제 풀기로만 내몰리고 있다.

이 총괄평가는 학생이 이차함수가 나오게 된 실생활의 문제부터 시작하여 그 안에서 두 변수 사이의 패턴을 찾고, 찾아진 함수식을 이용하여 여러 현상을 예측해 보는 활동을 한다. 실제 수학자와 같은 탐구 경험을 함으로써 수학을 배우는 의미를 이해하고 수학적 사고의 중요성을 경험할 수 있다.

프로젝트 진행은 우선 던져진 물체를 핸드폰 어플을 이용해 이동 경로가 나타나도록 사진을 찍는다. 그리고 공학용 도구를 프로그램을 이용하여 운동 경로에 근사한 이차함수를 찾는다. 찾은 이차함수를 이용하여 물체의 움직임을 해석하고 예측하여 보고서를 작성하는 것이다. 이 활동을 통해 학생들은 던져진 물체가 포물선 운동을 하는 것을 직접 확인할 수 있다. 운동 경로에 맞는 함수식을 찾기 위해서는 이차함수의 성질을 알아야 하므로 이 활동을 하면서 학생이 얼마만큼 이해했는지 확인할 수 있다.

물체의 이동 경로가 포물선으로 나타나는 사진

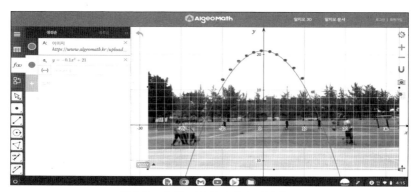

공학용 도구를 이용하여 찾은 이차함수

던져진 공의 이동 경로에 맞는 이차함수를 찾았으면 이차함수 성질을 이용하여 물체 움직임을 해석하고 예측하는 보고서를 작성한다. 우선 찾은 이차함수를 쓰고 수학적 용어를 사용하여 문장으로 설명하도록 한다. 용어를 이용하여 문장으로 쓴다는 것은 결국 운동을 해석하는 것이다. 이 질문을 통해 용어를 제대로 이해했는지와 그래프를 해석할 수 있는지 확인할 수 있다. 그다음은 이 공이 언제 떨어지는지와 똑같은 높이에 위치하는 시간을 찾는 질문을 한다. 이것은 운동을 예측할 수 있는지를 확인하는 질문이 된다. 마지막으로 이 활동을 통해 무엇을 배웠는지 쓰는 질문을 한다. 이것은 한 학기 수업에서 자신의 활동을 스스로 평가하고 정리하는 의미가 있다.

수학은 지구 주변을 돌고 있는 인공위성의 움직임 또는 감염병의 증가와 감소 상황 같은 현상을 추상화하여 수학적(함수식)으로 표현하여 해석하고 예측하는 학문이다. 학생들이 일상생활에서의 현상을 통해 이러한 수학적 사고를 할 수 있는지를 확인하는 것이 이 총괄평가의 취지이다.

보고서 내용

1. 내가 찾은 함수식은?

2. 찾은 식과 그래프를 아래 용어를 몇 개 사용하여 3개의 문장을 만드세요.
[용어] 포물선, 볼록, 축, 꼭짓점, 폭

3. y축이 높이(m), x축이 시간(초)이라고 가정하고 물음에 답하세요.

3-1. 이 공이 떨어진 시간을 구하고 그 이유를 설명하세요.

3-2. 떨어진 시간 이외에 공이 같은 높이에 위치하는 두 시간을 찾고 그 이유를 설명하세요.

4. [성찰하기] 이 활동을 통해 새롭게 깨달은 점, 궁금한 것, 더 알고 싶은 점 등 소감을 적어 보세요.

다. 평가 루브릭 작성

총괄평가 루브릭

활동 요소		평가기준	평가결과		교사 피드백
			도달	미도달	
계획		과제를 수행하기 위해 역할 분담이 적절하고 장비를 모두 준비하였나?			
		물체를 위로 던질 때 이동하는 경로가 포물선임을 이해하고 계획하였나?			
과정	1	이동 경로를 찍은 사진을 공학적 도구에 업로드하고 공학적 도구를 사용할 수 있는가?			
		포물선에 가장 가까운 이차함수식을 구했는가?			
		주어진 현상을 수학적 용어를 사용하여 해석할 수 있는가?			
		이차함수에서 축과의 교점의 의미를 설명할 수 있는가?			
	2	이차함수의 그래프 특징을 이해하여 주어진 현상을 해석하고 예측할 수 있는가?			
성찰	3	활동 후 자기평가를 통해 모르는 것과 아는 것, 느낀 것을 적절하게 표현하였나?	정성평가(교사의 관찰, 자기 평가 등을 통한 서술식 기록)		

기준	등급
평가기준에 도달한 것이 7개 이상일 때	A
평가기준에 도달한 것이 6개일 때	B
평가기준에 도달한 것이 5개일 때	C
평가기준에 도달한 것이 4개일 때	D
평가기준에 도달한 것이 3개 이하일 때	E

이 루브릭은 총괄평가로 제시된 포물선 프로젝트 보고서 작성하기 결과물을 판정하기 위해 작성된 것이다. 이는 분석적 루브릭과 총체적 루브릭의 장점을 모두 지니고 있다. 분석적 루브릭은 세부적 기준을 명확

히 제시하고 있지만 수준 및 배점을 너무 촘촘하게 제시해서 학습자의 역량을 분절시키는 한계가 있고, 총체적 루브릭은 학습자의 역량을 교사의 전문적 판단에 의해 총체적으로 파악하는 것을 지향하지만 평가 요소가 지나치게 추상적이라는 한계가 있다.

반면 이 루브릭은 수행해야 할 요소를 명확하게 제시하면서도 '도달/미도달'이라는 2단계 등급을 설정함으로써 목표 도달 여부만 판단하게 되어 있다. 다시 말해 평가의 준거는 명확히 제시하면서도 채점 등급을 완화하고 있다.

또한 이 루브릭은 학생들이 작성한 보고서 결과물뿐만 아니라 이를 작성하는 과정에 대한 '성찰'을 정성적으로 평가하는 단계를 포함하고 있다. 여기에 제시된 항목은 보고서 결과에 대한 교사의 관찰, 그리고 보고서를 작성하는 과정에서의 학생의 성찰과 관련된 내용이다. 정성평가 영역은 점수를 부여하지 않고 학교생활기록부의 서술식 기재에 활용될 수 있다.

4) 형성평가 유형 선정 및 도구 개발

형성평가는 교수학습 과정에서 이루어지며 학생들이 학습 목표에 도달해 가는 과정을 확인하고 이에 적절한 피드백을 제공하여 학생의 성장을 돕는 데 목적이 있다. 여기서는 형성평가의 유형을 '총괄평가 연계형 형성평가'와 '총괄평가 분리형 형성평가' 두 영역으로 제시했다.

가. [형성평가 1유형] 총괄평가 연계형 형성평가

'총괄평가 연계형 형성평가'는 이미 계획된 총괄평가에 필요한 지식, 기능, 태도 및 가치 등을 확인하고 이를 촉진하기 위해 실시된다. 포물선 프로젝트 보고서를 작성하기 위한 기본적인 지식을 습득하고 정리하는 과정과 보고서 작성을 위해 공학용 도구를 활용하는 역량을 기르는 과정으로 진행된다.

(1) 개념과 원리를 연결하는 형성평가

이 형성평가는 학생들이 배운 수학적 개념을 이미 배운 개념과 연결하여 서술하는 평가이다. 수학을 배우는 것은 단순히 계산하는 것이 아니라 원리를 이해하고 발견한 개념을 기반으로 새로운 질문에 답을 찾는 것이다. 일상생활에서 나타나는 현상을 수학적으로 이해하고 탐구하려면 개념을 명확하게 이해하고 자신의 언어로 표현할 수 있어야 한다. 이 평가는 포물선 프로젝트를 하기 이전 개념을 명확히 하여 프로젝트에서 도출된 결과에서 수학적 개념을 도출하여 사고하기 위한 전 단계 과정이라 할 수 있다. 첫 수행평가 이후 개선이나 보완해야 할 점에 대

형성평가 영역

영역	성취기준	성취기준 재구조화
인수분해와 이차방정식	[9수02-12] 다항식의 곱셈과 인수분해를 할 수 있다. [9수02-13] 이차방정식을 풀 수 있고, 이를 활용하여 문제를 해결할 수 있다.	곱셈공식과 인수분해를 이용하여 이차식을 자유롭게 변형하고 이차방정식의 해를 구할 수 있다.
이차함수	[9수03-09] 이차함수의 의미를 이해하고, 그 그래프를 그릴 수 있다. [9수03-10] 이차함수의 그래프의 성질을 이해한다.	이차속성이 나타나는 두 변수 사이의 관계식을 세워 특징을 찾고 변화를 예측할 수 있다.

해 교사가 피드백한 다음에 다시 도전할 기회를 부여함으로써 성장을 돕는 기회로서의 평가를 실현한다.

[형성평가 과제 1] 이차함수 개념 원리 연결하기

1. 다음 각각이 이차함수인지 아닌지 판단하고 그렇게 생각한 이유를 써 보세요.

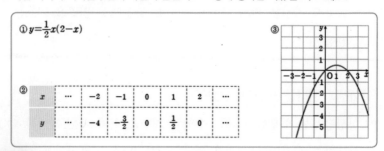

1차	
재도전	

2. 이 단원에서 알게 된 이차함수와 그 그래프에 관련된 내용을 아래 이전 개념과 연결하여 정리해 보세요.

이전 개념	일차함수 x절편 y절편 이차방정식 이차방정식의 해

1차	
재도전	

1. 이차방정식 $2x^2-x-3=0$을 다음 세 친구는 각자 다른 방법으로 풀려고 합니다. 풀이 과정을 예상하여 써 보세요.

		1차	재도전
정국	나는 인수분해를 이용하여 풀 거야.		
여진	나는 완전제곱식을 이용할 거야.		
석진	나는 근의 공식을 이용해서 풀어야지.		

2. 이 단원에서 알게 된 이차방정식에 관련된 내용을 아래 이전 개념과 연결하여 정리해 보세요.

이전 개념	일차방정식의 뜻과 그 해 인수분해(곱셈공식) 완전제곱식
1차	
재도전	

위에서 제시한 형성평가는 영역별 핵심 개념을 학생들이 알고 작성했는가에 주안점을 두고 평가한다. 핵심 개념을 이해하고 표현했을 때 도달, 그렇지 못한 경우에 미도달로 평가한다. 교사의 피드백 이후 도달하지 못한 학생들을 대상으로 다시 도전할 기회를 제공한다. 정의적 영역은 학생들의 참여에 대한 내용을 서술하여 교과 세부능력 및 특기사항 기재에 활용한다.

영역	평가기준	1차 평가		교사 피드백	2차 평가	
		도달	미도달		도달	미도달
이차 방정식	인수분해를 이용하여 이차방정식 해를 구하는 방법을 이해하였나?					
	근의 공식을 이용하여 이차방정식의 해를 구하는 방법을 이해하였나?					
이차 함수	표와 식으로 나타난 이차함수식의 특징을 이해하였나?					
	그래프로 나타난 이차함수식의 특징을 이해하였나?					
정의적 영역	주어진 문제에 흥미와 자신감을 가지고 해결하려 하는가? 모둠 활동에서 수학적 의사소통을 하고 있는가?	정성평가(교사의 관찰, 자기평가 등을 통한 서술식 기록)				

(2) 공학용 도구를 익히는 형성평가

공학용 도구를 익히는 형성평가는 포물선의 근사치를 나타내는 함수를 나타내기 위한 지오지브라나 알지오매스와 같은 프로그램을 익히는 형성평가이다.

형성평가 영역

영역	성취기준	성취기준 재구조화
이차 함수	[9수03-09] 이차함수의 의미를 이해하고, 그 그래프를 그릴 수 있다. [9수03-10] 이차함수의 그래프의 성질을 이해한다.	이차속성이 나타나는 두 변수 사이의 관계식을 세워 특징을 찾고 변화를 예측할 수 있다.

[형성평가 과제] 학용 도구를 이용하여 이차함수 그래프 그리기

- 공학용 도구를 이용하여 이차함수 그리기
- $y=ax^2+bx+c$와 $y=a(x-p)^2+q$의 그래프 그리기
- 각 변수 a, b, c와 p. q의 변화에 따른 그래프 변화를 예측하고 규칙성 찾기
- 표나 자취 곡선으로 나타나 있는 이차함수를 공학용 계산기를 이용하여 함수식으로 표현하기

나. [형성평가 2유형] 총괄평가와 분리된 형성평가

총괄평가(프로젝트 보고서)와 직접적으로 연결되지 않는 영역에 대해서도 형성평가가 필요하다. 이 형성평가는 해당 단원 교수학습이 진행되는 과정과 교수학습이 완료된 이후에 학생들이 해당 단원을 어느 정도 이해했는지를 확인하고 이에 대한 피드백을 제공하기 위해 실시한다. 이러한 일상적인 형성평가에 가장 적합한 도구는 서술형 평가이다. 서술형 평가를 한 후에 학생들에게 이에 대한 피드백을 제공하고 재도전의 기회를 주어 다시 한번 지식과 기능을 익힐 수 있도록 기회를 제공한다.

형성평가 영역

영역	성취기준
실수와 그 연산	[9수01-07] 제곱근의 뜻을 알고, 그 성질을 이해한다. [9수01-08] 무리수의 개념을 이해한다. [9수01-09] 실수의 대소 관계를 판단할 수 있다. [9수01-10] 근호를 포함한 식의 사칙계산을 할 수 있다.
인수분해와 이차방정식	[9수02-12] 다항식의 곱셈과 인수분해를 할 수 있다. [9수02-13] 이차방정식을 풀 수 있고, 이를 활용하여 문제를 해결할 수 있다.

서술형 평가문항은 지엽적인 것을 확인하는 문항보다는 학생들이 한 단원을 학습한 이후 반드시 알아야 하고 할 수 있어야 하는 것을 중심으로 출제하는 것이 좋다. 또한 교사의 피드백을 받고 재도전할 기회가 있음을 미리 공지하면 학생들의 학습 의욕을 불러일으킬 수 있다. 이때 '처음 도전하기(1차 평가)'와 '다시 도전하기(2차 평가)'의 배점은 동일할 수도 있고 차등을 줄 수도 있다. 이것은 교사의 철학과 학생들의 상황에 따라 다르게 적용할 수 있다.

[형성평가 2] 유형 평가 루브릭

평가 과정	평가 내용		
처음 도전 하기	• 제곱근의 뜻을 알고 그 성질을 이해하고 있는가? • 근호를 포함한 식의 사칙계산을 하고 그 원리를 설명할 수 있는가? • 다항식의 곱셈과 인수분해하고, 그 과정을 설명할 수 있는가? • 제곱근 성질을 이용하여 이차방정식을 풀 수 있는가? • 인수분해 공식을 이용하여 이차방정식을 풀 수 있는가? • 근의 공식을 이용하여 이차방정식을 풀 수 있는가?		

	등급	채점 기준	배점
	A	평가기준에 도달한 것이 6개일 때	20
	B	평가기준에 도달한 것이 5개일 때	17
	C	평가기준에 도달한 것이 4개일 때	14
	D	평가기준에 도달한 것이 3개일 때	11
	E	평가기준에 도달한 것이 2개 이하일 때	8
	F	수행평가 미응시자	5

평가 과정	평가 내용		
다시 도전 하기 (자원자에 해당)	• 제곱근의 뜻을 알고 그 성질을 이해하고 있는가? • 근호를 포함한 식의 사칙계산을 하고 그 원리를 설명할 수 있는가? • 다항식의 곱셈과 인수분해하고, 그 과정을 설명할 수 있는가? • 제곱근 성질을 이용하여 이차방정식을 풀 수 있는가? • 인수분해 공식을 이용하여 이차방정식을 풀 수 있는가? • 근의 공식을 이용하여 이차방정식을 풀 수 있는가?		

	등급	채점 기준	배점
	A	평가기준에 도달한 것이 6개일 때	18
	B	평가기준에 도달한 것이 5개일 때	15
	C	평가기준에 도달한 것이 4개일 때	12
	D	평가기준에 도달한 것이 3개일 때	9
	E	평가기준에 도달한 것이 2개 이하일 때	6

평가 과정	평가 내용
정의적 영역	• 주어진 문제를 해결하기 위해 적극적으로 노력하였나? • 문제를 해결하기 위해 자신감을 가지고 참여하였나?

6.
백워드 방식의 성장중심평가 사례 3
단원별 평가계획(과학과)[17]

앞에서는 국어과, 수학과를 대상으로 학기별 평가계획을 백워드 방식에 따라 총괄평가-형성평가-진단평가로 설계하는 사례를 제시했다. 이러한 방식은 학기별 계획뿐만 아니라 단원별 평가에도 적용해 볼 수 있다. 다음은 중학교 2학년 과학과 '식물과 에너지' 단원에 대한 수업과 평가를 백워드 방식으로 설계한 사례이다.

1) 백워드 방식의 평가계획 수립 및 시행

학생들은 '식물과 에너지 단원'에서 식물이 에너지를 만들어 내는 과정인 광합성과 호흡을 이해해야 한다. 이와 관련된 성취기준은 다음과 같다.

---

17. 이 사례는 서울 영림중학교 전경아 교사와의 인터뷰를 통해 정리했다. 유익한 사례를 제공해 준 전경아 선생님께 감사드린다.

[9과11-01] 식물이 생명 활동에 필요한 에너지를 얻기 위해 양분을 만드는 과정을 이해하고, 광합성에 영향을 미치는 요인을 설명할 수 있다.

[9과11-02] 광합성에 필요한 물의 이동과 증산 작용의 관계를 이해하고, 잎의 증산 작용을 광합성과 관련지어 설명할 수 있다.

[9과11-03] 식물의 호흡을 이해하고, 광합성과의 관계를 설명할 수 있다.

[9과11-04] 광합성 산물의 생성, 저장, 사용 과정을 모형으로 표현할 수 있다.

백워드 교육과정에서는 학생들이 최종적으로 도달해야 할 목표를 명확히 설정하고, 학생들이 이 목표에 도달했다는 것을 확인하는 절차로서의 평가계획을 명확히 제시하는 것을 강조한다. 전 교사는 학생이 식물의 광합성과 호흡의 과정을 그림으로 표현하고 과학 용어를 이용하여 설명할 수 있다면 이 단원의 목표에 도달했다는 증거가 될 수 있을 것으로 판단했다. 그래서 "그림과 글로 표현하는 식물의 광합성과 호흡"이라는 총괄평가를 했다. 구체적인 평가 방법은 식물의 광합성과 호흡의 원리를 글과 그림을 활용한 비주얼싱킹 방식으로 설명하는 것이다.

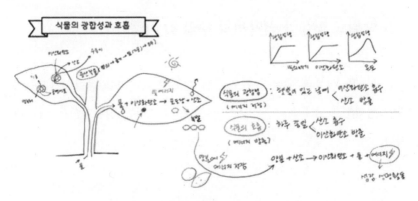

단원 총괄평가 예시: '광합성과 호흡의 원리 설명하기'

전 교사는 배운 내용을 충분히 이해하고 목표에 도달했다면, 교과서나 친구, 교사의 도움 없이 설명할 수 있어야 한다고 보았다. 그리고 설명할 수 있다는 증거로 글과 그림으로 표현하기를 선택한 것이다. 이러한 평가 방식은 "식물의 호흡을 이해하고, 광합성과의 관계를 설명할 수 있다", "광합성 산물의 생성, 저장, 사용 과정을 모형으로 표현할 수 있다"와 같은 성취기준과도 부합된다. 또한 평가 방식이 지나치게 어렵거나 복잡하지 않고, 학생 입장에서도 무엇을 해야 하는지 이해하기 쉽다.

전 교사는 "학생들이 총괄평가를 제대로 치르려면 어떤 지식과 기능이 필요한가?", "식물의 광합성과 호흡의 원리를 설명하려면 사전에 무엇을 알고 있어야 하는가?"에 대해 생각하고, 이로부터 역순으로 수업과 형성평가계획을 세웠다.

우선 형성평가의 일환으로 '용어 익히기 평가'를 두 차례 실시하기로 계획했다. 과학은 자연현상이나 법칙을 일상의 언어가 아닌 고유한 개념적 용어로 설명하는 학문이기 때문에, 과학 학습에서 용어의 개념과 정의를 정확히 이해하는 것이 매우 중요하다. 예를 들어 학생들은 '광합성', '엽록체' 같은 용어에 익숙해져야 하며, '증산작용', '식물의 호흡'과 같은 보이지 않는 현상을 이러한 용어로 설명할 수 있어야 한다. 따라서 '용어 익히기 평가'는 현상을 해석하고 설명하기 위한 준비 과정으로 꼭 필요한 형성평가이다.

또한 전 교사는 형성평가 방식으로 오픈 북 테스트, 동료평가, 재도전의 기회 등을 충분히 활용했다. 학생들에게는 비주얼싱킹 형성평가를 진행하는 과정에서 언제든지 자료를 찾아 용어를 다시 확인해 볼 수 있는 기회, 재도전을 통해 모두가 만점 받을 기회가 있었다. 친구 답안에서 오류를 찾는 동료평가 과정을 통해 다시 한번 학습할 기회도 있었다. 동료평가를 할 때 각자의 실수가 공개되는 부담은 있지만, 그 과정에서 오류를 스스로 수정하고 누구든지 피드백을 통한 재도전의 기회를 가질 수 있다. 결과적으로 동료평가를 서로 배우는 기회로 활용하게 되었다.

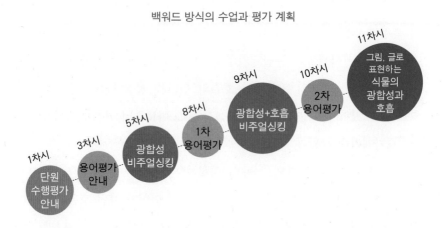

백워드 방식의 수업과 평가 계획

전 교사는 '식물의 호흡' 등 중단원이 마무리되는 단계에서 학생들에게 비주얼싱킹을 활용해 배운 내용을 표현할 기회를 충분히 제공했다. 이처럼 '용어 익히기', '비주얼싱킹' 형성평가를 통해 학생들이 기본적인 지식과 원리를 충분히 익힐 기회를 제공한 후, 이를 바탕으로 '광합성과 호흡의 원리를 비주얼싱킹으로 설명하기' 총괄평가를 진행함으로써, 대부분의 학생이 학습 목표에 도달하도록 수업과 평가가 백워드 방식으로 진행되었다.

전 교사는 형성평가 답안을 검토하면서 학생들이 모르는 내용이나 오개념에 대해 개별 학생에게 피드백을 제공한다. 학생은 교사가 제공한 피드백을 보고 자신이 제대로 이해하지 못한 내용이 무엇인지 알게 된다. 대부분의 교사는 이 지점에서 학습활동을 마무리하지만, 전 교사는 여기서 끝내지 않는다. 학생들은 피드백을 확인한 후 자신에게 부족했던 부분을 다시 작성해서 제출한다. 이 정도로 정확한 학습이 이루어져야 총괄평가에 필요한 지식과 기능을 충분히 습득하게 된다.

이처럼 백워드 방식의 평가 설계란 한 학기 혹은 한 단원 전체의 과정이 '교육 목표를 향해 일관성 있게 진행되도록 수업을 설계'하고, '모든 학생이 목표에 도달하도록' 총괄평가와 형성평가를 유기적으로 조직하는 것을 의미한다. 이러한 백워드 방식의 평가 설계와 함께 전 교사가 강조하는 것이 피드백과 동료평가이다. 피드백을 통해 학생들은 오개념을 바로잡고 정확한 지식을 익힐 수 있다. 동료평가는 학생들 사이에 이러한 피드백이 이루어질 수 있도록 하는 구조적인 장치이다.

2) 분석적 루브릭과 동료평가를 활용한 피드백

과학 교과의 목적은 '학생들이 과학의 개념을 이해하고 과학적 탐구 능력과 태도를 길러 개인과 사회의 문제를 창의적으로 해결할 수 있는 능력을 기르는 것(2015 개정 과학과 교육과정)'이다. 그러나 과학과 교육과정에 제시된 과학적 개념은 일상적 언어가 아닌 상당히 추상적인 언어와 전문용어로 진술되어 있어 학생들이 이해하기가 매우 어렵다. 학생의 입장에서는 과학 교과서에 쓰인 어휘가 국어 교과서에 제시된 어휘보다 난이도가 높다. 그러니 교사 입장에서는 아무리 친절하게 설명해 주어도 학생들의 오개념을 바로잡아 주기가 어렵다. 이런 상황에서 지필평가를 진행해 봐야 학생들은 그 의미도 제대로 파악하지 못한 개념을 무작정 암기할 따름이고, 수행평가를 진행하더라도 제대로 된 탐구활동이 이루어지기 어렵다.

그래서 전 교사는 수업의 과정에서 일상적으로 이루어지는 과정중심평가와 이에 따른 피드백을 진행하기 위해 노력해 왔다. 하지만 과정중심평가에 따른 피드백은 교사의 무한 열정만으로는 소화하기가 어렵다. 특히 과학 교과처럼 명확한 개념 이해를 바탕으로 엄밀한 탐구 과정을 요구하는 경우에는, 모든 학생이 정확히 개념 및 절차를 이해했는지를 일일이 확인해야 하는데 이는 결코 쉬운 일이 아니다.

가. 학습활동지에 분석적 루브릭을 함께 제시하기

이러한 어려움을 극복하기 위해 전 교사가 사용한 첫 번째 방법은 학생들이 작성하는 학습활동지에 분석적 루브릭을 함께 제시하여 학생들이 무엇을 이해하고 무엇을 이해하지 못하는지를 명확히 알도록 하는 것이다.

2부 6장에서 언급했듯이, 루브릭은 '총체적 루브릭'과 '분석적 루브릭'으로 나뉜다. 평가 대상의 전체적인 과정과 결과를 질적으로 평가하는 총체적 루브릭은 주로 창의적인 표현 능력이나 정의적 영역을 평가하는 데 활용된다. 이와 달리 분석적 루브릭은 평가 대상을 세부 영역으로 구분하여 각각을 제시된 요소와 배점에 따라 평가할 때 활용된다. 이러한 분석적 루브릭은 요소별로 평가기준을 세부적으로 제시하기 때문에, 학생이 자신의 강점과 약점을 명확히 파악하는 데 도움이 된다. 또한 분석

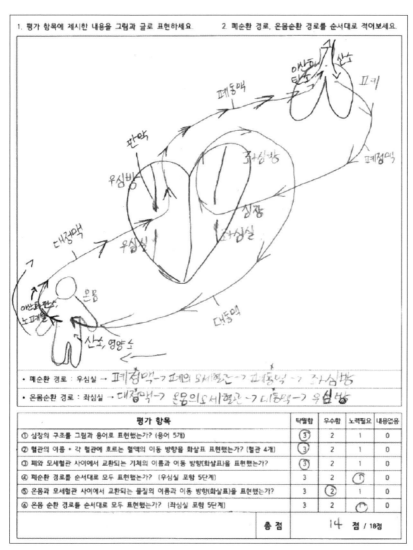

1. 평가 항목에 제시한 내용을 그림과 글로 표현하세요.   2. 폐순환 경로, 온몸순환 경로를 순서대로 적어보세요.

- 폐순환 경로 : 우심실 → 폐정맥→폐의 모세혈관→ 폐동맥→ 좌심방
- 온몸순환 경로 : 좌심실 → 대정맥→온몸의모세혈관→대동맥→ 우심방

평가 항목	탁월함	우수함	노력필요	내용없음
① 심장의 구조를 그림과 용어로 표현했는가? (용어 5개)	③	2	1	0
② 혈관의 이름 · 각 혈관에 흐르는 혈액의 이동 방향을 화살표 표현했는가? (혈관 4개)	③	2	1	0
③ 폐와 모세혈관 사이에서 교환되는 기체의 이름과 이동 방향(화살표)를 표현했는가?	③	2	1	0
④ 폐순환 경로를 순서대로 모두 표현했는가? (우심실 포함 5단계)	3	2	①	0
⑤ 온몸과 모세혈관 사이에서 교환되는 물질의 이름과 이동 방향(화살표)를 표현했는가?	3	②	1	0
⑥ 온몸 순환 경로를 순서대로 모두 표현했는가? (좌심실 포함 5단계)	3	2	①	0
총 점		14 점 / 18점		

분석적 루브릭이 포함된 학습활동지

적 루브릭은 과학 교과처럼 개념의 명확성, 탐구 과정의 타당성이 중시되는 교과의 평가에서 활용되기에 적합하다.

분석적 루브릭이 교육적으로 활용되려면 이를 교사의 채점 기준만으로 활용해서는 곤란하다. 그렇게 되면 평가 결과에 따른 점수만 명확히 산출될 뿐 학생들을 위한 피드백에 활용될 수 없다. 그렇기 때문에 전 교사는 아예 분석적 루브릭을 학생들에게 사전에 공개하기 위해 이를 활동지와 평가지에 포함한 것이다.

평가지에 분석적 루브릭을 제시하면 교사와 학생 모두에게 도움이 된다. 교사 입장에서는 우선 강조하고자 하는 내용을 루브릭에 포함시킴으로써 학생들에게 어떠한 요소를 지켜야 좋은 평가를 받을 수 있을지 구체적으로 안내할 수 있다. 또한 학생들의 수행 결과물에 대해 구체적으로 명시된 기준을 바탕으로 일관성 있고 객관적인 평가를 할 수 있다. 루브릭에 동그라미를 치거나, 밑줄을 긋거나, 간단한 조언을 추가하는 것만으로도 학생 개개인의 수행 정도에 대해 다양한 정보를 제공할 수 있다.

학생의 입장에서는 평가기준을 미리 확인하고 이에 도움을 받아 학습활동을 수행하게 된다. 또한 교사의 평가 결과를 요소별로 확인할 수 있으므로 자신의 수행 과정과 결과에 대해 정확히 이해할 수 있다. 그리고 스스로 강점과 약점을 파악하여 부족한 점을 보완할 수 있게 되어, 이 과정에서 피드백이 자연스럽게 이루어진다.

나. 동료평가를 통해 학생을 평가 전문가로 키우기

전 교사가 효율적인 피드백 전략으로 활용한 두 번째 방법은 동료평가를 통해 학생들이 서로 피드백하게끔 하고 이와 동시에 자기 자신을 스스로 평가할 수 있는 안목을 기르게 하는 것이다. 특히 과학 교과에서 학생들은 과학적 개념을 추상적으로만 이해하거나 일부 오개념을 가진 경우도 많다.

전 교사는 이러한 오개념을 바로잡기 위해 '나도 평가 전문가'라는 활동을 진행했다. 교사는 성취수준이 '상, 중, 하'에 해당하는 학생의 답안을 골라 이를 전체 학생에게 제시했고, 학생들은 모둠 친구와 채점 기준

수행평가 과제 및 동료평가 피드백 활동

[수행평가 과제]
염화칼륨(KCl)을 불꽃에 넣었더니 보라색 불꽃이 나타났다. 어떤 실험을 더 해 봐야 보라색 불꽃 반응을 일으키는 원소가 무엇인지 알아낼 수 있을지, 그 실험 과정을 설명하시오.

[피드백]
다음은 학생들이 작성한 답안입니다. 모둠별로 채점 기준을 보고 답안 (가)~(라)를 우수한 순서대로 배열해 보세요. 이 활동을 마친 후 여러분은 자신의 답안을 수정할 기회를 갖게 됩니다.

(가)	염화칼륨을 이루는 원소 중 보라색 불꽃색을 나타내는 원소는 칼륨이므로 칼륨이 들어 있는 질산칼륨으로 불꽃 반응 실험을 한다. 질산칼륨의 불꽃 반응 색이 보라색으로 나온다면 두 시약이 공통으로 갖고 있는 칼륨이 보라색 불꽃 반응을 나타내는 것이다.
(나)	염소가 보라색 불꽃 반응을 하는지 확인하기 위해 염소가 포함된 염화칼륨과 염화리튬의 불꽃 반응 색을 비교해 보니 두 물질의 불꽃색이 서로 달랐다. 칼륨이 보라색 불꽃 반응을 하는지 확인하기 위해 칼륨이 포함된 염화칼륨과 질산칼륨의 불꽃 반응 색을 비교하면 두 물질 모두 보라색 불꽃 반응 색을 나타낸다. 그러므로 염화칼륨에서 보라색 불꽃 반응을 하는 원소는 염소가 아니라 칼륨이다.
(다)	염화칼륨이 불꽃 반응 색은 보라색이었고, 질산칼륨도 보라색 불꽃 반응을 나타냈다. 따라서 질산(질소와 산소)에 의해 불꽃 반응 색이 나타난 것이 아니므로 보라색 불꽃 반응은 칼륨에 의한 것이다.
(라)	염화칼륨과 질산칼륨, 염화나트륨을 솜에 적신 다음 불을 붙여서 불꽃 반응 색을 알아본다. 세 가지 물질의 실험 결과를 비교해 보면 어떤 원소에 의해 보라색 불꽃 반응이 나타나는지 알 수 있다.

표에 따라 각 답안의 성취수준을 가늠해 보는 활동을 했다.

때로는 교사가 아무리 구체적인 피드백을 제공하더라도 학생들이 이를 수용할 태도를 보이지 않을 수도 있다. 전 교사는 이러한 한계를 극복하려면 학생들이 평가의 주체가 되어야 한다는 점에 착안했다. 그리고 동료 학생의 답안을 평가할 수 있을 정도의 안목을 기른다면 자신의 오류도 쉽게 발견하고 이를 개선하려는 태도를 지니게 된다는 점을 발견했다.

학생들은 동료평가를 통해 얻은 안목을 바탕으로 자신의 답안을 다시 확인하고 이를 수정하여 제출하는 재도전의 기회를 갖게 된다. 이는 특히 학업에 어려움을 겪는 학생들에게 효과가 크다. 이때 학생은 동료나 교사의 피드백을 어떻게 활용하여 답안을 수정했는지 기록한다. 이러한 동료평가의 경험, 재도전 기회는 피드백의 효과를 높이는 데 긍정적인 역할을 한다.

2부 8장에서 언급했듯이 교사 한 명이 모든 학생에게 일일이 피드백을 제공하기 어려운 상황에서 동료평가는 효율적인 피드.백 역할을 할 수 있다. 동료평가는 또한 자기평가에 필요한 메타인지 전략을 기르는 효과를 거둘 수 있다. 전 교사의 평가 사례처럼 교사가 제공한 기준에 따라 동료의 과제물에 대한 의견을 제시하다 보면, 자신의 과제물을 객관적으로 바라볼 수 있는 안목까지 기를 수 있다. 이렇게 동료평가를 통한 피드백은 궁극적으로 학생들을 평가의 주체로 성장시켜 자기 자신을 성찰하는 능력을 기르는 데 도움이 될 수 있다.

토론 주제

1. 이 책에서는 가급적 수행평가를 100% 시행하거나 지필평가를 1회만 실시할 것을 제안했습니다. 여러분이 담당하는 교과에서는 지필평가가 반드시 필요한가요? 만약 필요하다면 어느 영역(단원)에서 필요한가요? 수행평가를 100% 실시하는 데 별다른 문제점은 없나요? 이러한 쟁점에 대해 이야기를 나눠 봅시다.

2. 이 책에서는 수행평가를 '핵심 목표를 중심으로 한 총괄평가-형성평가-진단평가'의 흐름으로 실시하자고 제안했습니다. 여러분이 근무하는 학교, 담당 교과에서 이 방안을 적용할 수 있을까요? 그 가능성과 어려움에 대해 이야기를 나눠 봅시다.

3. 진단평가는 학년 초에 학습부진을 판별하는 용도뿐만 아니라 학생들의 현 상태를 일상적으로 파악하여 교수학습 계획을 수립하는 데 목적이 있습니다. 이러한 진단평가를 일상적이면서도 효율적으로 하는 방법이 무엇일지 이야기를 나눠 봅시다.

4. 현행 기말고사 방식으로는 학생들의 성적만 산출할 뿐 '총괄평가'의 취지를 온전히 살리기 어렵습니다. 학생들이 한 학기 동안 배운 지식, 기능, 태도 및 가치를 종합적으로 확인하려면 어떤 총괄평가 방식이 적합하고 시행 가능할지 이야기를 나눠 봅시다.

4부

평가 혁신을 위한 학교공동체의 실천

1.
좋은 평가를 위해
학교공동체가 공유해야 할 원리[18]

1) 전문성의 원리

전문성의 원리는 평가의 본질과 교육적 효과를 명확히 이해하고 교육 목표에 맞는 평가를 전문가답게 실시하는 것을 의미한다. 이와 반대로 비전문적인 평가란 교사가 학창 시절에 경험했던 평가나 학교현장에서 관습적으로 이어져 온 평가를 답습하는 것을 의미한다. 비전문적인 관습적 평가는 크게 두 가지 부류로 나누어 볼 수 있다.

첫째, '(교육청에서) 하라는 대로', '(학교에서) 하던 대로' 하는 평가이다. 교사들은 대부분 현재의 평가 시스템에 문제가 있고 이를 학생 성장을 위한 평가로 바꾸어야 한다고 생각하지만, 막상 현실적으로는 과거의 관행을 답습하거나 평가 비율과 방식을 일부 조정하는 데서 그치고 만다. 그 이유는 무엇보다 '하라는 대로, 하던 대로' 해야 학생이나 학부모의 민원이 제기되더라도 이를 방어할 수 있고, 평가 혁신에 따른 위험

---

18. 이형빈·김성수(2021)의 일부 내용을 재구성했다.

부담을 회피할 수 있기 때문이다.

둘째, 상위권 변별만을 목적으로 하는 평가이다. 우리나라 평가의 주된 목적은 상급학교 진학을 위한 정보를 제공하는 것이다. 그렇기 때문에 평가의 변별력 확보를 가장 중시하게 되었다. 특히 고등학교 교사에게는 평가 난이도가 쉬워져 학업성적이 우수한 학생에게 불이익이 돌아가는 상황은 반드시 피해야 한다는 인식이 강하게 내면화되어 있다. 그래서 난이도가 너무 높아 대다수 학생에게 좌절감을 주더라도 이를 별다른 문제의식 없이 당연하게 여기기도 한다. '1등급 변별이 잘되는 평가가 좋은 평가'라는 인식이 강하게 형성되어 있는 것이다.

이러한 관습적인 평가, 변별만을 위한 평가는 결코 전문성이 높은 평가라고 볼 수 없다. 의료계나 법조계 등 전문성을 인정받는 영역을 살펴보면, 기존의 관습에서 벗어나 새로운 실험이나 판례 연구를 통해 얻은 지식을 기준으로 전문가다운 실행이 이루어진다. 학생에 대한 평가 역시 기존의 관습적 방식에서 벗어나, 교육과정과 학생의 발달단계에 관한 전문적 연구를 바탕으로 교육 목표를 이루기 위한 방법으로 시행되어야 한다.

맥밀런McMillan, 2014은 교사가 평가를 구성할 때 다음 네 가지를 고려해야 한다고 이야기한다.

첫째, 평가의 목적을 명확하게 해야 한다. '평가를 왜 하는가'에 대한 교사의 의도가 분명해야 한다. 특히 관습적인 평가를 탈피하려면, 평가를 통해 무엇을 알고자 하고 학생들에게 어떤 경험을 하도록 할 것인지 명확하게 할 필요가 있다.

둘째, 어떤 평가 방법을 선택할 것인가를 정해야 한다. 평가 방법을 선택할 때도 관습적 평가 방법을 고수하려 하지 말고, 평가 목적 달성을 위해서 학생의 학습 목표 도달 여부를 확인하고 피드백을 하려면 어떤 방법이 적절할지 고민하고 선택해야 한다.

셋째, 평과 결과를 어떻게 해석할 것인가를 정해야 한다. 해석이란 '그 행동이나 수행이 얼마나 우수한지, 즉 질quality을 판단하는 것'으로 평가 방법을 통해 얻은 정보가 어떤 의미인지 판단하는 것을 의미한다. 관습적 평가에서의 해석은 수치화된 점수, 석차 산출에 머물렀다. 그 결과 학생들의 학습 정도를 파악하거나 어떤 영역에 강점과 약점이 있는지를 해석하는 직업은 소홀히 했다. 그러다 보니 평가 결과를 해석하는 교사의 전문성이 부족한 게 사실이다. 평가의 목적이 학생들의 학습에 대한 정보를 파악하고 성장을 위해 피드백하는 것이라면, 평가 결과를 통해 학습에 대한 정보를 파악하는 평가 해석 전문성을 더 키워야 할 것이다.

넷째, 평가 결과를 어떻게 활용할 것인가를 결정해야 한다. 교사들은 평가 결과를 학생의 피드백이나 수업 개선을 위해 활용해야 함을 알고 있지만, 현실적으로는 상급학교 진학 이외에는 평가 결과가 활용되고 있지 않다. 평가를 혁신하려면 평가 결과를 상급학교 진학의 자료, 수업에서의 학생 통제 수단이 아니라 평가의 원래 목적인 피드백 제공과 수업 개선을 위해 활용해야 한다. 평가 결과를 통해 학생들의 학습 개선에 도움을 주고 자신의 수업에 대한 성찰을 계기로 삼아 수업을 개선해 나가는 것이 전문성의 핵심 원리이다.

전문성의 원리

버릴 것		추구할 것
민원의 소지를 줄이기 위해 '하던 대로 하는' 평가	⇨	평가 목적 분명하게 하기
		평가 목적 달성에 적합한 평가 방법 선택하기
상위권 학생들을 위한 변별만을 목적으로 하는 평가		학습 상황 파악을 위해 평가 결과 해석하기
		피드백과 수업 개선을 위해 평가 결과 활용하기

2) 공동체성의 원리

공동체성의 원리는 교사 개개인의 평가 자율성을 존중하면서도, 평가의 목적과 원칙에 대한 공동체적 숙의를 통해 '나 개인의 평가'가 아닌 '우리 모두의 평가'를 지향하는 것을 말한다.

공동체성의 첫 번째 원리는 학교공동체의 모든 교사가 평가의 철학과 원리에 대해 동질성을 공유하는 것이다. 그동안의 평가는 사실상 상급기관의 지침에 따라 수동적으로 운영되거나, 교사 개인의 취향에 따라 임의적으로 이루어졌던 게 사실이다. 반대로 학교 차원에서 어떤 평가를 지향해야 하고 어떤 평가는 하지 말아야 하는지를 논의하고 합의를 이루려는 노력은 부족했다.

학교가 추구하는 평가 원칙이나 철학이 없으니 교육부와 교육청의 평가 지침만이 절대적인 기준으로 작동하게 된다. 물론 이러한 지침이 모든 학교가 지켜야 할 최소 기준임은 분명하다. 문제는 상급기관의 지침에 명시된 내용 이외의 새로운 상상력을 전혀 발휘하지 못한다는 점이다. 실제로 평가와 관련해 교과협의회에서 논의되는 내용은 시험 범위, 수행평가나 논술형 평가의 비율 정도에 불과하다.

평가 혁신을 위한 새로운 상상력을 발휘하려면 상급기관의 지침에만 의존하지 않는 학교공동체 자체의 원칙과 철학이 필요하다. "학생들에게 되도록 부담을 주지 말고 친절한 평가를 하자", "재도전의 기회를 충분히 주자", "수업 시간 이외에 별도의 시간을 내거나, 타인의 도움을 받아야 하는 평가는 하지 말자"와 같은 원칙을 만든다면 평가 개선에 큰 도움이 된다. 또, 학교가 추구하는 평가의 원칙이나 철학이 없으면 개별 교사가 아무리 평가 개선을 위해 노력해도 학생과 학부모는 실감하지 못하는 경우가 많다. 학생과 학부모가 학교 평가가 개선되었음을 체감하려면 학교가 추구하는 평가 철학과 원칙을 세우고 모든 교과가 함께 지속해서 노력하는 것이 중요하다.

둘째, 평가의 방향이나 원칙에 대해서는 동질성을 가져야 하지만 교과의 특성에 따라 다양한 평가 방법을 포용해야 한다. 평가의 철학과 원칙은 충분히 공유하더라도 논술형, 구술형, 프로젝트형과 같은 평가 방법은 학습 목표에 맞게 교사가 선택해서 실행할 수 있어야 한다. 특히 중등학교는 동학년을 여러 명의 교사가 나누어 가르치는 경우가 많다. 이때도 교사의 평가 자율성과 전문성을 충분히 보장하여 교사별 평가가 가능해야 한다. 이러한 다양성이 허용되지 않으면 동질성은 획일성으로 왜곡되어 교사의 자율성을 훼손하고 학생의 성장을 유도하지 못하게 된다.

셋째, 평가의 동질성(철학과 원칙)과 평가의 다양성(방법)을 포용하기 위해서는 평가에 대한 공동체적 숙의 과정이 필요하다. 동질성을 지니려면 우선 교사 개인의 평가에 대한 신념과 가치관이 무엇인지 알아야 한다. 그 과정에서 서로의 차이를 확인하고, 어떤 가치관과 신념이 참된 학력을 평가하는 데 적합한지 확인하고 결정하는 숙의 과정을 거쳐야 한다.

평가에 대한 숙의 과정을 거쳐 평가 철학과 원칙에 대한 동질성과 평가 방법의 다양성을 공유하게 되면 평가는 이제는 '나만의 평가'가 아닌 '공동체의 평가'가 된다. 그렇게 되면 교사 개인의 평가에 대한 부담을 공동체가 함께 나눌 수 있다. 평가에 대한 부담이 줄어들면 새로운 평가에 도전할 수 있고 결국 참된 학력을 위한 평가 개선 노력이 선순환적으로 이루어질 수 있다.

3) 윤리성의 원리

윤리성의 원리는 평가가 학생들에게 열등감이나 좌절감, 죄책감을 유발하여 인간으로서의 존엄한 가치가 타인 또는 자신에 의해 훼손되지 않도록 하는 것을 의미한다.

능력주의meritocracy의 원리가 강하게 작용하는 우리 사회에서는 평가 결과로 지위 상승을 꿈꾸는 경쟁이 매우 치열하다. 경쟁이 심화될수록 통과해야 할 병목은 좁아지고, 평가의 목적과 방법은 왜곡되며, 교육 주체는 소외된다. 교사는 자신의 학생이 병목을 통과해 높은 지위를 획득하는 것을 보람과 업적으로 생각한다. 그 과정에서 '1등급 못 받으면 인생 망친다', '그 성적에 잠이 오냐?' 등 비윤리적인 가르침을 서슴지 않는다. 소수의 학생은 원하는 성적을 얻어 병목을 통과할 수 있을지 몰라도, 대다수 학생은 좌절감과 열등감을 맛보게 된다. 이러한 좌절감과 열등감이 지속적으로 내면화되면 학업을 포기하고 심지어 우울증과 자살의 원인이 된다. '학생의 성장을 돕는 평가'는 이론에 불과하고 실제로 평가는 학생이 열등감과 좌절감 등을 학습하는 잠재적 교육과정의 근원이 된다. 이처럼 평가가 잠재적 교육과정에 미치는 부정적인 영향이 크지만 이에 대한 교육학적 논의는 아직 미비하다. 교사들 역시 평가 과정에서 학생이 경험하는 부정적 정서를 제대로 고려하지 않고 있다.

핀란드에서는 평가 윤리성을 엄격하게 인식하고 있다. 예를 들어 학생의 성적을 타인에게 공개하는 것을 법으로 금지하고, 해당 학생에게 성적을 통지할 때도 신분 유출을 방지하는 장치를 마련해 두었다. 또 핀란드 국가교육과정 문서를 살펴보면, 평가와 관련된 부분이 '평가문화assessment culture'에 대한 논의로 시작된다. 여기에는 학생들의 성장과 자기평가 능력을 향상시키려는 평가의 목적을 이루기 위한 조건들이 서술되어 있다. 그 구체적인 내용을 살펴보면 다음과 같다.Finnish National Board of Education, 2014

- 학생들이 최선을 다하도록 독려하는 지원적 분위기
- 학생의 참여를 촉진하는 대화와 상호작용
- 학생들이 자신의 학습 과정과 성장을 가시적으로 이해하도록 지원하기
- 공평하고 윤리적인 평가
- 다양한 평가

• 평가를 통해 얻은 정보를 수업과 교육활동을 계획하는 데 사용하기

여기서 말하는 '공평하고 윤리적인 평가Fair and ethical assessment'는 우리 교육에서 강조하는 공정하고 객관적인 평가와는 다른 개념이다. 이는 학생이 평가의 결과로 얻게 되는 성적으로 인해 비교하거나 열등감을 느끼지 않도록 하는 것, 높은 성적을 받은 학생을 우대하거나 낮은 성적을 받은 학생이 불이익을 받지 않도록 하는 것을 의미한다.

윤리성 원리의 실현은 평가를 통해 실현되는 '잠재적 교육과정'을 바꾸는 것이다. 즉, 기존의 평가 관행은 결과적으로 우리 학생들에게 '배제'와 '경쟁'을 내면화해 왔다. 그 결과 우리 학생들은 늘 '우월감과 열등감의 악순환'을 반복해서 경험하게 된다. 기존의 평가에서는 늘 배제되던 학생도 새로운 평가를 통해 자신의 가능성과 잠재력을 정당하게 인정받고 불필요한 열등감에서 벗어나 자존감을 회복할 수 있도록 해야 한다.

전문성, 공동체성, 윤리성을 바탕으로 교사들은 학교의 평가문화에 대해 공동체적으로 성찰해야 한다. 아래의 체크리스트를 활용하여 학교 교육과정 평가회 등의 모임을 통해 학교의 평가문화를 진단할 수 있다.

학교 평가문화 진단을 위한 체크리스트

	잘하고 있는 점	부족한 점	개선해야 할 점
전문성 (관습적인 평가를 하는가, 목적에 맞는 평가를 하는가?)			
공동체성 (평가계획과 시행에서 공동체적 철학과 원칙이 발휘되는가?)			
윤리성 (평가로 좌절감이나 열등감을 느끼지 않도록 하는 장치가 마련되어 있는가?)			

2.
학교공동체가 함께 만드는
평가 수립 절차[19]

여기서는 학교 단위 평가계획을 어떻게 수립할 것인가, 그 절차를 설명하고자 한다. 가장 중요한 것은 평가의 모든 과정에서 앞에서 언급한 평가의 원리가 실현되도록 해야 한다는 것이다. 즉, 관습적인 평가가 아니라 학습과 연구의 내용을 기반으로 평가해야 한다는 전문성의 원리, 학교공동체가 교사 개인의 자율성을 보장하면서도 평가의 철학과 원리를 공유하는 공동체성의 원리, 평가 과정에서 학생이 열등감이나 좌절감을 학습하지 않고 평가 목적을 달성할 수 있도록 하는 윤리성의 원리를 기반으로 진행되어야 한다. 특히 공동체성의 원리를 구현하기 위해 학교의 모든 평가 주체가 절차마다 평가에 대해 충분히 협의해야 한다. 또한 학교는 평가 주체가 충분히 협의를 진행할 수 있도록 제반 여건을 마련해야 한다.

---

19. 이형빈·김성수(2021)의 일부 내용을 재구성했다.

1) 스텝(STEP) 1 : 현재의 평가 관행을 평가하기

가장 먼저 '현재의 평가 관행을 평가하는 것'에서 시작해야 한다. 이 것은 현재의 평가에 대해 전체 교사, 학생, 학부모가 어떻게 생각하는지를 확인하는 것이다. 이를 통해 현재 평가를 진단하고 평가를 개선하는 방향을 학교 구성원 모두가 공유해야 한다.

그동안 평가에 대한 교사의 관점과 지향점이 다르다 보니 평가를 개선하려는 노력이 학교 단위로 이루어지지 못했던 것이 사실이다. 또 평가에 대한 학생과 학부모의 요구가 무엇인지 파악하려는 시도가 제대로 이루어지지 않아서 소수의 학생, 학부모의 민원성 요구가 마치 전체 학생, 학부모의 의견인 것처럼 인식되는 경향이 있다.

이러한 문제점을 개선하기 위해 평가를 평가하고 그 결과를 전체 교사가 공유하는 작업이 필요하다. 이러한 공유 작업은 평가 개선을 위한 노력에 나침반 역할을 할 수 있다.

가. 학생·학부모에 의한 설문조사

일반적으로 평가를 평가하는 작업의 시작은 교사, 학생, 학부모에게 평가에 대한 의견을 듣는 설문조사로 시작된다. 설문조사의 내용은 학교 주체가 협의해서 결정하는 것이 좋다. 설문조사 문항에는 교육 주체들의 평가에 대한 생각과 만족도가 포함되어야 한다. 학교에서 진행되는 평가가 성장중심평가의 취지를 살리고 있는가, 변별만을 위한 평가가 이루어지고 있지는 않은가, 교육과정-수업-평가가 연결되어 있는가 등의 질문에 대한 응답을 조사할 수 있다.

1. 우리 학교의 평가는 단순히 성적을 매기는 평가가 아니라 배운 내용을 확인하고 더 성장할 수 있도록 돕는 평가이다.
① 전혀 그렇지 않다 ② 그렇지 않다 ③ 보통이다 ④ 그렇다 ⑤ 매우 그렇다

2. 우리 학교는 평가 후에 학생의 성적을 서로 비교하는 문화가 없다.
① 전혀 그렇지 않다 ② 그렇지 않다 ③ 보통이다 ④ 그렇다 ⑤ 매우 그렇다

3. 우리 학교의 평가는 수업에 열심히 참여하면 누구나 좋은 결과를 얻을 수 있는 평가이다.
① 전혀 그렇지 않다 ② 그렇지 않다 ③ 보통이다 ④ 그렇다 ⑤ 매우 그렇다

4. 우리 학교에서는 평가 전에 평가의 목적과 방법에 대해 충분하고 친절하게 안내해 준다.
① 전혀 그렇지 않다 ② 그렇지 않다 ③ 보통이다 ④ 그렇다 ⑤ 매우 그렇다

5. 우리 학교의 지필평가의 난이도는 적절하며, 변별만을 위한 문항(소위 킬러 문항)이 없다.
① 전혀 그렇지 않다 ② 그렇지 않다 ③ 보통이다 ④ 그렇다 ⑤ 매우 그렇다

6. 우리 학교의 수행평가는 횟수와 시기가 적절하며, 특정 시기에 지나치게 집중되지 않는다.
① 전혀 그렇지 않다 ② 그렇지 않다 ③ 보통이다 ④ 그렇다 ⑤ 매우 그렇다

7. 우리 학교의 수행평가는 선생님마다 비슷한 방식과 채점 기준으로 일관성 있게 이루어진다.
① 전혀 그렇지 않다 ② 그렇지 않다 ③ 보통이다 ④ 그렇다 ⑤ 매우 그렇다

8. 우리 학교의 평가 채점 기준은 지나치게 엄격하지 않고 창의성을 인정한다.
① 전혀 그렇지 않다 ② 그렇지 않다 ③ 보통이다 ④ 그렇다 ⑤ 매우 그렇다

9. 우리 학교 선생님들은 수행평가 결과에 대해 친절하게 설명해 주고, 부족한 부분에 대해 피드백을 해 준다.
① 전혀 그렇지 않다 ② 그렇지 않다 ③ 보통이다 ④ 그렇다 ⑤ 매우 그렇다

10. 그동안 경험했던 수행평가 중에서 배움의 즐거움과 성취감을 느낄 수 있었던 것은?

11. 우리 학교 평가를 개선하기 위한 의견이 있으면 자유롭게 적어 주세요.

그다음에는 평가의 비율, 횟수, 난이도, 방법 등에 대해 구체적으로 어떻게 인식하고 있는지를 조사하는 것이 필요하다. 이를 통해 평가 개선의 방향과 내용에 대한 정보를 얻을 수 있다. 이 외에 평가 개선에 대한 의견을 자유롭게 서술하게 함으로써 평가에 대한 학생들의 생각, 개선할 점 등에 대해 충분히 이야기할 기회를 주는 것이 좋다. 학생·학부모 대상 설문 문항의 예시는 옆의 표와 같다.

나. 평가에 대한 학생 평가회

설문조사 이외에 학생들이 자치 시간을 활용하여 학교 평가에 대해 논의할 기회를 마련하는 것도 좋은 방법이다. 설문조사는 평가에 대해 수치화된 정보만을 수집하게 된다. 그런데 평가에 대해 논의를 한다면 주체들의 의견을 입체적으로 확인할 수 있으므로 더 정확하게 진단할 수 있다. 학생에게 학교 평가에 대해 논의할 기회를 주는 것은 평가에 대한 진단뿐 아니라 학생에게 교육과정 주체로서 중요한 역할을 부여하는 것이기 때문에 민주적인 학교 운영에도 의미가 있다.

학생들이 평가에 대해 논의할 때는 그 시간이 자칫 불만을 표출하는 시간이 되지 않도록 유의해야 한다. 학생이 교육 소비자가 아니라 교육 주체로서 평가 개선에 책임 있는 역할을 하는 주체라는 관점에서 접근해야 한다. 그래서 단순히 평가에 대한 불만을 쏟아 내기만 하는 것이 아니라 평가에서 좋았던 점을 이야기하고, 문제점이 있다면 개선 방안도 함께 생각하고 제안할 수 있도록 하는 것이 필요하다.

이를 위해서 학기 말에 학생들이 반별 자치 시간을 활용하여 학교 평가에 대한 평가 시간을 가져야 한다. 학생들을 모둠으로 편성하고 한 학기 평가에 대해 '좋았던 것', '어려웠던 것', '개선할 것'을 이야기 나누도록 한다. 이후 모둠별로 나온 의견을 공유하고 반 전체 의견을 수렴하여 교사에게 전달한다. 이때 나온 의견은 교사회에서 함께 공유하고 다음 평가를 계획할 때 중요한 정보로 활용된다.

평가 개선을 위한 학생 의견 조사

1. 우리 학교의 평가는 나의 성장에 어떤 영향을 주었나요?

2. 설문조사 결과 (   )라는 의견이 나왔습니다.
이 문제는 어떻게 해결할 수 있을까요?

3. 그 밖에 우리 학교의 평가에 대한 전반적인 의견을 자유롭게 말해 보세요.

좋았던 점	아쉬웠던 점	개선할 점

2) 스텝(STEP) 2: 범교과적 평가 원칙 수립하기

같은 학교에 근무하는 교사라도 각자의 경험, 교과의 특성 등에 따라 평가에 대한 입장이 다를 것이다. 어떤 교사는 평가를 통한 엄밀한 변별을 중시하고 어떤 교사는 되도록 학생에게 부담을 주지 않는 평가를 중시할 수 있다. 또 평가의 공정성을 강조하는 교사도 있고, 피드백을 중시하는 교사도 있다. 평가에 대한 입장 차이로 인해 학교가 공동체적으로 평가계획을 세우는 데 어려움이 생길 수 있다.

이러한 어려움을 해결하려면 교사들의 범교과적 숙의가 필요하다. 이 과정은 워커Walker, 1971가 이야기한 숙의deliberation 교육과정 개발 모형과 유사하다. 이 모형에서는 학교교육과정 개발을 위한 출발점(플랫폼)을 만들기 위해 교육과정 주체들이 자신의 신념을 공유하는 과정을 강조한다. 이와 마찬가지로 평가에 대한 교사들의 신념과 가치를 충분히 논의하고 시간을 갖는 것이 필요하다.

이 과정은 크게 두 단계로 나누어서 진행할 수 있다. 첫 번째 단계는 교사들이 각자 어떤 평가 철학과 가치관을 지녔는지를 나누는 단계이다. 이 가치관은 교사가 의도적이든 그렇지 않든 평가하는 과정에서 드러나고 교육활동에 영향을 미치게 된다. 또 각 교사의 평가 가치관은 동교과 교사에게 영향을 주고, 한 명 한 명의 가치관이 모여 학교 평가문화가 된다. 그래서 학교의 평가문화를 진단하기 위해서는 각자의 평가 철학과 가치관을 확인하는 시간이 필요하다. 다음과 같은 질문을 하면서 각자의 이야기를 나누는 시간을 마련할 수 있다.

- 평가는 나의 교육활동에서 어떤 의미인가?
- 학생을 평가할 때 무엇을 중시하는가?
- 평가할 때 겪는 어려움은 무엇이고 개선했으면 하는 것은 무엇인가?
- 우리 학교의 평가는 무엇을 지향하고, 무엇을 지양해야 하는가?

처음에는 생소하겠지만, 이런 질문은 자신의 평가관을 정리하는 데, 그리고 다른 교사의 평가관을 알고 서로의 차이를 확인하는 데 도움이 된다.

다음은 학교의 공동체적 평가 원칙을 수립하는 단계이다. 이때 교사들이 모둠별로 모여 '우리가 지향하는 평가', '우리가 지양하는 평가'에 대해 생각을 정리할 수 있다. 그리고 모둠별로 정리한 내용을 전체 교사를 대상으로 발표하고, 유사한 의견을 분류하고, 분류된 내용마다 주제를 선정하여 전체 내용을 정리한다. 이 과정을 통해 정리된 '우리가 지향하는 평가'와 '우리가 지양하는 평가'가 학교공동체의 평가 원칙이 된다.

이 내용을 교무실 등 교사들이 함께 볼 수 있는 곳에 게시하여, 평가를 계획하고 시행할 때 확인할 수 있도록 한다. 한 학기 평가가 마무리되면, 교사들이 함께 수립한 평가 원칙 중 제대로 지켜진 것과 그렇지 않은 것을 확인하며, 무엇을 개선해야 하는지 점검하도록 한다. 이 과정을 통해 교사들이 공동체적 평가 원칙을 내면화하는 것이 중요하다.

이는 핀란드 교육과정에 제시된 바람직한 평가문화의 요소와 유사하다. 이는 학교 차원에서 공동체적으로 평가문화를 진단하고 바람직한 평가 원칙을 명문화했다는 점에서 의미가 크다. 평가문화가 개선되어야 학교 혁신이 완성될 수 있다. 따라서 다음과 같은 틀을 바탕으로 단위학교의 평가문화를 진단하고 이를 개선하려는 노력이 필요하다.

학교의 평가문화 개선을 위한 진단 및 개선 사항

학생의 진단	학부모의 진단	교사의 진단
개선 사항		

우리가 지향하는 평가	우리가 지양하는 평가

3) 스텝(STEP) 3: 평가계획에 대한 범교과적 공유 및 조정

가. 범교과적 평가 공유 및 피드백의 의미

학교의 공동체적 평가 원칙이 마련되었으면, 이제 교과별 평가계획을 수립한다. 교과별 평가계획을 수립한 이후에는 이를 범교과적으로 공유하고 피드백을 통해 조정하는 과정이 필요하다. 이는 학교현장에서 매우 생소한 과정이다. 수업 나눔과 성찰 등 수업 혁신을 위한 노력이 범교과적으로 활발하게 이루어지고 있지만, 평가에 대해 범교과적으로 공유하고 논의하는 경우는 거의 없는 실정이다.

평가계획을 범교과적으로 공유하고 논의하는 일은 평가 혁신에 여러 가지 유익이 있다.

첫째, 타 교과 교사의 의견을 통해 학생 눈높이에 맞는 평가를 계획할 수 있다. 자기 전공 교과에 익숙한 교사는 종종 학생의 수준과 눈높이를 잊어버린다. 그래서 너무 난이도가 높거나 과도하게 많은 양의 평가를 계획하기도 한다. 그렇다고 해서 평가계획에 대해 학생들의 의견을 수렴하는 것은 매우 조심스러운 일이다. 그런데 타 교과 교사는 학생 입장에서 볼 때 난이도가 너무 높은 것은 아닌지, 수행평가가 너무 복잡하지는 않은지, 채점 기준은 적절하고 구체적인지 등을 점검해 줄수 있다.

둘째, 여러 교과의 평가계획을 공유하는 과정에서 서로에게 도움이되는 좋은 아이디어를 얻을 수 있다. 학교에서 늘 하던 대로 하는 관습적 평가가 반복되는 이유는 새로운 평가에 대한 상상력이 부족하기 때문이다. 이때 인문계열, 자연계열, 예체능계열 등 서로 특성이 다른 교과의 수행평가 방식을 보면 새로운 평가에 대한 상상력과 실행 아이디어를 얻을 수 있다.

셋째, 평가에 대한 범교과적 공유 시간을 마련하면 '나만의 평가'가아닌 '우리 모두의 평가'라는 공적 의식을 가질 수 있다. 대부분 교사는 평가를 자기 고유의 권한이라 여기고, 다른 교과의 평가에는 관심을 보일 기회조차 없다. 평가의 계획과 실행, 결과 처리 등을 오롯이 개인이 책임지기 때문에 민원이 제기될 여지가 없고 채점이 간편한 방식을 선호한다. 그러다 보면 평가의 질은 자연스럽게 낮아지게 된다.

범교과적인 공유와 피드백 시간 속에서 평가에 대한 공적 의식이 성장하게 된다. 별다른 의미 없이 형식적으로 진행되는 평가를 지양하려 노력하게 된다. 또한 평가에 대한 책임을 개인이 아닌 학교공동체가 함께 지게 된다. 그러면 평가 오류나 민원 발생 등에 대한 교사 개인의 부담은 오히려 줄어들게 된다. 평가에 대한 부담이 줄면 새로운 평가 방식에 과감히 도전할 수 있고, 이것이 학교 전체의 평가 개선에 도움이 된다. 이런 과정을 통해 교사의 평가 전문성이 신장될 수 있다.

넷째, 범교과적으로 평가계획을 조율함에 따라 수행평가 집중 현상을 해결할 수 있다. 과정중심평가가 강조되고 수행평가 비율이 확대됨에 따라 수행평가가 특정 시기에 집중되어 학생들의 부담을 가중시키는 문제가 학교마다 발생하고 있다. 이때 평가계획에 대한 범교과적 논의가 활발히 이루어진다면, 교과별로 어떤 수행평가를 어느 시기에 하는지를 확인하고 이를 조율할 수 있다.

나. 범교과적 평가 공유 및 피드백 방법

범교과적 평가는 두 가지 과정으로 이루어진다. 먼저 전체적인 평가계획서를 타 교과 교사들에게 설명하고 그것에 대한 피드백을 받는다. 전체 교사가 함께 모일 수 없다면 모둠으로 나누어 논의를 진행하되, 가능한 한 서로 다른 교과 교사를 한 모둠으로 편성하는 것이 좋다. 그래야 평가에 대한 낯선 시각, 새로운 관점을 확보할 수 있다. 이때 다음과 같은 주제에 대해 함께 논의할 수 있다.

- 교육 목표 도달 여부를 확인하는 데 타당한 평가 방법인가?
- 지필평가와 수행평가 비율이 적절한가?

- 수행평가의 횟수와 방법이 학생에게 과도한 부담을 주지는 않는가?
- 수행평가의 채점 기준은 적절하며 명확한가?

학교 상황에 따라 무엇을 중심으로 평가계획에 대한 공유 작업을 할 것인지 교사들이 합의하여 정할 수 있다. 이러한 방식으로 여러 교과가 학생 입장에서 평가계획을 논의한다면, 동교과협의회에서의 논의보다 더 의미 있는 논의를 이어 갈 수 있다.

다음으로 평가 시기를 조정하는 시간을 마련한다. 앞에서 언급했듯이 수행평가의 횟수가 지나치게 많고 그 시기가 집중되면 학생들은 수행평가에 대해 부정적인 인식을 하게 된다. 교사들이 범교과적인 논의를 통해 평가 시기를 조정하는 것은 학생들의 평가 부담을 해소하는 데 큰 도움이 된다. 또한 교사들이 학교 전체의 평가계획을 보며 평가에 대한 공적 의식을 갖는 기회가 된다.

4) 스텝(STEP) 4: 학생에게 평가계획을 안내하고 피드백 받기

가. 평가에 대한 친절한 안내

다음 단계는 교사들의 집단지성으로 만들어진 평가계획을 학생들에게 안내하는 과정이다. 학교에서는 학기 초마다 평가계획을 학생들에게 안내하고 정보 공시를 통해 외부에도 이를 공개한다. 이때 안내되는 내용은 지필평가와 수행평가의 비율, 수행평가의 영역과 채점 기준 정도이다. 학생 입장에서 볼 때 평가를 통해 교사가 무엇을 의도하는지, 평가가 자신의 성장에 어떤 도움이 되는지는 확인할 수 없다. 또한 학생이 평가에 열심히 참여하도록 동기를 유발하는 내용이나, 평가에 어려움을 겪는 학생이 어떤 도움을 받을 수 있는지 안내하는 내용도 없다. 한마디로 학생에게 매우 '불친절한 안내'이다.

학생과 학부모의 불만 중 하나는 평가에 대한 친절한 안내가 없다는 것, 그리고 평가에 대한 자신들의 의견이 반영되지 않는 것이다. 평가에 대해 충분하고도 친절한 안내를 해야 학생의 불만과 민원을 없앨 수 있을 뿐 아니라 학생이 평가에 적극적으로 참여하도록 유도할 수 있다.

나. 친절한 안내에 포함되어야 할 요소

첫째, 평가의 목적과 교사의 의도를 충분히 안내해야 한다. 평가가 학습 목표와 어떤 관계가 있으며 무엇을 측정하려는 것인지, 교사가 어떤 의도를 갖고 어떤 방식의 평가를 하려는 것인지 학생들에게 이해시킬 필요가 있다. 교사들은 흔히 평가는 교사 고유의 권한이기 때문에 학생들에게 굳이 이런 내용을 알릴 필요가 없다고 생각하는 경향이 있다. 하지만 학생들이 평가의 목적을 제대로 이해해야 평가의 의미를 깨닫고 이에 능동적으로 참여할 수 있다.

둘째, 평가가 학생의 성장에 어떤 도움이 되는지 안내해야 한다. 대부분의 학생은 평가의 목적을 점수를 매겨 순위를 정하는 것이라고 생각한다. 이는 상대평가의 제도적 차원의 문제이지만, 교사가 평가의 목적과 의도를 충분히 안내하거나 설득하는 과정을 거치지 않아 생기는 문제이기도 하다. 학생들이 평가를 통해 성장에 필요한 도움을 받을 수 있다는 인식을 하게 된다면 평가에 임하는 태도가 달라진다. 따라서 교사는 본인이 시행하려는 평가가 학생의 성장과 발달에 어떤 도움이 되는지 충분히 안내해야 한다.

셋째, 구체적인 평가 방법과 채점 기준을 안내해야 한다. 이는 학교 교육계획서나 정보공시 자료에도 포함되는 내용이지만, 학생들이 이해하기 쉬운 방법으로 새롭게 작성하여 안내하는 것이 바람직하다.

넷째, 평가에서 좋은 결과를 얻기 위해서는 어떤 노력이 필요한지 안내해야 한다. 학업에 성실히 임하는 학생 중에도 평가에서 좋은 결과를 얻는 방법을 제대로 파악하지 못하는 경우가 많다. 특히 복합적 능력이 요구되는 수행평가나 논술형 평가의 경우 좋은 산출물이 지녀야 할 요건을 구체적으로 안내하지 않으면 아예 시도조차 하지 않는 학생도 생길 수 있다. 따라서 좋은 결과를 얻는 방법과 절차에 대해 구체적으로 안내해야 학생이 수업과 평가에 열심히 참여하게끔 동기를 유발할 수 있다.

다섯째, 평가 결과에 대해 학생이 어떤 피드백을 받게 되는지 안내해야 한다. 피드백을 통해 학생은 자신의 성취수준을 파악하고 개선을 위해 무엇을 해야 하는지 알 수 있다. 따라서 학생이 받는 피드백을 안내한다면 학생은 평가 후 학습을 계획하는 데 유용한 정보를 얻게 되는 것이다. 그리고 평가가 단순히 점수를 부여하는 데에서 끝나는 게 아니라 교사의 도움을 받을 수 있다는 것을 알아야 학생들이 평가에 더욱 능동적으로 참여하게 된다.

여섯째, 피드백을 받은 후 학생이 재도전하는 방법을 안내해야 한다. 피드백 이후 학생에게 부족한 부분을 알려 주고 오류를 바로잡을 기회를 주는 것은 성장중심평가에서 중요한 요소이다. 이는 학생에게 평가가 단순히 성적을 매기기 위함이 아니라 학생을 돕기 위한 교육활동임을 알게 하는 방법이다. 따라서 평가 결과에 대한 피드백을 받고 재도전이나 개선의 노력을 할 수 있는 기회가 있음과 그 방법을 설명해야 한다. 그래야 학생들이 자신 있게 임할 수 있다.

학생 안내용 평가계획(예시)

학생들에게 평가계획을 안내합니다

전체 평가계획

평가 종류	지필평가(40%)		수행평가(60%)		
평가 영역	선택형	논술형	형성평가 1	형성평가 2	형성평가 3
만점 (반영 비율)	0점 (0%)	100점 (40%)	20점 (20%)	20점 (20%)	20점 (20%)
평가 시기	7월 1주		상시	4월 4주	6월 2주

1. 과제명:

가. 이 평가를 하는 의도와 목적은 무엇인가요?

나. 이 평가를 통해 어떤 배움이 있을까요?

다. 이 평가에서 구체적인 방법과 채점 기준은 무엇인가요?

마. 이 평가로 좋은 성적을 받기 위해 어떤 노력이 필요할까요?

바. 이 평가 후 어떤 피드백을 받게 되나요?

사. 이 평가 후 재도전이나 만회할 기회로는 어떤 것이 있나요?

이상의 내용을 요약하면 다음과 같다. 평가 개선 노력은 개별 교사나 교과 단위로는 한계가 있다. 학생과 학부모가 체감할 수 있는 평가 개선은 학교 단위로 이루어져야 한다. 그러기 위해서는 공동체가 함께 평가계획을 세우고 실행해야 한다

우선 현재 평가계획을 점검하고 그것을 바탕으로 평가 원칙을 세워야 한다. 그리고 '수업 나눔'을 하듯 범교과적으로 '평가계획에 대한 공유'를 해야 한다. 이런 과정을 거치면 평가는 나의 것에 머물지 않고 우리 공동체의 평가가 된다. 한 발 더 나아가 공동체가 함께 만든 평가를 학생에게 공유하고 피드백을 받아야 한다. 이런 절차가 학교에서 지속해서 이루어진다면 평가의 질이 높아지면서 교사가 느끼는 평가 부담은 줄어들 것이다.

공동체가 함께 만드는 평가 4단계 수립 절차

STEP 1	STEP 2	STEP 3	STEP 4
현재 평가 관행을 평가하기	공동체의 평가 원칙을 세우기	범교과적으로 평가계획을 공유하기	학생에게 평가계획을 안내하고 피드백 받기

3.
평가 혁신을 위한 공동체적 실천 사례
(덕양중학교)[20]

　덕양중학교는 2009년에 경기도교육청 혁신학교로 지정된 이후 지금까지도 전국적으로 모범적인 혁신학교로 인정받고 있다. 경기도와 서울의 경계선에 위치한 덕양중학교는 지역적 여건이 매우 열악해 폐교 위기에까지 내몰렸으나, 학교를 새롭게 변화시키고자 하는 교사들의 열망으로 지금은 학생들이 찾아오는 학교로 거듭나고 있다. 학생들은 수업과 학생자치 활동에 매우 적극적으로 참여하고 있다. 교사들은 자발적인 전문적 학습공동체 활동을 통해 끊임없이 새로운 교육에 도전하고 있다. '평화'라는 교육철학을 중심으로 한 교육과정 운영, 배움중심수업, 성장중심평가를 목적의식적으로 실천해 왔다.

　현재 덕양중학교 교사들은 보편적 학습설계, 과정중심 피드백, 학생교육과정위원회 운영을 통한 학생주도성 구현 등 새로운 학교 혁신 실천 과제에 도전하고 있다.

　덕양중학교에서 평가 혁신을 위해 공동체적으로 어떤 실천을 해 왔는

---

20. 허연구 외(2019)의 연구 중 필자가 집필한 일부 내용을 재구성했다.

지 살펴보고자 한다.

1) 지필평가에서의 변화

가. 선다형 평가 폐지, 논술형 평가 전면 실시

덕양중학교 교사들은 혁신학교를 시작하면서 배움의 공동체 수업을 도입했고, 수업 나눔 모임을 통해 공동체적으로 수업을 개선해 왔다. 수업과 생활교육을 혁신하려는 노력을 통해 학교문화가 바뀌었고, 수업에 참여하지 않던 학생들도 수업 활동에 적극적으로 참여하게 되었다.

일부 학생들은 수업에 깊이 몰입하기보다는 잠깐 참여하고 수업 시간에 문제집을 푸는 모습도 보였다. 덕양중학교 교사들은 이런 상황을 개선하려면 무엇이 필요할지 논의를 시작했다. 그 결과 평가의 변화 없이는 수업의 근본적인 변화가 어렵다는 결론에 도달했다. 아무리 수업을 바꾸더라도 선다형 평가를 유지한다면 학생들은 수업에 완전히 몰입하지 못하고 문제집 풀이를 더 중시하게 된다고 판단했다. 수업을 학생 참여형·협력형으로 바꾸었는데, 여전히 정답 하나를 고르는 선다형 평가를 시행하는 것도 모순이라고 생각했다. 그래서 선다형 평가를 폐지하고 학생의 깊이 있는 생각을 중시하는 논술형 평가로만 지필평가를 실시하기 시작했다.

선다형 평가를 논술형 평가로 바꾼 후 학생들의 변화를 살펴보았다. 걱정과 달리 학생들은 배운 내용을 토대로 자기 생각을 쓰는 평가에 어려움 없이 적응했다. 하지만 문제집 위주로만 공부해 온 학생들은 이러한 변화에 잘 적응하지 못했다. 교사들은 논술형 평가로 바꾼 취지에 대한 안내가 필요하다고 느꼈고, 학생과 학부모를 대상으로 설명회를 실시했다. 학생들이 자기 생각을 키우기 위해서는 평가 개선이 꼭 필요하다는 교사들의 설명에 학생과 학부모가 동의했다. 그 이후 평가 방식에 적응하여 열심히 공부했고 학년이 올라갈수록 높은 점수를 받게 되었다.

> A교사: 제법 공부를 열심히 했던 학생 중에 점수가 40점대인 아이가 있어요. 왜 그런지 살펴보았더니, 수업 시간에 배운 내용을 등한시하고 문제집 풀이만 열심히 하는 거예요. 그래서 문제집을 버리고 학원을 끊고 수업 시간에 충실히 듣고 자기 생각을 써 보는 연습을 많이 해 보라고 권했어요. 그랬더니 다음 시험에는 80점이 넘고, 다음 학년에는 90점이 넘더라고요. 수업 시간에 배운 내용을 바탕으로만 논술형 평가가 출제되니 수업에 전념하고 자기 생각을 키우는 학생들이 결국 좋은 성적을 받게 되는 거죠.

나. 평가의 변화로 수업의 변화를 이끌기

논술형 평가를 시행하게 되면 교사는 채점에 오랜 시간이 걸리고 채점의 일관성 유지에 어려움을 겪을 수 있다. 학생들의 답지를 한 장 한 장 읽으며 채점하는 일은 선다형 평가에 비해 매우 많은 시간과 노력을 요구한다. 또한 학생들이 작성한 다양한 답안을 해석하고 적절하게 평가하기 위해서는 높은 전문성이 요구된다.

이렇게 어려운 과정을 거치면서 얻게 되는 이점도 있다. 선다형 평가로는 점수, 평균 등 학생의 학습 결과에 대해 정량적 정보밖에 알 수 없다. 하지만 논술형 평가 채점은 점수뿐만 아니라 학생이 무엇을 학습했고 무엇을 학습하지 못했는지 더 세밀하게 알려 준다. 또, 답지를 읽다 보면 학생이 어떤 잘못된 개념을 가지고 있고 어디서 많이 실수하는지를 알 수 있다. 즉, 학생의 오개념을 파악할 수 있다.

> B교사: 특히 수학과 같은 과목은 '학생들에게 이런 오개념이 있구나'라는 것을 확실히 알게 돼요. 수업 시간에는 곧잘 대답을 잘하던 학생들도 막상 답안을 쓴 것을 보면 개념을 정확히 알고 있는지 그렇지 않은지를 명확하게 확인할 수 있어요.

이처럼 논술형 평가는 선다형 평가에 비해 교사가 가르친 내용과 방법에 대한 학생들의 반응을 더 구체적으로 알 수 있는 장점이 있다. 이를 통해 교사는 다음 수업에서 무엇을 알려 주고 어떤 학습활동을 하도록 해야 할지 확인하게 된다. 교사에게 교수 방법과 적절한 학습 내용을 선정할 수 있는 교육적 전문성을 키워 나갈 기회를 제공하는 것이다. 또한 학생들이 수업에서 무엇을 배워야 하고 이를 어떻게 표현해야 하는지를 판단하게 되면 이를 평가로 반영할 수 있고, 논술형 평가를 통해 평가의 타당도를 확보할 수 있다.

> C교사: 아이들이 이걸 배웠으면 좋겠다고 먼저 생각하고, 그걸 가르치고 평가하니까 평가의 타당도가 올라가는 것 같아

요. 예전에는 지엽적인 것을 문제로 내서 학생들 성적을 변별하는 것만 신경 썼는데, 이제는 교육과정을 디자인할 때도 학생들이 무엇을 배워야 하는지를 기준으로 생각하게 되고 그것을 평가에 반영하게 되었어요.

결국 논술형 평가를 채점하는 과정에서 교사들은 학생들이 수업 시간에 무엇을 배웠고 무엇을 배우지 못했는지 확인하게 된다. 다시 말해 학생들의 답안을 채점하는 과정이 곧 수업에 대한 의미 있는 피드백을 얻는 과정이다. 이러한 정보를 확인하면서 교사는 교과 수업을 통해 학생들이 무엇을 배웠으면 좋겠는지, 즉 학습 목표를 더욱 명확하게 할 수 있다. 명확해진 학습 목표는 수업 내용을 구성하고 디자인하는 데 매우 의미 있는 정보를 제공한다. 이 과정은 학생들의 배움을 이끄는 데 효과적인 수업 디자인에 도움이 된다. 논술형 평가 출제와 채점을 통해 평가 전문성뿐만 아니라 교육과정 및 수업 전반을 새롭게 디자인하는 전문성을 얻게 되는 것이다.

이처럼 선다형 평가를 폐지하고 논술형 평가를 전면 확대하는 과정에서 얻을 수 있는 교훈은 다음과 같다.

첫째, 평가가 바뀌어야 수업의 변화를 가져올 수 있다. 아무리 배움중심수업을 진행하더라도 선다형 평가 위주의 지필평가를 진행하게 되면, 결국 학생들은 정답찾기식 문제풀이에 다시 내몰리게 된다. 이러한 딜레마를 해결하려면 수업 시간에 학생들에게 깊이 있는 배움과 탐구가 이루어지도록 하고 이와 어울리는 방식의 평가를 도입해야 한다.

둘째, 학생과 학부모에게 새로운 평가 방식의 취지를 충분히 설명해야 한다. 기존의 오지선다형 평가에 익숙한 학생, 사교육에 지나치게 의존하고 있는 학부모는 새로운 평가 방식이 자기들에게만 불리하다고 오해할 수 있다. 새로운 평가 방식이 교육 목표에 더욱 부합하는 타당도가 높은 방식이라는 점, 수업에 주도적으로 참여하며 자기 생각을 키운 학생이라면 누구나 논술형 평가에서도 좋은 결과를 얻을 수 있다는 점을 학생, 학부모와 공유해야 한다.

셋째, 논술형 평가는 선다형 평가에 비해 교사들에게 부담이 클 수 있다. 채점하는 시간이 오래 걸리고, 채점의 일관성을 유지해야 하는 전문성이 요구된다. 하지만 교사들은 학생의 답안을 채점하는 과정을 통해 학생들의 현 상태를 더욱 정확하게 이해할 수 있으며, 학생이 수업을 통해 무엇을 배우고 무엇을 배우지 못했는지, 교육 목표에 어느 정도 도달했는지 등에 대한 피드백을 받을 수 있다. 이러한 과정을 통해 교사들의 교육과정 기획력 및 수업과 평가 전문성을 높일 수 있다.

2) 수행평가에서의 변화

가. 수행평가 루브릭 개선

모든 교과에서 선다형 평가를 폐지하고 논술형 평가만으로 지필평가를 하는 것은 쉽지 않다. 덕양중학교에서 이러한 평가 혁신이 가능했던 이유는 평가를 교사 개인의 일이 아닌 학교공동체 전체의 일로 생각하고 함께 논의하며 공동 실천을 했기 때문이다.

이처럼 지필평가가 대폭 개선되었지만, 수행평가의 문제점 역시 꾸준히 제기되었다. 교과별 수행평가의 비율이 높아지면서 수행평가를 자주 여러 번 시행하게 됨에 따라 교사와 학생 모두에게 부담이 가중되었다. 수행평가의 비중이 높아졌지만 정작 평가 결과에 대한 피드백은 제대로 이루어지지 않는다는 문제점도 제기되었다.

그래서 수행평가 개선을 위한 평가개선 TF를 구성하기로 했다. 평가개선 TF에서는 단순히 수행평가에 대한 부담을 덜어 주는 방안뿐만 아니라 수행평가가 학생들의 성장을 돕는 평가로 발전할 수 있는 방안을 마련하기로 했다. 우선, 수행평가의 결과를 점수로만 학생들에게 통보했던 것에 대한 문제 제기와 반성이 있었다. 그래서 새로운 수행평가 루브릭 샘플을 만들어 그것을 전 교과에 적용할 수 있도록 만들자고 결정했다.

> A교사: 수행평가에 대한 피드백이 중요하다는 인식은 있지만, 막상 바빠서 피드백을 제대로 하지 못했던 것 같아요. 그래서 과정중심평가의 철학, 피드백의 절차 등을 반영한 루브릭이 있으면 좋겠다는 이야기가 나왔어요. 그래서 TF에서 구체적으로 루브릭 샘플을 만들어 자기들이 먼저 연습을 해 보고, 공유하고 수정을 해 본 후에, 다른 선생님들과 공유하면 어떨까 하는 논의가 진행되었죠.

교사들은 어떤 형식의 평가 루브릭을 만들어야 평가기준으로 적절하고 수업 개선에도 도움이 될 수 있을까에 대한 논의를 진행했다. 기존에 나온 여러 자료를 참고하되, 학교현장에 실질적으로 적용할 수 있는 루브릭, 교사들에게 부담이 되지 않도록 단순하면서도 쉽게 접근할 수 있는 틀을 인문사회계열, 자연과학계열, 예체능계열별로 개발해 보았다.

그 결과, 평가 루브릭을 계획 단계, 수행 단계, 산출물 단계로 나누어 구성하기로 결정했다. 그 이유는 단순히 결과물만 평가하는 것이 아니라 계획 단계에서부터 수행 단계, 마지막 산출물 단계까지 관심을 가지고 피드백을 해야 학생에게 도움이 된다고 판단했기 때문이다. 하지만 그렇게 하면 학생들에게 모든 단계마다 평가를 받는다는 느낌을 주어 더 부담스러울 수 있다는 주장도 제기되었다. 이를 보완하기 위해 계획 단계와 수행 단계에서는 학생의 참여도를 중심으로 느슨하게 평가하는 것으로 합의를 했다. 이렇게 함으로써 계획, 과정, 산출 단계를 모두 확인하되, 그 과정에서 교사들이 적절한 피드백을 제공하여 원하는 산출물을 완성하고 깊이 있는 배움이 이루어지도록 했다.

이러한 수행평가 루브릭은 수행평가에 대한 기존 관념을 바꾸는 효과를 낳을 수 있다. 기존의 수행평가는 '계획, 수행' 단계에 대한 확인 없이 '산출물'만을 대상으로 점수를 부여하는 방식이었다. 그리고 수행평가 반영 비율이 늘어나는 추세와 함께 학생들은 이러한 산출물을 학기마다 5~10회가량 제출해야 하는 부담이 있었다. 그런데 위와 같이 수행평가를 '계획, 수행, 산출물' 단계로 나누어 그 과정에서 교사들이 적절한 피드백을 제공하게 된다면, 굳이 많은 횟수의 수행평가를 할 필요 없이 한두 개의 의미 있는 수행과제(긴 호흡의 프로젝트 등)만을 대상으로 깊이 있는 학습이 이루어질 수 있다.

이러한 평가 루브릭 기본 틀을 마련한 후 평가개선 TF에서 교과별 예시를 만들어 전체 교사들과 공유하는 시간을 가졌다. 대부분의 교사는 이러한 루브릭의 취지를 공감하여 자기 교과에 창의적으로 적용하기로 했다. 하지만 일부 수행평가는 그 특성상 계획, 수행, 산출물 단계로 나누기 어려운 경우도 있을 수 있기에, 이러한 수행평가의 경우에는 그 특성에 맞는 평가 루브릭을 적용하기로 했다.

덕양중학교 수행평가 루브릭 틀

평가 단계(배점)	평가 내용		
계획 단계 (3점)	평가 요소 • •		
	등급	채점 기준	배점
	A		3
	B		2
	C		1
수행 단계 (3점)	평가 요소 • •		
	등급	채점 기준	배점
	A		3
	B		2
	C		1
산출물 (14점)	평가 요소 • •		
	등급	채점 기준	배점
	A		14
	B		11
	C		8
	D		5

나. 학생들에게 친절한 수행평가 만들기

학생들이 제기하는 불만 중 하나는 수행평가가 '불친절'하다는 것이다. 이 수행평가를 왜 해야 하는지, 나의 학습에 어떤 의미가 있는지, 좋은 평가를 받으려면 무엇을 어떻게 해야 하는지 알 수 없다는 것이다. 심지어 수행평가 실시 하루 전에 공지하는 경우도 있었다고 한다.

아무리 고된 일이더라도 그 일의 의미를 이해하고 하는 경우에는 그 과정에서 보람을 느낄 수 있다. 수행평가도 마찬가지다. 학생의 성장을 돕는 평가가 이루어지려면 그 평가의 취지를 교사뿐만 아니라 학생들도 이해해야 한다. 그러려면 수행평가를 왜 하는지 학생들이 그 의미를 이해하고 수용해야 한다. 하지만 학교현장에서 진행되는 수행평가는 대부분 채점 기준만 알려 줄 뿐 평가의 의미를 공유하는 경우는 거의 없다.

또한 평가가 의미가 있으려면 평가 결과에 대한 피드백이 학생들에게 제공되어야 하는데, 대부분 수행평가의 결과는 점수로만 통보된다. 그렇기 때문에 점수에 관심이 없는 학생이라면 더더욱 수행평가의 의미를 느끼지 못하고 이에 적극적으로 참여하지 않게 된다.

> C교사: 학생들에게 중요한 것이 의미 전달이라고 생각해요. 평가를 위한 평가, 성적만 내는 평가가 아니라 "이런 배움이 이루어졌으면 좋겠다"라고 학생들에게 자세히 안내해 주었더니, 학생들도 수긍하더라고요. "계획, 과정 단계에는 점수 차이가 크지 않아. 여기서는 이런 것을 배우면 좋겠어." 이런 이야기들을 해 준 거죠. "산출물에서만 배점 차이가 있을 거야. 여기서는 생각을 표현하는 것이 중요해. 피드백은 선생님이 이렇게 해

줄 거야." 이렇게 말해 주면서 "선생님은 이런 걸 바라는구나."
하는 것을 공유했어요. 학생들이 예전에는 "내 점수는 몇 점
일까?"에 관심을 가졌다면, 이제는 "이런 걸 배우라고 수행평
가를 하는구나"에 관심을 보이게 하는 것이 중요하다고 생각
해요.

덕양중학교 교사들은 불친절한 평가를 지양하고 학생들에게 친절한
평가를 하자는 원칙을 세웠다. 그러기 위해서는 우선 학생들에게 수행
평가와 관련된 안내를 자세하게 하자는 제안이 나왔다. 학생들에게 "어
떤 수행평가를 진행할 것인가?"만 알려 주는 게 아니라 이 수행평가가
"어떤 의미가 있는가?", "수행평가를 위해 수업 시간에 무엇을 배우는
가?", "수행평가 후 어떤 피드백을 받을 수 있는가?" 등도 알려 주자고
결정했다. 그래서 다음과 같은 템플릿을 만들어 이를 활용하도록 했다.

'친절한 수행평가' 안내 틀

> 1. 평가 제목(학생들에게 친근한 제목으로):
>
> 가. 이 평가를 통해 학생들은 어떤 배움과 성장이 있을까요?
>
> 나. 이 평가에서 학생들은 어떤 수행과제를 하게 되나요?
>   1) 평가 개요
>   2) 평가 세부 사항
>
> 다. 이 평가를 위해 학생들은 수업에서 어떤 과정을 경험하나요?
>
> 라. 이 평가 후 학생들은 어떤 형태의 피드백을 받을 수 있나요?

1. 수행평가 명칭: 질문으로 생각 키우기

가. 이 평가를 통해 학생들은 어떤 배움과 성장이 있을까요?
- 배운다는 것은 질문에 대해 답을 알아 가는 과정입니다. 좋은 질문은 수업 내용을 충분히 이해하고 배우는 내용에 관심이 있을 때 할 수 있습니다. 학생들은 답을 찾는 과정을 통해 수학적 사고력을 키우게 됩니다.

나. 이 평가에서 학생들은 어떤 수행과제를 하게 되나요?
1) 평가 개요
- 수업에서 배운 내용에서 생긴 질문을 수업 중 최대 2개를 구글 클래스 또는 밴드에 올리기
- 다른 친구가 올린 질문에 내가 생각하는 답 올리기
2) 평가 세부 사항

평가 과정 (점수)	평가 내용		
질문하기 (13점)	• 질문의 내용이 배운 수업의 내용과 관련이 있는 질문으로 구성되어 있는가? • 한 수업 시간에 관련 질문이 2개 이하인가? • 1학기 동안 수행과정에 의거하여 제출된 문항의 개수가 적절한가?		
	등급	채점 기준	배점
	A	질문이 바르게 작성되고 질문의 개수가 40개 이상인 경우	13
	B	질문이 작성되고, 질문의 개수가 30개 이상인 경우	11
	C	질문이 작성되고, 질문의 개수가 20개 이상인 경우	9
	D	질문이 작성되고, 질문의 개수가 10개 이상인 경우	7
	E	질문의 개수가 10개 미만이거나 없는 경우	5
답변하기 (7점)	• 다른 친구들의 질문의 주제에 적합한 답변인가? • 1학기 동안 상호 답변한 개수가 적절한가?		
	등급	채점 기준	배점
	A	주제와 관련되어 제출된 답변의 개수가 10개 이상인 경우	7
	B	주제와 관련되어 제출된 답변의 개수가 7개 이상인 경우	5
	C	주제와 관련되어 제출된 답변의 개수가 5개 이상인 경우	3
	D	제출된 답변의 개수가 5개 미만이거나 없는 경우	1
정의적 영역	• 주어진 문제를 해결하기 위해 적극적으로 노력하였나? • 문제를 해결하기 위해 자신감을 가지고 참여하였나?		

다. 이 평가 후 학생들은 어떤 형태의 피드백을 받을 수 있나요?
- 학생들이 올린 질문에 대해 답을 해 줍니다.
- 다음 수업 시간과 연관 있는 질문은 전체 학생과 공유합니다.

2. 수행평가 명칭: 나만의 수학 이야기 만들기(20점)

가. 이 평가를 통해 학생들은 어떤 배움과 성장이 있을까요?
- 자연수, 정수, 유리수 등 수 체계를 정확하게 이해하는 것은 수학을 배우는 데 매우 중요합니다. 이 수행평가에서는 유리수와 순환소수라는 개념을 잘 이해하기 위해 내가 이해하고 있는 유리수와 순환소수를 나만의 방식으로 표현해 봅니다.

나. 이 평가에서 학생들은 어떤 수행과제를 하게 되나요?
1) 평가 개요
- 유리수와 순환소수, 무한소수 등을 이용하여 이야기, 시, 만화 만들기(A4용지 한 장)
2) 평가 세부 사항

평가 과정 (점수)	평가 내용		
계획 (3점)	• 유리수 단원의 내용을 모두 포함하여 계획하였나? • 포함된 내용과 용어에 대해 정확하게 정리하였나?		
	등급	**채점 기준**	**배점**
	A	모두 포함하고 용어를 정확하게 정리한 경우	3
	B	포함되지 않은 내용이 있거나 용어 정의가 틀린 경우	2
	C	포함되지 않은 내용도 있고 용어 정의가 틀린 경우	1
	D	제출하지 않음	0
답변하기 (7점)	• 단원의 주제와 내용이 충분히 수학 이야기에 포함되었는가? • 수학 이야기가 논리적이며 창의적인가?		
	등급	**채점 기준**	**배점**
	A	단원의 내용이 충분히 포함되고 이야기가 논리적이고 창의적인 경우	17
	B	단원의 내용이 일부 포함되고 이야기 전개가 보통일 경우	14
	C	단원의 내용이 포함되지 않고 이야기 전개가 미흡할 경우	11
	D	제출하지 않음	8

다. 이 평가를 위해 학생들은 수업에서 어떤 과정을 경험하나요?
- 개인별, 모둠별로 학습할 시간을 갖습니다.
- 계획 단계에서 만든 마인드맵에 대해 동료평가 시간을 갖습니다.

라. 이 평가 후 학생들은 어떤 형태의 피드백을 받을 수 있나요?
- 1차 평가 후 개인별로 부족한 부분이 무엇인지 선생님이 알려 줍니다.
- 최종 제출물에 대해 피드백을 하고, 우수한 작품을 전시합니다.

1. 수행평가 명칭: '생명의 시작은 언제인가' 논술문 쓰기

가. 이 평가를 통해 학생들은 어떤 배움과 성장이 있을까요?
- 엄마 인터뷰를 통해 엄마의 신체적·정서적 변화를 이해하고, 생명의 존귀함을 느꼈으면 합니다. 또한 생명은 언제부터 시작하는지를 조사하고 자신의 생각을 논리적으로 정리하는 과정을 통해 생명에 대한 인식을 확장시키는 기회가 되었으면 합니다. 더불어 논란이 되고 있는 낙태 문제도 함께 생각해 볼 기회가 되었으면 합니다.

나. 이 평가에서 학생들은 어떤 수행과제를 하게 되나요?
- 계획 단계: 엄마 인터뷰, 토론 자료 수집하기
- 수행 단계: 인간의 생명의 시작은 언제인가에 대한 토론
- 산출물 단계: 인간의 생명의 시작은 언제인가에 대한 논술문 쓰기

평가 과정 (점수)	평가 내용		
계획 (6점)	**엄마 인터뷰** • 엄마의 마음, 신체적·심리적 변화와 느낌을 표함하고 있는가? • 생명에 대한 자신의 생각을 포함하고 있는가?		
	등급	채점 기준	배점
	A	위의 평가 내용 두 가지를 모두 만족하는 경우	3
	B	위의 평가 내용 한 가지를 만족하는 경우	2
	C	본인의 의사에 의한 미제출	1
	토론 자료 수집 • 주장에 맞는 근거 자료를 수집하였나? • 주장을 뒷받침할 근거 자료의 양이 충분한가?		
	등급	채점 기준	배점
	A	위의 평가 내용 두 가지를 모두 만족하는 경우	3
	B	위의 평가 내용 중 한 가지를 만족하는 경우	2
	C	본인의 의사에 의한 미제출	1
토론 (4점)	• 자신의 주장을 설득력 있게 말하고 있는가? • 상대의 주장에 대해 적절히 반박하고 있는가?		
	등급	채점 기준	배점
	A	위의 평가 내용 두 가지를 모두 만족하는 경우	3
	B	위의 평가 내용 중 한 가지를 만족하는 경우	2
	C	본인의 의사에 의한 미응시	1

---

21. 이 자료는 덕양중학교 이경탁 수석교사가 제공했다.

논술문 (10점)	•논제와 관련된 본인의 주장을 명확히 제시하였나? •주장과 관련된 논거가 충분히 제시되어 있는가? •논거가 과학적으로 타당한가? •생명의 소중함에 대한 성찰이 담겨 있는가? •논술문이 갖추어야 할 형식을 갖추고 있는가?		
	등급	채점 기준	배점
	A	위의 평가 내용 다섯 가지를 모두 만족하는 경우	10
	B	위의 평가 내용 중 네 가지를 만족하는 경우	8
	C	위의 평가 내용 중 세 가지를 만족하는 경우	6
	D	위의 평가 내용 중 두 가지를 만족하는 경우	4
	E	위의 평가 내용 중 한 가지를 만족하는 경우	2
	F	본인의 의사에 의한 미응시	1

다. 이 평가 후 학생들은 어떤 형태의 피드백을 받을 수 있나요?
- 토론 자료를 찾고 자신의 의견을 쓰는 과정에서 부족하면 선생님이 보충할 수 있도록 알려 줄 겁니다.
- 친구들의 논술문을 함께 공유하며 자신의 글에 대해 성찰할 수 있는 시간을 갖게 될 것입니다.

다. 평가의 원칙 공유하기

앞에서 언급했듯이 덕양중학교 교사들은 선다형 평가 폐지, 평가 루브릭 개선, 학생들에게 친절한 수행평가 등 평가 혁신을 위한 실천을 하나하나 진행해 왔다. 이런 활동을 진행하면서 교사들 사이에 평가에 대한 철학, 가치관이 적지 않다는 것을 확인하게 되었다. 어떤 교사는 평가의 신뢰도를 강조하고, 어떤 교사는 평가의 타당도를 강조한다. 어떤 교사는 피드백을 적극적으로 실천하고 있고, 어떤 교사는 피드백에 관심을 가질 기회가 없었다.

그래서 덕양중학교 교사들은 평가의 큰 원칙을 합의하는 것이 중요하다는 인식에 이르렀다. 그래서 '우리가 지향해야 할 평가', '우리가 지양해야 할 평가' 두 항목에 대해 각자 생각하는 것을 포스트잇에 적어 모둠별로 토론을 하게 되었다. 각 모둠별 토론 결과를 전체 교사들이 공유했고, 이를 바탕으로 덕양중학교 평가 원칙을 다음과 같이 정리하게 되었다.

덕양중학교 평가 원칙

우리가 지향하는 평가	우리가 지양하는 평가
성장이 있는 평가 • 뭘 잘했는지, 잘해야 하는지 알도록 하는 평가 • 평가 결과가 다시 학습으로 이어질 수 있는 평가 • 자신의 부족한 점을 개선할 기회를 제공하는 평가	점수 내기만을 위한 평가 • 평가를 위한 평가, 평가를 통한 배움 없이 점수만을 위한 평가 • 과정이 없고 결과물만 확인하는 평가
피드백이 있는 평가 • 결과에만 치중하지 않고 반드시 피드백이 이어지는 평가 • 피드백을 통해 학생이 다시 자기가 부족한 부분을 보완하는 경험을 할 수 있는 평가	겉보기에만 좋은 평가 • 배움의 내용을 보지 않고 화려한 기술을 보는 평가 • 평가 요소가 아닌 면을 보는 평가(예: 인권 UCC 수행평가에서 주제 전달력을 보지 않고 동영상 기술을 보는 평가)
친절한 평가 • 학생들이 평가의 이유를 충분히 이해할 수 있는 평가 • 배우는 내용이 평가와 어떻게 연관 있는지 충분히 설명하는 평가 • 달성해야 하는 것이 명확히 드러나는 평가	불친절한 평가 • 학생들이 평가의 의미를 이해할 수 없는 평가 • 구체적인 수행 방법에 대한 안내가 없는 평가 • 기말고사 직전에 하는 평가
아이들도 행복한 평가 • 모둠 과제에서 각자의 역할이 뚜렷하게 나타날 수 있는 평가 • 모든 아이가 성공을 경험할 수 있는 평가	배움을 포기하게 만드는 평가 • 만회할 여지를 차단해 버리는 평가 • 학생들이 노력해도 잘할 수 없는 평가 • 수행을 위해 꼭 필요한 배움이 선행되지 않고 이루어지는 평가

'우리가 지양하는 평가' 가운데 '겉보기에만 좋은 평가'라는 항목이 있다. 이는 학교현장에서 흔히 빠지는 오류 중 하나로 '화려한 기술이 돋보이는 영상물'이 대표적인 예이다. 학생의 입장에서는 겉보기에 좋은

영상물을 만들기 위해 심지어 밤을 새우는 시간을 투자하기도 하고, 그속에서 이른바 '무임승차' 현상이 나타나 학생들 사이에 심각한 갈등이발생하기도 한다. 그렇게 고생해서 영상물을 만들었으나 정작 그 영상물을 만든 이유에 대해서는 교사나 학생 모두 간과하게 되는 경우도 있다. 인권과 관련된 주제를 형상화하는 것이 영상물 만들기의 목적이었으나 그 목적은 잊어버린 채 화려한 기술 위주로 점수를 부여하는 경우도적지 않다. 이러한 수행평가는 학생들에게 엄청난 부담을 주는 과제형수행평가이자, 평가의 타당도(교육 목적 및 내용과 부합한 정도) 역시 현저하게 갖추지 못한 경우에 해당한다.

'우리가 지양하는 평가' 가운데 '배움을 포기하게 만드는 평가'라는항목도 주목해 볼 필요가 있다. '배움을 포기하게 만드는 평가'란 예를들어 '수업 시간에 학습할 기회를 갖지도 못한 채 진행되는 평가', '난이도가 너무 어려워 대부분의 학생이 도전하지 못하는 평가', '부족한 부분을 보완할 기회를 주지 않는 평가' 등이다. 평가의 목적은 배움의 과정을 촉진하여 학생들을 성장시키는 것이다. 그렇기에 평가의 새로운 패러다임을 표현하는 용어로 '학습으로서의 평가assessment as learning'라는 개념도 있다. 그렇기 때문에 '배움을 포기하게 만드는 평가'는 반드시지양되어야 할 평가이다.

덕양중학교 교사들은 자신들이 알게 모르게 진행했던 부정적 방식의 평가를 공동체적으로 성찰하고, 이를 극복하기 위한 대안으로서 '우리가 지향해야 할 평가'의 원칙을 함께 공유하며 이의 구체적인 방법을실천하고 있다. '친절한 평가', '피드백이 있는 평가'를 통해 '성장이 있는평가', '행복한 평가'를 구현하고자 하고 있다. 중요한 것은 학교마다 교사들이 자신들의 평가관을 성찰하고 더 좋은 평가를 실천하기 위해 집단지성을 발휘하는 것이다.

이는 핀란드 교육과정에서 제시된 바람직한 '평가문화'의 요소에 해당한다. 이는 학교 차원에서 공동체적으로 평가문화를 혁신하고 이를 명문화하는 것이 필요했다는 점에서 의미가 크다. 평가문화가 혁신되어야 학교 혁신이 완성될 수 있다.

덕양중학교의 사례에서 얻을 수 있는 시사점은 평가 혁신이란 교사 개인의 몫이 아니라 학교공동체가 함께 성찰하고 실천해야 하는 영역이라는 것이다. 예를 들어 우리 학교 평가의 문제점에 대해 교사, 학생, 학부모의 의견을 모으는 것, 우리 학교가 지향하는 평가 원칙을 공유하는 것, 교육과정 워크숍을 통해 수행평가 루브릭, 수행평가 안내 양식을 함께 개발하는 것 등의 노력이 필요하다. 평가가 교사 개인의 책임으로 인식되면 교사들은 '민원 예방만을 목적으로 하는 평가, 하던 대로 하는 평가' 등으로 회귀할 수밖에 없다. 하지만 평가가 학교공동체 모두에게 부여된 책임이라는 성찰과 인식이 공유될 때 학생의 성장을 목적으로 하는 평가 혁신이 이루어질 수 있다.

4.
학교의 평가문화 성찰하기[22]

1) 학교와 사회: 재생산의 영역, 상대적 자율성의 영역

교육사회학에서는 학교교육을 한 사회의 불평등한 구조와 권력관계를 재생산하는 도구로 본다. 학생들은 교육과정을 통해 지배계급의 이데올로기를 내면화하게 되고, 부모의 부와 권력이 학벌을 매개로 자녀에게 대물림되기 때문이다. 이러한 구조를 정당화하는 핵심적인 장치가 바로 '평가'이다. '평가'란 사회적 지위를 배분하기 위해 '사람들을 나누고 줄 세우는' 방식이나 마찬가지다.

대학입시가 이런 평가의 대표적인 예이다. 이런 평가에서는 특히 '시험의 공정성'이라는 신화가 절대적인 영향력을 갖고 있다. 그래서 대입 전형 중에도 동일한 평가문항으로 점수를 명확히 가르는 수능 전형을 선호하는 사람들이 적지 않다. 수능 시험이 학생들의 다양한 역량을 평가하는 데 근본적인 한계가 있음에도 불구하고, 수능의 영향력은 여전

22. 이형빈(2015), 김성수·이형빈(2019)의 일부 내용을 재구성했다.

히 막강하다.

학교 밖의 사회구조는 학교의 구조와 문화에 직접적, 간접적 영향을 미친다. 비민주적이고 권위주의적인 시대에는 학교 역시 그러한 모습을 보이고, 사회의 민주화가 진행됨에 따라 학교 민주주의도 진전하게 된다. 평가를 둘러싼 구조와 문화도 마찬가지다. 단편적인 지식 암기만을 평가했던 과거 학력고사 시대에는 학교 역시 주입식 수업과 객관식 시험 위주로 운영되었다. 하지만 수능이 도입된 이후 학교의 수업과 평가 역시 다소 유연해지기 시작했으며, 학교생활기록부 종합전형이 확대된 이후에는 고등학교에서도 학생참여형 수업과 과정중심 수행평가가 활성화되어 왔다. 그리고 학교에서의 변화가 역으로 입시제도 개선을 이끄는 동력이 되기도 한다.

이처럼 학교의 구조와 문화는 사회구조의 영향을 직접적으로 받지만 동시에 사회구조와는 상대적으로 독립적이고 자율적인 영역을 형성하기도 한다. 이러한 거시구조와 미시구조의 관계를 좀 더 알아보기 위해, 영국의 교육사회학자 번스타인Bernstein, 1975의 코드 이론을 참고할 수 있다. 그 역시 다른 교육사회학자들과 마찬가지로 학교교육을 자본주의의 불평등 구조가 재생산되는 곳으로 보았지만, 그럼에도 불구하고 학교는 사회와는 독립적으로 상대적인 자율성의 영역을 확보할 수 있다고 보았다. 다시 말해, 사회의 구조와 질서가 학교에 있는 그대로 투영되는 것이 아니라 새로운 방식으로 '재맥락화'되는 것이다. 그는 이런 재맥락화의 방식을 '분류classification'와 '통제framing'[23]라는 코드code로 설명하였다.

'분류'란 어떤 대상을 특정한 기준에 따라 등급class을 나누는 방식이다. 예를 들어 학교에서 '우등생/열등생', '모범생/문제학생'을 나누는 기준이 명확하고 그 정도가 강하다면 이 학교는 '강한 분류'의 코드를 갖고 있다고 할 수 있다. 이러한 '분류의 기준'이 단일한지 다양한지, '분류의 정도'가 강한지 약한지에 따라 일상적 문화가 얼마나 평등한지가 결정된다.

'통제'는 사회적 상호작용이나 의사소통이 이루어지는 틀frame을 의미한다. '통제'가 강한 문화에서는 자유로운 의사소통이 이루어지기 어렵다. 형식적으로는 평등한 위치에 있다 하더라도 실제로는 한 사람이 모든 의사소통을 주도하고 있다면 매우 '통제'가 강한 구조라고 할 수 있다. 만약 수업 시간에 누구든지 자유롭게 발언할 수 있는 분위기가 형성되어 있다면 이는 '통제'가 약한 학교문화라고 할 수 있다. '통제'의 형식이나 강약에 따라 일상적인 문화가 얼마나 민주적인지 알 수 있다.

학교는 근본적으로 사회의 영향을 받는다. 하지만 학교 안의 '분류'와 '통제'의 코드에 따라 그 구조와 문화가 달라질 수 있다. '약한 분류'의 코드를 가질수록 평등한 구조에 가까워지고, '약한 통제'의 코드를 가질수록 민주적 구조에 가까워질 수 있다. 이는 학교 운영, 학생자치 및 생활교육 등 일상적인 학교문화뿐만 아니라 교육과정-수업-평가에서도 마찬가지다.

----

23. Bernstein(1975)이 사용한 'classification'와 'framing'은 역자에 따라 '분류화', '구조화' 혹은 '프레이밍' 등으로 번역되기도 한다. 이 책에서는 이 용어가 갖는 의미를 좀 더 명확하게 나타내기 위해 '분류'와 '통제'로 번역했다.

2) 평가에서의 '분류'

'분류'가 강한 평가는 학생과 학생 사이의 차이를 명확히 재거나 그 격차를 오히려 벌리는 데 관심이 있다. 이는 상대평가(규준지향평가)와 관련이 깊은 평가 코드이다. 그렇기 때문에 차이를 명확히 측정하기 어려운 영역, 예를 들어 예술적 감수성이나 민주시민의식 등에는 관심을 두지 않는다. 반대로 차이를 측정하기 쉬운 영역, 예를 들어 단편적 지식 습득 여부에 주로 관심을 둘 뿐만 아니라 그 차이를 극대화하고자 한다. 그 결과 다음과 같은 특징이 나타난다.

① (석차를 산출하지 않는 학교 급, 과목에서도) 석차에 관심을 둔다.
② (석차에 관심을 두지 않더라도) 학생들의 성적분포가 정규분포곡선을 형성하기를 기대한다.
③ 수행평가보다 지필평가를 중시하고, 수행평가는 형식적으로 시행된다.
④ (상위권 학생들에게 유리한 변별력을 확보하기 위해) 지필평가의 난이도가 높고, 문항에 소수점 배점을 하기도 한다.

이러한 모습은 1부 4장에서도 언급한 '내면화된 상대평가' 문화라고 할 수 있다. 이러한 방식의 평가는 교육과정과 수업에도 부정적인 영향을 미치게 된다. 시험에서 측정될 수 있는 지식만을 강조하게 되고, 교육과정의 분량과 난이도는 부담스러워지며, 빠른 속도의 진도 나가기식 수업이 진행된다. 이러한 교육과정-수업-평가 속에서 배움이 느린 학생들은 구조적으로 소외될 수밖에 없으며 경쟁적인 문화가 일상화된다.

이와는 반대로 '분류'가 약한 평가는 다음과 같은 특징을 지닌다.

① (석차를 산출하는 학교 급, 과목에서도) 석차에 대해 지나친 관심을 두지 않는다.

② 모든 학생이 목표에 도달하도록 독려하는 분위기, 학생들이 협력하는 문화가 형성되어 있다.

③ 지필평가보다 수행평가를 중시하고, 수행평가는 점수 산출보다 학생들의 다양한 역량을 확인하는 방식으로 시행된다.

④ 지필평가의 경우, 평상시 수업에 적극적으로 참여한 학생이면 무난하게 해결할 만한 난이도를 유지한다.

'분류'가 약한 평가란 학생과 학생 사이의 차이에 별다른 관심을 두지 않는다. 이는 절대평가(준거지향평가)와 관련이 깊은 평가 코드이다. 절대평가는 단순히 학생들의 석차를 매기지 않는다는 의미만 있는 것이 아니다. 이는 학생들이 목표에 얼마나 도달했는지를 확인하는 것이자, 동시에 모든 학생이 목표에 도달할 수 있다는 신념을 전제로 한다. 그렇기 때문에 '분류'가 약한 평가문화에서는 모든 학생이 목표에 도달할 수 있도록 독려하는 분위기, 학생들이 서로 협력하는 분위기가 형성된다. 이러한 평가문화는 자연스럽게 수업문화에도 영향을 미친다. 수업시간에 학생들이 참여하고 협력하는 문화가 형성되려면, 평가문화부터 바뀌어야 한다. 이러할 때 배움이 느린 학생도 수업에 적극적으로 참여할 여지가 생기며, 평가를 통해서도 자신의 가치를 정당하게 인정받을 수 있다.

번스타인^{Bernstein, 1975}에 의하면 '약한 분류'의 코드를 지닐수록 평등한 구조에 가까워진다. 평가에서 '분류'의 코드를 살피는 것은 "평가 방식이 사회경제적으로 불리한 학생들, 배움이 느린 학생들도 배려하고 있는가?", "평가 결과로 모든 학생이 자신들도 인정받고 있다는 느낌을 가질 수 있는가?"를 성찰하는 것이기도 하다. 예를 들어 '강한 분류'의 평가문화에서는 소수의 상위권 학생들을 위한 변별력만을 중시하게 되어 평가의 난이도가 높아지고 평가의 범위도 협소한 인지적 영역에 한정되게 된다. 반면에 '약한 분류'의 평가문화에서는 뒤처지는 학생들도 배려하는 방식의 평가, 적정한 난이도를 유지하는 평가, 다양한 역량을 확인하는 방식의 평가가 이루어진다. 이러할 때 모든 학생이 자신의 가치를 정당하게 인정받을 수 있게 된다.

3) 평가에서의 '통제'

'통제framing'가 강한 평가란 쉽게 말해 엄격한 통제의 틀frame 속에서 이루어지는 평가를 의미한다. 대체로 '분류'가 강한 평가에서는 자연스럽게 '통제'도 강하게 이루어진다. '통제'가 강한 평가의 특징은 다음과 같다.

① '하나의 정답'만이 인정되고, 다양한 정답의 가능성을 용인하지 않는다.

② 모든 학생이 동일한 시간에 동일한 문항으로 시험을 치르는 일제식 평가가 중심을 이룬다.

③ 평가를 치르는 방식이 엄격하다(상호 감시적 분위기, 엄격한 채점 기준 등).

④ 학생을 통제하는 무기로 평가를 활용한다.

'통제'가 강한 평가문화에서는 '하나의 정답'만이 용인되며, 학생이 스스로 문제를 해결하는 과정보다는 이미 정해진 정답을 찾아내는 결과를 중시한다. 그렇기 때문에 다양한 형태의 과정중심평가보다는 획일적인 일제식 평가가 중심을 이룬다. 그리고 평가가 시행되는 질서나 규범이 엄격하고, 정해진 시간 안에 오로지 혼자의 힘으로 정답을 찾아내야 하며, 학생들의 협력이나 교사의 지원이 이루어지는 방식은 상상하기 어렵다. 또한 평가가 학생의 성장을 독려하기보다는 학생을 통제하는 무기("이거 시험에 나온다", "태도 점수 깎는다")로 활용되기도 한다.

반면에 '통제'가 약한 평가의 특징은 다음과 같다.

① '정답의 개방성'이 보장되어, 학생의 다양한 사고력과 창의력을 독려한다.

② 일제식 평가보다는 과정중심 수행평가, 선다형 평가보다는 논술형 평가를 중시한다.

③ 평가를 치르는 방식이 자유롭다(재도전의 기회, 오픈 북 테스트, 무감독 시험 등 다양하고 자유로운 시도가 이루어진다).

④ 교사나 학생이 평가에 부담을 느끼지 않고 결과에 대해서도 예민

하지 않다.

'통제'가 약한 평가문화에서는 무엇보다도 '정답의 개방성'을 중시한다. 교사(문제 출제자)가 절대적인 진리를 독점하는 존재라고 가정하기보다, 학생이 스스로 지식을 창출하거나 문제를 해결하는 과정을 중시한다. 그렇기 때문에 '통제'가 약한 평가는 일제식 평가, 선다형 평가보다는 과정중심 수행평가, 논술형 평가를 중시한다. 그리고 수행평가, 논술형 평가에서도 '엄격한 채점 기준'을 적용하기보다는 다양하고 창의적인 생각, 배운 것을 실천하려는 태도 등을 더욱 중시한다. 또한 '통제'가 약한 평가는 평가 방식도 다양하고 개방적이다. '통제'가 강한 평가에서는 엄격한 통제적 분위기에서 평가를 치르는 것을 당연하게 여긴다. 이와 반대로 '통제'가 약한 평가문화에서는 재도전의 기회를 부여하거나, 학생들이 다양한 자료를 참고하여 자기 생각을 전개할 수 있도록 보장하거나, 학생들에게 서로 협력적으로 문제를 해결하는 기회를 부여하는 등 다양한 가능성을 시도하는 것을 주저하지 않는다.

번스타인[Bernstein, 1975]에 의하면 '약한 통제'의 코드를 지닐수록 민주적 구조에 가까워진다. 평가에서 '통제' 코드를 살피는 것은 "평가를 통해 학생들의 다양한 목소리가 얼마나 개방적으로 보장되느냐?"를 성찰하는 것이다. 평가가 엄격하면 수업도 엄격해진다. 그렇게 되면 교사가 절대적 진리자의 자리에 위치하게 되고, 학생들이 적극적으로 목소리를 내며 참여할 자리가 사라지게 된다. 학생들은 오직 교사의 강의와 교과서의 설명을 맹신하게 된다. 교사가 평가를 무기로 학생들을 통제하면, 학교에는 '시험에 나와야만 공부하는' 문화가 형성된다. 반면에서 평가가 개방적으로 바뀌면 학생들의 다양한 견해를 보장하게 된다. 이러한 평가문화에 따라 수업문화 역시 개방적으로 바뀌게 된다. 학생들은 수업에 적극적으로 참여하며 자신의 목소리를 낼 수 있게 된다. 여러 사람이 다양한 목소리가 개방적으로 공존하는 민주주의가 꽃 피어나는 장이 된다. 그럴 때 '배움의 즐거움' 자체에 몰입하는 문화가 형성될 수 있다.

4) 평가를 통해 형성되는 '잠재적 교육과정'

한국 사회는 유독 평가의 영향력이 강한 사회이다. 이는 비단 한국뿐만 아니라 일본, 중국, 대만 등 동아시아 국가들에 공통적으로 나타나는 현상이다. 사토 마나부[佐藤 學, 2000]는 이를 동아시아형 교육의 특징으로 명명한 바 있다. '압축적 근대화, 경쟁교육, 산업주의, 관료주의, 국가주의, 공적 의식의 미성숙' 등을 공통된 특징으로 갖고 있는 동아시아형 교육에서는 특히 '평가를 통한 계층상승 욕구'가 매우 강하게 작동한다.[24]

그러나 이제는 누구나 인정하듯이 '개천에서 용 나는 시대', 평가를 통한 계층상승 욕구가 경제 성장의 원동력이 되는 시대는 끝났다. 인구

---

24. EBS 다큐프라임 〈시험은 어떻게 우리를 지배하는가〉는 인도, 중국, 프랑스, 독일의 대학입시 풍경을 생생하게 보여 준다. 인도와 중국에서는 '평가를 통한 계층상승 욕구'가 어떻게 작동하고 있는지, 프랑스와 독일의 대학입시는 이와 달리 어떻게 학생의 전인적 역량을 제대로 평가하고 있는지에 대해 비교교육학적으로 볼 수 있는 좋은 자료이다.

급감, 기후위기 등 새로운 위험이 일상화되는 미래 사회에서는 새로운 교육 패러다임이 필요하다는 것을 부정할 사람도 없을 것이다.

그렇기 때문에 우리의 일상을 지배하는 평가문화에 대한 사회학적 성찰이 필요하다. '강한 분류, 강한 통제'의 평가문화는 필연적으로 교육과정과 수업을 획일화시키며, 배움이 느린 학생, 사회경제적으로 불리한 처지에 있는 학생을 구조적으로 소외시킨다. 그리고 학생들은 일상적인 교육과정과 수업, 평가에서 불평등의 논리, 억압의 논리를 내면화하게 된다.

평가는 거시적으로 볼 때 우리 사회의 부와 권력을 배분하는 계급 재생산의 핵심적인 통로이다. 또한 미시적으로 볼 때 학교에서의 평가는 학생들이 자신의 위치와 정체성을 확인하는 영역이기도 하다. 사회의 거시적 구조가 학교라는 미시적 구조에 많은 영향을 미치는 것이 사실이다. 하지만 학교가 상대적으로 보다 민주적이고 평등한 구조를 갖추는 것도 역시 가능하다. 그렇기 때문에 교사들이 우선 학교의 평가문화를 사회적 시각에서 성찰하는 것이 필요하다.

그런데 교사들은 대체로 '강한 분류, 강한 통제'의 평가를 선호하는 아비투스habitus[25]를 지니고 있다. 아비투스란 쉽게 말해 '사회적으로 형성된 마음의 습관'이라고 할 수 있다. 교사들은 대부분 학창 시절에 이른바 '모범생'으로 살아왔으며, 상급학교 진학 및 임용 과정에서 치열한

---

25. 아비투스(habitus)란 영어 'habit(습관)'에 해당하는 프랑스어다. 프랑스 사회학자인 부르디외(Bourdieu, 1979)는 이 용어를 '특정한 환경에 의해 형성된 특정한 성향이나 판단, 무의식적으로 나타나는 행동 양식'이라는 의미로 사용했다. 그는 이 개념을 바탕으로 프랑스 자본가 계급의 문화적 취향을 분석하였다. 예를 들어 부유층은 명품 소비를 통해 자신을 다른 사람과 구별 짓고자 하는 습속이 있다는 것이다. 이와 마찬가지로 한국의 교사들 역시 한국 교사 특유의 아비투스가 존재하기 마련이다.

경쟁을 뚫고 교직에 입문하게 되었다. 그러므로 엄격한 시험 절차, 시험 결과에 따른 서열화 등을 당연한 문화와 가치로 내면화했을 가능성이 크다. 그렇기 때문에 평가 혁신을 위해서는 교사들이 자연스럽게 내면화해 온 습속 자체를 성찰하는 과정이 반드시 필요하다.

학교의 일상적인 문화는 '잠재적 교육과정'을 형성한다. 교사가 수업을 통해 명시적으로 가르치는 교육과정보다 학생들이 알게 모르게 습득하는 '잠재적 교육과정'이 더 큰 영향을 미치기도 한다. 평가를 혁신하는 것은 단지 평가의 방식을 바꾸는 것이 아니라 평가를 통해 형성되는 잠재적 교육과정을 새롭게 하는 것이다.

기존의 평가 관행은 결과적으로 학생들에게 '배제'와 '경쟁'을 내면화하게 했다. 그 결과 학생들은 늘 '우월감과 열등감의 악순환'을 반복해서 경험하게 된다. 반면에 평가를 혁신한다는 것은 '인정'과 '협력'의 문화와 구조를 형성하는 것이다. 기존의 평가에서는 늘 배제되던 학생들도 새로운 평가를 통해 자신의 가능성과 잠재력을 정당하게 인정받고 자존감을 회복할 수 있다. 이처럼 평가 혁신을 통해 실현되는 새로운 잠재적 교육과정은 '협력의 내면화', '인정의 구조', '자존감의 형성'이라 할 수 있다.

학교 평가문화 점검표

코드	강함	∨	약함	∨
분류	(석차를 산출하지 않는 학교 급, 과목에서도) 석차에 관심을 둔다.		(석차를 산출하는 학교 급, 과목에서도) 석차에 대해 지나친 관심을 두지 않는다.	
	(석차에 관심을 두지 않더라도) 학생들의 성적분포가 정규분포곡선을 형성하기를 기대한다.		모든 학생이 목표에 도달하도록 독려하는 분위기, 학생들이 협력하는 문화가 형성되어 있다.	
	수행평가보다 지필평가를 중시하고, 수행평가는 형식적으로 시행된다.		지필평가보다 수행평가를 중시하고, 수행평가는 학생들의 다양한 역량을 확인하는 방식으로 시행된다.	
	(상위권 학생들에게 유리한 변별력을 확보하기 위해) 지필평가의 난이도가 높고, 문항에 소수점 배점을 하기도 한다.		지필평가의 경우, 평상시 수업에 적극적으로 참여한 학생이면 무난하게 해결할 만한 난이도를 유지한다.	
통제	'하나의 정답'만이 인정되고, 다양한 정답의 가능성을 용인하지 않는다.		'정답의 개방성'이 보장되어, 학생의 다양한 사고력과 창의력을 독려한다.	
	모든 학생이 동일한 시간에 동일한 문항으로 시험을 치르는 일제식 평가가 중심을 이룬다.		일제식 평가보다는 과정중심 수행평가, 선다형 평가보다는 논술형 평가를 중시한다.	
	평가를 치르는 방식이 엄격하다(상호 감시적 분위기, 엄격한 채점 기준 등).		평가를 치르는 방식이 자유롭다(재도전의 기회, 오픈 북 테스트, 무감독 시험 등).	
	학생을 통제하는 무기로 평가를 활용한다.		교사나 학생이 평가에 부담을 느끼지 않고 결과에 대해서도 예민하지 않다.	
개선 방안				

5.
입시제도 개선을 이끄는
평가 혁신 실천하기

1) 입시제도의 변화 양상

우리나라의 대입제도는 크게 보아 수능 전형과 학교생활기록부 전형으로 나누어 볼 수 있다. 매년 세부적인 내용은 변화하지만 대체로 수능 전형이 30~40%, 학교생활기록부 전형이 60~70% 정도의 비율을 차지하고 있다.

수능은 전국 모든 수험생을 대상으로 치러지는 오지선다형 일제식 평가이다. 그렇기 때문에 수능의 영향력이 커질수록 고등학교 수업과 평가는 문제풀이식 수업, 일제식 지필평가 위주로 운영될 수밖에 없다. 학생의 다양한 역량을 길러 내는 교육에는 근본적인 한계가 있다.

이러한 한계를 극복하기 위해 학교생활기록부 전형이 꾸준히 확대되어 왔다. 학교생활기록부 전형이 확대되면서 고등학교의 수업과 평가에도 긍정적인 변화가 나타나기 시작했다. 학교생활기록부 전형은 교과 성적뿐만 아니라 '과목별 세부능력 및 특기사항'으로 대표되는 정성적 영역(학생들의 진로적성, 특기, 활동 등)을 중시한다. 그렇기 때문에 고등학교에서도 '교사의 자율적 전문성에 따른 교육과정 재구성 → 학생 참여형 수업 → 과정중심 수행평가에 대한 기록'이 어느 정도 이루어질 수 있다.

그럼에도 불구하고, 수능 전형이 확대되어야 한다는 사회적 여론도 만만치 않다. 이는 최근 들어 우리 사회에 '능력주의meritocracy'와 '시험의 공정성'에 대한 선호가 강해지고 있는 것과 관련이 깊다.[26] 명확한 정답이 존재하는 하나의 평가 잣대로 수험생의 능력을 정확히 측정하여 그 결과에 따라 선발이 이루어져야 한다는 논리이다. 그리고 이러한 여론은 고등학교 현장의 수업 및 평가에 대한 불신을 배경으로 하고 있다.

하지만 고등학교 현장의 경험은 일반 국민의 여론과는 다르다. 물론 학교생활기록부 전형이 완전한 제도일 수는 없지만, 그럼에도 불구하고 학교생활기록부 전형이 확대됨에 따라 고등학교 교육이 수능의 영향력에서 벗어나 긍정적인 변화를 시도할 수 있었기 때문이다. 이처럼 '시험의 공정성'을 중시하는 여론과 '고등학교 교육의 혁신'을 중시하는 학교 현장의 흐름이 팽팽한 긴장관계를 보이는 것이 현재의 상황이다.

2025년도부터 도입될 고교학점제는 본래 내신제도 및 대입제도 개편과 함께 설계된 정책이다. 고교학점제는 학생들의 진로에 따른 과목 선택권 보장을 핵심으로 한다. 그런데 이러한 고교학점제와 현행 고등학교 상대평가제(석차등급제)는 양립할 수 없다. 상대평가가 존재하는 한 학생들의 과목 선택은 높은 등급을 획득하는 데 유리한 쪽으로 왜곡될

---

26. '시험의 공정성'에 기반한 '능력주의(meritocracy)'의 허구성에 대한 비판으로는 마이클 샌델(Sandel, 2020)의 저서 『공정하다는 착각』(원제: The tyranny of merit)이 대표적이다.

수밖에 없다. 그렇기 때문에, 고교학점제 계획을 처음 발표할 당시에는 모든 선택과목에 절대평가를 도입하는 것을 예고하였다. 그리고 고교학점제의 취지에 따른 새로운 대입제도 방안(2028학년도 대입 개편안)이 발표될 예정이었다.

하지만 교육부가 확정한 2028학년도 대입 개편안은 이러한 기대에 미치지 못했다. 고교 내신 상대평가를 절대평가로 전환하는 대신, 석차 9등급제를 석차 5등급제로 완화하는 정도의 절충안이 마련되었다. 그리고 수능 역시 세부적인 사항만 미시적으로 변화했을 뿐 근본적인 개혁은 이루어지지 않았다.

이처럼 고교 내신 및 대입제도가 획기적으로 변화하지 못한 이유는 정부 당국의 미온적인 태도 탓이 매우 크지만, 여전히 우리 사회가 '공정성의 신화'에서 벗어나지 못하고 있기 때문이기도 하다. 고등학교에서 절대평가와 정성적 평가가 확대되기 위해서는 지금보다 한층 더 높은 교사 전문성과 윤리성이 요구되지만 이에 대한 국민적 신뢰를 획득하지 못한 영향도 무시할 수 없다.

입시경쟁을 근본적으로 해소하고 고등학교 교육을 혁신하기 위해서는, 향후 수능의 영향력이 축소되고 고교 절대평가를 기반으로 한 정성적 평가가 확대되어야 한다. 이러한 입시제도의 변화는 학벌사회 및 대학서열화 극복이라는 사회적 실천과 함께 이루어져야 한다.

이와 함께 지금의 제도적 현실에서도 평가 혁신을 위한 노력을 지속해야 한다. 고교학점제 도입과 석차등급 완화는 분명히 고등학교 평가 혁신에 좀 더 유리한 환경이 될 수 있다. 고교학점제 도입에 따라 교사들이 새로운 과목을 개설하고 학생들이 주도성을 발휘하는 참여형 수업이 활성화될 가능성이 커질 것이다. 또한 석차등급 산출을 위한 변별력 압력이 낮아지는 만큼 성장중심평가의 취지를 어느 정도 살릴 수 있다. 이러한 교육과정-수업-평가 혁신이 고등학교 현장에 일반화될 때 대입제도 역시 근본적으로 변화할 가능성이 커질 것이다.

2) 미래교육과 평가 혁신

평가 혁신은 이제 곧 다가올 미래교육의 현실적인 요구이다. 미래교육은 무엇보다도 인구수 급감의 위협에 대응해야 한다. 2023년도 수능 시험 응시 인원이 50만 명을 기록함과 동시에 같은 해 출생아 수는 25만 명대를 기록했다. 이러한 인구수 급감은 공교육의 위기이자 기회가 될 수 있다. 인구수가 절반 이상 줄어드는 현실 속에서 '소수의 엘리트를 선별하기 위해 대다수의 학생을 내버리는 경쟁교육' 시스템은 더 이상 지속가능하지 않다. 따라서 이제는 '한 명도 포기하지 않는 책임교육'의 이념이 훨씬 더 설득력 있게 다가올 수밖에 없다. 최근 들어 학교현장에서 학생 한 명 한 명의 특성에 맞는 개별화 교육, 보편적 학습설계 등이 부각되고 있는 이유도 여기에 있다.

향후 우리 사회에 '학벌'의 영향력이 지속될지 냉정한 인식이 필요하다. 이미 우리 사회에 학벌의 영향력이 무너지고 있다는 지표가 여기저기에서 발견되고 있다. 우리나라의 공기업 및 주요 대기업의 입사에서 이미 '스펙'이 아닌 '역량'이 더 중시되고 있다는 것도 공공연한 사실이다.교육의 봄, 2021 여전히 우리 사회가 학벌 중심의 사회임은 분명하지만, 학벌의 영향력을 필요 이상으로 과장하는 것은 오히려 수험생과 학부모의 불안과 욕망을 자극함으로써 공교육 정상화에 부정적인 영향을 줄 수 있다. 더욱이 인구수 급감, 노동채용시장의 변화 등을 고려해 볼 때 향후에는 학벌이 한 인간의 삶에 결정적인 조건으로 작동하기는 어렵다고 전망해 볼 수 있다.

미래 사회에서 '학벌'보다 더 중요한 것은 '역량'이다. 일찍이 OECD가 'DeSeCo 프로젝트'를 통해 '미래 사회 핵심역량'을 선정해 왔지만, 여기서 말하는 역량은 '기업이 요구하는 직무역량'의 개념에 가까웠다. 하지만 이제 '역량'의 개념이 근본적으로 바뀌고 있다. 이는 '코로나 사태'로 대표되는 미래 사회의 위험 때문이다. 코로나 사태를 불러온 근본적인 원인인 생태계 파괴, 코로나를 통해 여실히 드러난 전 세계적 불평등 구조를 목격하면서 '포스트 코로나 시대'에는 이전과 완전히 다른 삶의 패러다임이 필요함을 절감하고 있다.

OECD는 최근 〈OECD Education 2030〉이라는 연구보고서를 통해 미래교육의 핵심 요소를 '변혁적 역량transformative competencies'으로 제시하였다.[OECD, 2019] 여기서 말하는 '변혁적 역량'이란 말 그대로 '미래 사회를 바람직한 방향으로 바꾸는 능력'을 의미하며, 이의 세부 요소는 '새로운 가치 창출하기', '긴장과 딜레마 조정하기', '책임감 갖기' 등이다. 과거의 역량 개념이 '미래 사회의 변화에 적응하는 능력'을 함의하는 데 비해, 새로운 역량 개념은 이처럼 실천적이고 변혁적인 속성을 지닌다. 우리나라의 2022 개정 교육과정 역시 〈OECD Education 2030〉을 배경으로 하고 있으며, 핵심적인 교육 내용으로 '생태전환교육', '민주시민교육', '디지털소양교육'을 제시하고 있다.

이처럼 인구수 급감, 코로나 사태로 대표되는 위험 요소 등을 고려해 볼 때, 미래교육의 요구는 추상적인 선언이 아니라 절실한 시대적 과제이다. 이제 소수의 학생을 선별하고 대다수의 학생을 포기하는 무모한 경쟁교육은 바람직하지 않을 뿐만 아니라 현실적으로 지속가능하지도 않다. 이러한 무모한 경쟁교육을 지탱해 온 것이 기존의 평가 시스템이었다. 따라서 평가를 혁신한다는 것은 미래교육을 현실화하는 토대를 구축하는 것이기도 하다.

3) 입시제도 개선을 선도하는 학교현장의 변화와 실천

많은 교사가 평가 혁신을 위해 노력하고 있지만 '입시'의 장벽 앞에 무기력함을 느끼는 경우가 많다. 입시문제는 학교나 교육계의 논의만으로는 해결할 수 없는 전 사회적인 문제이다. 또한 입시문제는 학벌구조, 고용 문제, 사회양극화 문제 등과 복잡하게 얽혀 있다. 이러한 문제가 해결되지 않고는 공교육의 근본적인 혁신은 이루어지기 어렵다.

그러나 "입시 때문에 평가 혁신은 불가능하다"라는 인식에 대해서도 다시 생각해 볼 필요가 있다. "입시 때문에 평가 혁신은 불가능하다"라는 담론이 "그렇기 때문에, 입시제도 개선을 위해 노력해야 한다"라는 실천적 인식으로 이어진다면 이는 바람직하다. 하지만 이 담론이 "어쩔 수 없이, 주입식 수업과 일제식 평가를 할 수밖에 없다"라는 자기합리화 논리로 왜곡되는 것은 바람직하지 않다.

거시구조적 차원에서 볼 때 우리나라의 입시제도는 불평등한 학벌사회를 재생산하는 치열한 경쟁 시스템이다. 그럼에도 불구하고 학생 수 감소와 노동시장의 변화 등과 함께 입시경쟁 역시 조금씩 완화되어 왔으며, 이에 따라 입시제도 역시 조금씩 바람직한 방향으로 변화해 온 것도 사실이다. 이러한 흐름을 외면한 채 '입시제도가 바뀌지 않으면 아무것도 할 수 없다'는 자기합리화 논리로 평가 혁신을 위한 노력을 등한시하는 것은 바람직한 태도로 보기 어렵다.

따라서 입시제도와 관련해 다음과 같은 관점이 필요하다. 첫째, 현행 입시제도의 흐름을 정확히 이해하고 현재의 제도 안에서 할 수 있는 평가 혁신의 최대치를 모색해야 한다. 둘째, 제도의 변화가 학교현장의 변화를 가져오기도 하지만 동시에 학교현장의 변화가 제도의 변화를 견인할 수도 있다는 관점하에, 학교에서의 평가 혁신을 통해 입시제도의 변화를 이끌어 낼 동력을 형성해야 한다.

이제 '수능 확대 → 문제풀이식 수업 반복 → 사교육 영향력 확대 → 결과적 불평등'의 악순환이 반복되는가, 아니면 '고교 교육과정 다양화 → 학생 참여형 수업 → 성장중심평가 정착 → 학교생활기록부 신뢰 확대 → 대입제도 개선'의 선순환이 새롭게 구축되는가 하는 점이 결정되는 시기가 다가오고 있다. 그렇기 때문에 이제 고등학교 현장에서도 '성장중심평가'는 이상적 구호가 아닌 현실적 과제가 되었다고 할 수 있다.

이처럼 고등학교에서도 평가 혁신의 가능성은 충분히 열려 있다. 현행 학교생활기록부 전형에 충분히 대응하기 위해서라도 수행평가를 충실히 해야 하며, 과정중심평가의 조건이 되는 교육과정 재구성과 수업 혁신의 노력을 해야 한다. 입시의 영향력이 상대적으로 적고, 이미 절대평가가 시행되고 있는 중학교와 초등학교에서는 말할 나위도 없다. 이 책에서 언급해 온 성장중심평가의 원리와 방법은 그동안 실천의 경험이 부족하여 낯선 것일 뿐, 현재의 입시제도 때문에 실현 불가능한 것이 아니다.

물론 입시제도의 개선이 이루어져야 공교육 혁신이 근본적으로 가능하다. 하지만 제도의 변화는 정부 관료나 몇몇 학자의 의사결정만으로 이루어지는 것이 아니다. 현장에서의 구체적인 실천과 변화의 흐름이 모여 제도의 변화를 가져오기도 한다. '거시적 구조에 대한 냉철한 인식'과 '일상적 실천에 대한 뜨거운 열정'이 모여 의미 있는 변화를 가져올 수 있다. 그렇기에 이탈리아의 사상가 그람시Gramsci의 "지성으로 비관하되, 의지로 낙관하라"라는 유명한 말은 평가 혁신을 모색하는 교사들도 늘 곱씹어 보아야 할 것이다.

6.
좋은 평가를 위한 교사 전문성 기준

새로운 평가 패러다임은 새로운 교사 전문성을 요구한다. 예컨대 과거의 평가 전문성이 '오답 시비의 여지가 없는 문항을 출제하여 명확한 기준으로 채점을 하는' 전문성이었다면, 새로운 평가 전문성은 '학생의 성장 정도를 확인하고 이를 돕는' 전문성이라고 할 수 있다. 이러한 전문성은 단지 이론적 학습만으로 얻을 수 있는 것이 아니라, 교사 스스로 내면화해 온 낡은 습속에 대한 반성, 모든 학생들을 차별 없이 책임지려는 윤리성, 동료 교사와의 공동체적 실천을 통해 형성될 수 있는 것이다.

좋은 평가를 위해 교사가 길러야 할 전문성은 다양한 측면에서 논의될 수 있다. 여기서는 특히 '성장중심평가'의 원리에 입각한 평가 전문성 기준을 다음과 같이 제시하고자 한다.

1. (전문성이 있는 교사는) 교육 목표에 적합한 평가계획을 수립할 수 있다.

평가의 가장 기본적인 목적은 학생들의 교육 목표 도달 여부를 확인하는 것이다. 따라서 평가의 유형, 시기, 방법 등은 교육 목표에 따라 다양하게 적용할 수 있다. 예컨대 정보 암기를 확인하려면 선다형 평가를, 논리적 사고 능력을 확인하려면 논술형 평가를, 지식과 기능을 종합적으로 활용하는 능력을 확인하려면 프로젝트 평가를 실시해야 한다.

교육 목표는 단원(영역)별로 설정할 수도 있지만, 학기 단위로 설정할 수도 있다. 해당 학기에 학생들이 도달해야 할 궁극적인 목표를 설정하고, 이를 중심으로 총괄평가-형성평가-진단평가를 유기적으로 설계해야 한다. 이처럼 교육 목표에 적합한 평가계획을 수립하는 것이 교사의 평가 전문성의 출발점이라 할 수 있다.[3부 2장, 3장 참고]

2. (전문성이 있는 교사는) 좋은 평가 방식이 좋은 수업을 유도한다는 것을 알고, 수업 혁신과 연계된 평가를 기획할 수 있다.

평가는 교육 목표 및 교수학습 과정과 유기적으로 연결된다. 예컨대 오지선다형 문항 위주의 일제식 지필평가를 주로 시행하는 학교에서는 수업 방식 또한 주입식, 암기식 위주로 이루어진다. 반면에 과정중심 수행평가가 활성화된 학교에서는 학생들이 적극적으로 참여하고 서로 협력하는 수업이 이루어진다.

전문성이 있는 교사는 수업 혁신과 연계된 평가를 실시할 수 있다. 좋은 수업이란 교사와 학생, 학생과 학생 사이의 적극적인 상호작용 속에 깊이 있는 배움이 이루어지는 수업이다. 획일적이고 경쟁적인 평가는 이러한 상호작용에 걸림돌이 된다. 전문성이 있는 교사는 좋은 평가를 통해 학생들의 학습의욕을 불러일으키고, 학생들 사이의 협력적 상호작용을 촉진하며, 학생들이 성장하는 데 도움을 줄 수 있다.[1부 6장 참고]

3. (전문성이 있는 교사는) 성장중심평가의 취지에 따른 루브릭 및 피드백 절차를 개발할 수 있다.

평가는 학생들을 서열화하는 것(상대평가)이 아니라 교육 목표 도달 여부를 확인하는 것(절대평가)이며, 교수학습과 분리되는 것(결과중심평가)이 아니라 교수학습과 유기적으로 연계되는 것(과정중심평가)이라는 인식이 확산되어 왔다. 여기에 평가를 통해 학생의 성장을 목적의식적으로 지원해야 한다는 인식(성장중심평가) 역시 대두되고 있다.

이러한 성장중심평가를 구현하는 데 핵심적인 것이 '피드백'과 '재도전의 기회'를 부여하는 것이며, 이러한 절차가 평가 루브릭에 명시되어야 한다. 현 단계 교사의 평가 전문성 신장의 핵심은 이러한 루브릭 및 피드백 절차를 개발하는 것이다. 전문성이 있는 교사는 교과의 특성, 학생의 실정에 맞는 다양한 루브릭 및 피드백 절차를 개발하고 이를 유연하게 적용할 수 있어야 한다.[2부 5장, 6장 참고]

4. (전문성이 있는 교사는) 학생들의 인지적, 정의적, 심동적 영역 등 전인적 요소를 종합적으로 평가할 수 있다.

과거의 평가는 주로 학생의 인지적 영역, 그것도 단편적 지식의 습득 여부에 초점을 맞춰 왔다. 이러한 한계를 극복하기 위해 다양한 형태의 수행평가, 논술형 평가가 도입되어 지식의 활용, 지식의 탐구 등을 중시하게 되었다. 그럼에도 불구하고 학생의 정의적 영역, 태도 및 가치 등은 평가의 대상에서 제외되어 온 것도 사실이다.

교육은 학생의 전인적 성장을 목표로 한다. 평가 역시 인지적 영역뿐만 아니라 정의적 영역과 심동적 영역, 지식뿐만 아니라 태도 및 가치 등 전인적 요소를 종합적으로 포괄해야 한다. 이를 위해서는 학생의 성장 과정 및 결과에 대한 애정 어린 관찰, 학생의 다양한 가능성과 잠재력을 질적으로 확인하는 안목이 필요하다. 또한 자기평가와 동료평가를 촉진하여 학생이 자신을 성찰할 수 있는 기회를 충분히 제공해야 한다. 이러한 자질 역시 평가 전문성의 중요한 요소이다.[2부 7장, 8장 참고]

5. (전문성이 있는 교사는) 학생들의 미래역량을 기르는 데 도움이 되는 평가 방식을 개발할 수 있다.

교육은 학생을 전인적으로 성장시켜 자아를 실현하고 사회에 기여하도록 돕는 것을 목적으로 한다. 미래 사회의 구성원인 학생이 학교교육을 통해 어떤 역량을 갖추느냐가 우리 사회의 미래를 가늠케 한다. 역량이란 지식과 기능, 태도 및 가치가 총체적으로 발휘되어 나타는 능력이다. 학교에서 길러야 할 미래역량은 학생이 자기 삶의 주인공으로 살아가는 능력, 미래 사회를 바람직한 방향으로 바꾸는 능력이다.

새로운 평가는 이러한 미래역량을 기르는 데 도움이 되는 평가이어야 한다. 전문성이 있는 교사는 이러한 역량을 발휘할 기회를 제공하는 평가를 실시해야 한다. 이를 위해서는 여러 교과에서 배운 지식과 기능을 통합적으로 활용하는 평가, 학생이 처한 실제 삶 혹은 앞으로 부딪히게 될 실천적 맥락에서 자신의 역량을 발휘하는 평가, 이를 통해 가치 있는 경험을 하도록 하는 평가를 다양한 방식으로 실시할 수 있어야 한다.[1부 11장 참고]

6. (전문성이 있는 교사는) 동료 교사와 협업하여 학교의 평가문화를

성찰하고 개선점을 도출할 수 있다.

평가를 혁신하기 위해서는 교사 개인의 노력만으로는 한계가 있고 학교의 공동체적 성찰과 실천이 반드시 필요하다. 학교의 일상적 문화가 학생들의 성적을 비교하고 경쟁시키는 데 익숙해져 있다면, 교사 개인이 아무리 새로운 평가 방식을 도입하더라도 근본적인 한계에 부딪힐 수밖에 없다.

전문성이 있는 교사는 자신의 평가 방식을 혁신할 뿐만 아니라 동료 교사들과 함께 학교의 평가문화 자체를 성찰하고 개선점을 찾기 위해 노력한다. '우리 학교가 지향하는 평가'의 원칙에 대해 공동체적으로 합의를 하고, 이를 학생들에게 친절하게 안내하며, 학생의 의견을 다시 평가계획에 반영한다. 평가에서의 전문성의 원칙, 공동체성의 원칙, 윤리성의 원칙을 학교공동체가 함께 구현할 수 있도록 노력한다.^{4부 1장, 2장 참고}

7. (전문성이 있는 교사는) 학생의 사회경제적 배경에 따른 격차를 최소화하고 공교육 혁신에 기여하는 평가 방안을 모색할 수 있다.

기존의 평가, 특히 입시경쟁과 연계된 상대평가는 우리 사회의 부와 권력을 차별적으로 배분하는 서열화의 도구이다. 학생들 사이의 석차를 촘촘히 매길수록, 평가의 난이도가 어려울수록, 평가의 방식이 획일적일수록 사교육의 혜택을 받을 수 있는 계층의 자녀에게 더 유리한 경쟁 질서가 형성된다. 평가를 통한 경쟁이 치열해질수록, 학생의 전인적 성장을 돕고 민주시민을 육성하고자 하는 공교육의 본질은 훼손된다.

전문성이 있는 교사는 평가를 둘러싼 사회적 구조를 비판적으로 인식하고 이를 개선할 방안을 모색할 수 있다. 전문성이 있는 교사는 평가 방식의 차이가 학생의 사회경제적 배경에 따른 차이를 늘릴 수도 줄일 수도 있다는 사실을 알고, 대안적인 평가 방식을 실천할 수 있다. 또한 학교의 평가문화를 바꿈으로써 경쟁과 배제의 질서를 극복하고 협력과 인정의 질서를 구축할 수 있다. 이를 통해 공교육을 혁신하고 사회를 바람직한 방향으로 바꾸는 데 기여할 수 있다.^{4부 4장, 5장 참고}

토론 주제

1. 덕양중학교 교사들이 합의한 '우리가 지향하는 평가', '우리가 지양하는 평가'를 살펴봅시다. 이를 참고하여 동료 교사들과 함께 '우리 학교의 평가 원칙'을 작성해 봅시다.

2. 여러분이 그동안 시행했던 수행평가는 학생들의 입장에서 '그 의미를 이해할 수 있고, 무엇을 어떻게 해야 하는지' 친절하게 안내한 것이었는지 되돌아봅시다. 그리고 '학생들에게 친절한 평가'를 위해 보완해야 할 점이 무엇인지 이야기를 나눠 봅시다.

3. 여러분은 "입시 때문에 평가 혁신을 하기 어렵다", "입시에도 불구하고 평가 혁신을 할 수 있다"라는 두 가지 입장 중 어느 쪽에 가까운 생각을 하고 있습니까? 입시 문제와 평가 혁신 사이의 갈등에 대해 함께 이야기를 나누고 해결 방안을 모색해 봅시다.

4. 이 책에서는 '좋은 평가를 위한 교사 전문성 기준' 일곱 가지를 제시했습니다. 이 외에 또 어떤 전문성 기준이 필요할지 이야기를 나눠 봅시다.

교육부·한국교육과정평가원(2017). 과정을 중시하는 수행평가 어떻게 할까요. 교육부·한국교육과정평가원.

교육의 봄(2021). 채용이 바뀐다 교육이 바뀐다. 서울: 우리학교.

김선·반재천(2020). 학생의 성장과 배움을 지원하는 과정 중심 피드백. 서울: AMEC.

김성수·이형빈(2019). 수포자의 시대. 서울: 살림터.

김현(2017). 통계로 살펴보는 10개 대학의 학생부종합전형 3년. '학생부종합전형 3년의 성과와 고교 교육의 변화' 심포지엄 자료집.

사교육걱정없는세상(2018). 수학의 발견 중3. 서울: 창비교육.

서용선(2012). 혁신교육 존 듀이에게 묻다. 서울: 살림터.

신창호(2016). 민주적 삶을 위한 교육철학-존 듀이의 일상 교육 구상. 서울: 우물이있는집.

이준원·이형빈(2020). 평화의 교육과정 섬김의 리더십-덕양중학교 혁신학교 10년 이야기. 서울: 살림터.

이형빈(2015). 교육과정-수업-평가 어떻게 혁신할 것인가. 서울: 맘에드림.

이형빈(2020). 교사를 위한 교육학 강의. 서울: 살림터.

이형빈·김성수(2021). 세종형 학력 평가 도구 개발 연구. 세종특별자치시교육청.

조향미(2006). 그 나무가 나에게 팔을 벌렸다. 서울: 실천문학사.

허연구·이형빈·김자영·김성수·강미향(2019). 학생의 성장을 위한 중등평가 혁신 방안 연구. 경기도교육연구원.

佐藤 學(2000a). から逃走する子どもたち. 東京: 世織書房. 손우정·김미란 역 (2003). 배움으로부터 도주하는 아이들. 성남: 북코리아.

Apple, M. W. & Beane, J. A.(1995). Democratic Schools. Alexandria, Virginia: Association for Supervision and Curriculum Development. 강희룡 역(2015). 마이클 애플의 민주학교. 서울: 살림터.

Bernstein, B.(1975). Class, codes and control volume 3: Towards a theory of educational transmissions. Second edition. London: Routledge & Kegan Paul.

Bloom, B. S.(1956). Taxonomy of educational objectives. Handbook I: Cognitive domain. New York: Mckay.

Bourdieu, P.(1979). La distinction: critique sociale du jugement. Paris, Ed. de Minuit. 최종철 역(2005). 구별짓기-문화와 취향의 사회학. 서울: 새물결.

Bregman, R.(2020). Humankind: A hopeful history. Bloomsbury Publishing. 조현욱 역(2021). 휴먼카인드. 서울: 인플루엔셜.

Cronbach, L. J.(1969). Validation of educational measures. Princeton, NJ: Educational Testing Service.

Clarke, s.(2003). Unlocking formative assessment. London: Hodder & Stroughton.

Dewey, J.(1923). Democracy and education: An introduction to the philosophy of education. Macmillan. 이홍우 역(2007). 민주주의와 교육. 서울: 교육과학사.

Dewey, J.(1938). Experience and education. New York: Collier Macmillan. 엄태동 역(2001). 존 듀이의 경험과 교육. 서울: 원미사.

Eisner, E. W.(1979). The educational imagination: on the design and evaluation of school programs. New York: Macmillan College Publishing Company. 이해명 역(1999). 교육적 상상력: 교육과정의 구성과 평가. 서울: 단국대학교 출판부.

Feuerstein, R.(1979). The dynamic assessment of retarded performer: The learning potential assessment device, theory, instruments, and technique. Baltimore: University Park Press.

Finnish National Board of Education(2014). National core curriculum for basic education.

Frey, N., & Fisher, D.(2011). The formative assessment action plan: Practical steps to more successful teaching and learning. ASCD. 강정임 역(2021). 피드백, 이렇게 한다. 서울: 교육을바꾸는사람들.

Hattie, J. A. C., & Timperley, H.(2007). The power of feedback. Review of educational research, 77(1), 81-112.

Kohlberg, L.(1981). Essays on moral development, Vol l. I: The philosophy of moral development. San Francisco, CA: Harper & Row.

Harari, Y. N.(2014). Sapiens: A brief history of humankind. Random House. 조현욱 역(2015). 사피엔스. 서울: 김영사.

Lockhart, P.(2009). A mathematician's lament: How school cheats us out of our most fascinating and imaginative art form. Bellevue literary press. 박용현 역(2017). 수포자는 어떻게 만들어지는가? 서울: 철수와영희.

McMillan J. H.(2014). Classroom assessment: Principle and practice for effective standard-based instruction, 6th Edition. Personal Education, Inc.

OECD(2019). Future of Education and skills 2030, Concept Notes: Transformative Competencies for 2030.

Rawls, J.(1975). A theory of justice. Harvard university press. 황경식 역(2003). 정의론. 서울: 이학사.

Sandel, M. J.(2020). The tyranny of merit: What's become of the common good?. Penguin UK. 함규진 역(2020). 공정하다는 착각. 서울: 와이즈베리.

Scriven, M.(1967). The methodology of evaluation. In Perspectives of curriculum evaluation. Chicago: Rand Monally & Company.

Shepard, L. A.(2000). The role of assessment in a learning culture, Educational Researcher, 29(7), 4-14.

Tomlinson, C. A.(2014). The differentiated classroom: Responding to the needs of all learners. Alexandria, VA: Association for Supervision and Curriculum Development.

Tomlinson, C. A., & McTighe, J.(2006). Integrating differentiated instruction & understanding by design: Connecting content and kids. ASCD. 김경자·온정덕·장수빈 역(2013). 맞춤형 수업과 이해중심 교육과정의 통합. 서울: 학지사.

Tyler, R.(1949). Basic principles of curriculum and instruction. Chicago: University of Chicago Press.

Vygotsky, L. S.(1978). Mind in society. Cambridge, MA: Harvard University Press. 정회욱 역(2009). 마인드 인 소사이어티. 서울: 학이시습.

Walker, D. F.(1971). A Naturalistic Model for Curriculum Development. School Review, 80, 51-65.

Wiggins, G., & McTighe, J.(2000). Understanding by design (2nd Ed.). Alexandria, VA: Association for Supervision & Curriculum Development. 강현석 역(2008). 거꾸로 생각하는 교육과정 개발. 서울: 학지사.

삶의 행복을 꿈꾸는 교육은
어디에서 오는가?

● **교육혁명을 앞당기는 배움책 이야기** 혁신교육의 철학과 잉걸진 미래를 만나다!

● **비고츠키 선집** 발달과 협력의 교육학 어떻게 읽을 것인가?

● 경쟁과 차별을 넘어 평등과 협력으로 미래를 열어가는 교육 대전환! 혁신교육 현장 필독서

대전환 시대 변혁의 교육학	진보교육연구소 교육과정연구모임 지음	400쪽	값 23,000원
교육의 미래와 학교혁신	마크 터커 지음	전국교원양성대학교 총장협의회 옮김	336쪽	값 18,000원
남도 임진의병의 기억을 걷다	김남철 지음	288쪽	값 18,000원
프레이리에게 변혁의 길을 묻다	심성보 지음	672쪽	값 33,000원
다시, 혁신학교!	성기신 외 지음	300쪽	값 18,000원
백워드로 설계하고 피드백으로 완성하는 성장중심평가	이형빈·김성수 지음	356쪽	값 19,000원
우리 교육, 거장에게 묻다	표혜빈 외 지음	272쪽	값 17,000원
교사에게 강요된 침묵	설진성 지음	296쪽	값 18,000원
왜 체 게바라인가	송필경 지음	320쪽	값 19,000원
풀무의 삶과 배움	김현자 지음	352쪽	값 20,000원
비고츠키 아동학과 글쓰기 교육	한희정 지음	300쪽	값 18,000원
교실을 위한 프레이리	아이러 쇼어 엮음	사람대사람 옮김	410쪽	값 23,000원
마을, 그 깊은 이야기 샘	문재현 외 지음	404쪽	값 23,000원
비난받는 교사	다이애나 폴레비치 지음	유성상 외 옮김	404쪽	값 23,000원
한국교육운동의 역사와 전망	하성환 지음	308쪽	값 18,000원
철학이 있는 교실살이	이성우 지음	272쪽	값 17,000원
왜 지속가능한 디지털 공동체인가	현광일 지음	280쪽	값 17,000원
선생님, 우리 영화로 세계시민 만나요!	변지윤 외 지음	328쪽	값 19,000원
아이를 함께 키울 온 마을은 어떻게 만들어야 할까?	차상진 지음	288쪽	값 17,000원
선생님, 제주 4·3이 뭐예요?	한강범 지음	308쪽	값 18,000원
마을배움길 학교 이야기	김명신 외 지음	300쪽	값 18,000원
다시, 남도의 기억을 걷다	노성태 지음	332쪽	값 19,000원
세계의 혁신 대학을 찾아서	안문석 지음	284쪽	값 17,000원
소박한 자율의 사상가, 이반 일리치	박홍규 지음	328쪽	값 19,000원
선생님, 평가 어떻게 하세요?	성열관 외 지음	220쪽	값 15,000원
남도 한말의병의 기억을 걷다	김남철 지음	316쪽	값 19,000원
생태전환교육, 학교에서 어떻게 할까?	심지영 지음	236쪽	값 15,000원
어떻게 어린이를 사랑해야 하는가	야누쉬 코르착 지음	송순재·안미현 옮김	396쪽	값 23,000원
북유럽의 교사와 교직	예스터 에크하트 라르센 외 엮음	유성상·김민조 옮김	412쪽	값 24,000원
산마을 너머 지금 뭐해?	최보길 외 지음	260쪽	값 17,000원
전문적 학습네트워크	크리스 브라운·신디 푸트먼 엮음	성기선·문은경 옮김	424쪽	값 24,000원

초등 개념기반 탐구학습 설계와 실천 이야기 　　　김병일 외 지음 | 380쪽 | 값 27,000원

선생님 왜 노조 해요? 　　　교사노동조합연맹 기획 | 324쪽 | 값 18,000원

참된 삶과 교육에 관한
생각 줍기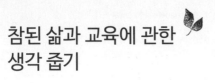